Das Achtzehnte Jahrhundert

Titelseite der Mendelssohn-Biographie von Isaac Euchel

DAS ACHTZEHNTE JAHRHUNDERT

Zeitschrift der Deutschen Gesellschaft
für die Erforschung des achtzehnten Jahrhunderts

Haskala.
Die jüdische Aufklärung
in Deutschland 1769-1812

Zusammengestellt von Christoph Schulte

Herausgegeben im Auftrag des Vorstandes
vom Sekretariat der Gesellschaft

Geschäftsführender Herausgeber: Carsten Zelle

JAHRGANG 23 • HEFT 2 • WOLFENBÜTTEL 1999

WALLSTEIN VERLAG

Zu den Abbildungen: Das Frontispiz zeigt die Titelseite von: Itzik [Isaac] Euchel (1756-1804): *Toldot Rabbenu HeChacham Mosche Ben Menachem* [Die Geschichte des Lebens unseres weisen Lehrers Moses, Sohn des Menachem; hebr]. Berlin: in der orientalischen Buchdruckerei 1788. Euchels Mendelssohn-Biographie ist jetzt durch die Übersetzung von Reuven Michael erstmals in Deutsch zugänglich; abgedr. in: Moses Mendelssohn: *Ges. Schriften. Jubiläumsausgabe.* Bd. 23: *Dokumente II. Die frühen Mendelssohn-Biographien.* Bearb. Michael Albrecht. Stuttgart, Bad Cannstatt 1998, 102-263. Die Abbildungen in den Beiträgen von Andreas Kennecke, Gunnar Och und Richard Lesser werden an Ort und Stelle nachgewiesen.

© 1999 Deutsche Gesellschaft für die Erforschung des achtzehnten Jahrhunderts.
Alle Rechte vorbehalten.
Anschrift des Geschäftsführenden Herausgebers:
Carsten Zelle, Herzog August Bibliothek, D-38299 Wolfenbüttel
Verlag und Vertrieb: Wallstein Verlag GmbH, Göttingen 1999
Druck: Hubert & Co, Göttingen
ISBN 3-89244-351-3
ISSN 0722-740-X

Inhalt

Aus der Arbeit der Deutschen Gesellschaft

Zu diesem Heft *(Carsten Zelle)* 135

Bericht über die 30. Jahrestagung der *American Society for Eighteenth-Century Studies*, Milwaukee WI *(York-Gothart Mix, Ulrich Johannes Schneider)* 135

›Nach der Aufklärungsforschung ist immer *vor* der Aufklärungsforschung‹. Eindrücke vom Zehnten Internationalen Aufklärungskongreß *(Michael Wieczorrek, Cerstin Bauer-Funke, Sandra Pott)* 136

Übersetzung und Spracherwerb im 18. Jahrhundert. Wissenschaftliche Tagung aus Anlaß der Jahrestagung der *DGEJ (Simone Zurbuchen, Birgit Scholz, Michael Schippan)* 141

Haskala. Die jüdische Aufklärung in Deutschland 1769-1812
Zusammengestellt von Christoph Schulte

Christoph Schulte: Einleitung (mit einem Anhang ausgewählter Forschungsliteratur) 143

Gerda Heinrich: Haskala und Emanzipation. Paradigmen der Debatte zwischen 1781 und 1812 152

Andreas Kennecke: HaMe'assef. Die erste moderne Zeitschrift der Juden in Deutschland 176

Gunnar Och: Schöne Literatur im Umfeld der Haskala 200

Leah Hochman: Mendelssohn's Modernity: Questions of Social and Aesthetic Taste 213

Friedrich Niewöhner: Die Seele 229

Richard Lesser: Dr. Marcus Elieser Bloch. Ein Jude begründet die moderne Ichthyologie 238

Aus der Forschung

Wolfgang Albrecht: Eine Zwischenbilanz zur Gesamtausgabe von Wielands Briefwechsel 247

Cerstin Bauer-Funke: Spanische Literatur und Ästhetik des 18. Jahrhunderts. Zwei Beiträge zur Theorie und Institutionalisierung der Künste und Wissenschaften 249

Rolf Becker: Neologie – zwei Neuerscheinungen zu Johann Joachim Spalding . . . 252

Peter Hoffmann: Quellen und Forschungen zur Aufklärung im baltischen und russischen Raum 254

Peter Hersche: Ungarn und die habsburgische Aufklärung – zwei Neuerscheinungen 255

Robert Seidel: Schauplätze im Zeitalter der Aufklärung – zwei Überblickswerke . 256

Engelhard Weigl über Strasbourg, Schoeplin et l'Europe au XVIIIe siècle. Dir. Bernhard Vogler, Jürgen Voss (1996) 259

Heinz Duchhardt über Staat und Bürgertum im 18. und frühen 19. Jahrhundert. Ingrid Mittenzwei zum 65. Geburtstag. Hg. Helmut Reinalter, Karlheinz Gerlach (1996) 261

Barbara Dölemeyer über Julia Maurer: Der »Lahrer Prozeß« 1773-1806. Ein Untertanenprozeß vor dem Reichskammergericht (1996) 262

Michael Maurer über Anne-Charlott Trepp: Sanfte Männlichkeit und selbständige Weiblichkeit. Frauen und Männer im Hamburger Bürgertum zwischen 1770 und 1840 (1996) 262

Thomas P. Saine über Von »Obscuranten« und »Eudämonisten«: Gegenaufklärerische, konservative und antirevolutionäre Publizisten im späten 18. Jahrhundert. Hg. Christoph Weiß in Zusammenarbeit mit Wolfgang Albrecht (1997) . . . 265

Siobhán Donovan über Matthias Claudius 1740-1815. Leben – Zeit – Werk. Hg. Jörg-Ulrich Fechner (1996) 267

Eingegangene Bücher 270

Aus der Arbeit der Deutschen Gesellschaft

Zu diesem Heft

Mit dem hier vorgelegten Themenheft unserer Zeitschrift *Das achtzehnte Jahrhundert* wird ein neuer Weg beschritten, insofern erstmals ein Gastherausgeber eingeladen war, einen Heftschwerpunkt zusammenzustellen. Wir danken Christoph Schulte vom Moses Mendelssohn Zentrum in Potsdam und seinen Beiträgerinnen und Beiträgern für den Fokus zur »Haskala. Die jüdische Aufklärung in Deutschland 1769-1812«.

Neben dem Themenschwerpunkt gibt eine Reihe von Berichten einerseits Auskunft über die zahlreichen nationalen und internationalen Aktivitäten der *DGEJ* – nämlich bilaterale Panels mit *ASECS* Ende März, die ›Aufklärungsolympiade‹ der *ISECS* in Dublin Ende Juli sowie die Jahrestagung der *DGEJ* in Potsdam Anfang Oktober (vgl. auch: *Frankfurter Allgemeine Zeitung*, Berliner Ausg., Nr. 246 vom 22. Oktober 1999, BS 6) –, andererseits dokumentiert der Rezensionsteil wieder in Einzel- und Sammelbesprechungen die vielfältigen Arbeiten auf dem Gebiet der 18.-Jahrhundert-Forschung.

Manuskripte, Schwerpunktvorschläge und ähnliche Angebote, Anregungen und Hinweise an den Herausgeber sind stets erwünscht und willkommen. Bei dem kommenden ›Sommerheft‹ (*DAJ* 24.1, 2000) wird es sich wieder um ein ›freies‹ Heft handeln, das die Forschungsaktivitäten unserer Mitglieder durch Beiträge und Rezensionen darstellt. Die Planung für dieses Heft ist abgeschlossen. Für den bereits mehrmals annoncierten Schwerpunkt zum Abenteurer im 18. Jahrhundert, der im Winter 2000 (*DAJ* 24.2, 2000) erscheinen soll, sind dagegen noch Beitragsangebote erwünscht. Weitere Themenhefte für die ersten Jahre im neuen Jahrtausend befinden sich in Planung. Sie sollen sich auf grenzüberschreitende regionale Kulturlandschaften bzw. -beziehungen (etwa zwischen Deutschland und Dänemark in Nordelbien oder Deutschland, der Schweiz und Frankreich am Oberrhein) konzentrieren.

Carsten Zelle, Geschäftsführender Herausgeber, *Das achtzehnte Jahrhundert*

Bericht über die 30. Jahrestagung der *American Society for Eighteenth-Century Studies*, Milwaukee WI, vom 24. bis 28. März 1999

Nach 1998 bot die *DGEJ* erneut zwei deutsch-amerikanische Panels im Rahmen der jährlichen Konferenz der *American Society of Eighteenth-Century Studies* (*ASECS*) an.[1] Die Vorträge des Panels »Fabrikware: Massenkultur im 18. Jahrhundert« (Chair: York-Gothart Mix, München) zielten darauf ab, den mit simplifizierenden Begriffen wie ›Autonomieästhetik‹, ›Popularität‹ sowie ›hohe‹ und

---

1 Die bilateralen Veranstaltungen, die den transatlantischen Wissenschaftsaustausch befördern sollen, werden in den kommenden Jahren fortgesetzt. Für die *ASECS*-Konferenz in Philadelphia im April 2000 werden die Panels von Mark Joseph Larrimore, Princeton/New Jersey, »Rassentheorie‹: The Functionalization of ›Race‹ in the German Enlightenment«, und Hans Adler, Madison/Wisconsin, »Aufklärung live: Die Rolle der Akademien«, vorbereitet. Panel-Vorschläge für die Folgejahre sind erwünscht.

›niedere Kultur‹ umrissenen ästhetischen Normenwandel im ausgehenden 18. Jahrhundert unter medienästhetischen und medienökonomischen Prämissen neu zu perspektivieren und kultursoziologisch zu konkretisieren (vgl. *DAJ* 23.1, 1999, 40-58). Es referierten: Hans-Jakob Meier (München, »D. N. Chodowiecki und G. E. Lessing«), Klaus Hortschansky (Münster, »Formen populärer Musikrezeption im 18. Jahrhundert«), Karin A.Wurst (Michigan, »The Creation of Desire and Longing and the Emergence of Cultural Consumerism in Late Eighteenth-Century Germany«) sowie York-Gothart Mix (München, »Der wahre Schriftsteller und die Ware Literatur. Die Konstruktion einer ›reinen‹ Ästhetik im 18. Jahrhundert«). Sinnvolle und erfreulich intensiv diskutierte Anknüpfungspunkte, vor allem in Hinsicht auf den schillernden Begriff der ›Kulturindustrie‹, ergaben sich zum zweiten deutsch-amerikanischen Panel mit dem Thema »Dialectics of Enlightenment: Horkheimer/Adorno 50 years later« (Chair: Ulrich Johannes Schneider, Wolfenbüttel), das über jegliche Erwartung gut besucht war. Es wurden drei thematisch recht unterschiedliche Vorträge gehalten, was einerseits enttäuschte, andererseits aber auch als Zeichen dafür gelten konnte, daß die theoretische Last des Buches von Horkheimer/Adorno heute nicht mehr drückt. Tom Huhn (Wesleyan University) trug über Edmund Burke vor und band seine Ausführungen lose an den bei Adorno zentralen Begriff der Mimesis an. Steven Lestition (Princeton University, Matthew College) überlegte in gut gegliederter freier Rede, ob bei Foucaults historischen Arbeiten auch eine Dialektik zur Sprache komme. Ulrike Zeuch (Herzog August Bibliothek, Wolfenbüttel) legte im Rückgriff auf den vornominalistischen Vernunftbegriff von Thomas von Aquin dar, wie die von Adorno und Horkheimer behauptete Unvermeidbarkeit der Dialektik der Aufklärung, der sich auch ihre postmodernen Kritiker verschreiben, vermeidbar wäre.

Reges Interesse fand der von Ulrike Zeuch und York-Gothart Mix organisierte Empfang am 27. März im Hilton-Hotel, der in Kooperation und mit großzügiger finanzieller Unterstützung des deutschen Generalkonsulats Chicago veranstaltet wurde. Dieses Treffen gab ca. 60 Interessenten der German Studies Gelegenheit zum intensiveren Gespräch. Die Bemühungen der *DGEJ* zur Vertiefung eines interkulturellen Austauschs mit der *ASECS* wurden vom deutschen Generalkonsul Michael Engelhard aus Chicago engagiert unterstützt.

Wenn aus den Gesprächen mit deutschen Teilnehmern der *ASECS*-Konferenz ein Resümee gezogen werden kann, dann dieses: Bedarf scheint an der Diskussion von Aufklärungs-Theorien zu bestehen. Insofern könnte im Anschluß an die diesjährigen Panels angeregt werden, auf den kommenden Jahrestagungen der ASECS für die kritische Auseinandersetzung mit der Aufklärung bedeutsame Theoretiker des 20. Jahrhunderts wie Ernst Cassirer, Peter Gay, Michel Foucault, Niklas Luhmann, Max Weber u.a. in den Mittelpunkt deutsch-amerikanischer Panels zu rücken. Thema könnte die Wirkung dieser Denker auf die jeweilige nationale Forschung sein.

York-Gothart Mix (München), Ulrich Johannes Schneider (Wolfenbüttel)

›Nach der Aufklärungsforschung ist immer *vor* der Aufklärungsforschung‹. Eindrücke vom Zehnten Internationalen Aufklärungskongreß in Dublin vom 25. bis 31. Juli 1999

1. Auf dem Zehnten Internationalen Aufklärungskongreß, der vom 25. bis 31. Juli 1999 in Dublin stattfand, war von der gegenwärtig oft thematisierten Krise der Geschichtswissenschaft keine Rede. Vielmehr schien es, daß die wenigen teilnehmenden Historikerinnen und Historiker sich in ihrer Marginalität angesichts der literaturwissenschaftlichen Dominanz eingerichtet hätten. So bildeten Sitzungen mit einem geschichtswissenschaftlichen Schwerpunkt eine große Ausnahme innerhalb des Programmes, das immerhin rund 230 Veranstaltungen mit über 1400 Referierenden auflistete (an dieser Stelle sei dem Dubliner Komitee ein Lob für das vielfältige Rahmenprogramm und die hervorragende Organisation ausgesprochen). Vielmehr ließ sich regelmäßig beobachten, daß unter

einem literarischen Generalthema gelegentlich auch ein sozial- oder wirtschaftsgeschichtlicher Beitrag versteckt war, um so größer konnte dann die Freude über den unerwarteten Fund sein. Beispielsweise beschrieb der Sozialhistoriker Gregory Brown in der Sitzung zu Beaumarchais das literarische Feld der französischen Aufklärung im Spannungsverhältnis von Hof, Bühne und Publikum, wobei er sich der Begrifflichkeit Pierre Bourdieus bediente. Daß damit ein Hinterfragen der gängigen Interpretationsgewohnheiten von Beaumarchais‹ Werken verbunden war, wurde indessen von den anwesenden Expertinnen und Experten für französische Literatur nicht aufgegriffen.

Hier und in vielen anderen Sektionen wurde nicht aneinander vorbeigeredet, sondern scheinbar kaum zugehört. Damit sei nicht nur darauf angespielt, daß in manchem Seminarraum nur zwei oder drei Personen mehr anwesend waren, als Namen auf der Rednerliste standen – dafür war Dublin ein zu reizvolles Ausflugsziel und das Wetter zu prachtvoll. Angesprochen seien mit dem Hinweis auf die oft geringen Zuhörerzahlen ebenfalls die Sichtblenden zwischen den Disziplinen und auch innerhalb der einzelnen Fächer zwischen den einzelnen Ländern. So war es zum Beispiel Peter Nitschke gelungen, unter dem Titel »The Other Side of Enlightenment: Social Control and the Totalization of Political Order« amerikanische, französische, russische, schweizerische und deutsche Vortragende zusammenzuführen. Trotz der ausgezeichneten Qualität der meisten Referate fanden sie kaum Resonanz im Publikum, die über das Erstaunen hinausreichte: Einerseits blieb dem deutschen Historiker Jane Austens Sicht auf den städtischen Platz als Ort der sozialen Kontrolle ebenso fremd wie dem amerikanischen Anglisten die Konzeption eines aufgeklärten Absolutismus bei Christian Thomasius. Andererseits mußte auch der tapfere Versuch, den Historikerkollegen auf der anderen Seite des Atlantiks die Vor- und Nachteile des Konstrukts der ›Sozialdisziplinierung‹ näher zu bringen, auf freundliches Unverständnis stoßen, fehlte ihnen doch der gesamte wissenschaftsgeschichtliche Hintergrund Deutschlands seit den sechziger Jahren. Die nationalen Beschränktheiten von Forschungsinteressen aufgezeigt zu haben ist jedenfalls ein Ergebnis des Dubliner Kongresses. Ob dieses Resultat jedoch dem Anspruch einer internationalen und interdisziplinären Aufklärungsforschung genügt, deren Ziele vor mehr als dreißig Jahren formuliert wurden, muß fraglich bleiben.

Ob darüber hinaus allgemein noch sinnvoll von ›Aufklärung‹ gesprochen werden könne, bildete indessen den Gegenstand nur einer einzigen Gesprächsrunde: »›Enlightenment‹ in Contemporary Debate«. Wie sehr der Bedarf nach solchen Themen von den Veranstaltern unterschätzt wurde, zeigte der Umstand, daß der Termin ›Montagmorgen, 8.45 Uhr‹ nicht abschreckte und der Seminarraum sowie der davorliegende Flur völlig überfüllt waren. Hinsichtlich nicht allein der Enge des Raumes, sondern auch der begrenzten Zeit von knapp 100 Minuten für sieben Kurzvorträge beschränkte sich der Organisator David Denby auf den Hinweis, daß seiner Ansicht nach gerade in Deutschland der Aufklärungstopos im 18. Jahrhundert entscheidend mitformuliert und im 20. Jahrhundert ebenso dezidiert kritisiert worden sei; um so mehr bedauerte er, daß er sich leider ohne Erfolg um deutsche Gesprächsteilnehmer bemüht habe. So blieb es den anderen Referierenden überlassen, Kant, Horkheimer, Adorno und Habermas mit Montesquieu, Diderot und Foucault sowie Hume, Burke und Isaiah Berlin zu verbinden. Angesichts dieser großen Namen von Vertretern und Kritikern des ›Projektes Aufklärung‹ traute sich allerdings nur James Schmidt in seinem Beitrag darauf hinzuweisen, daß diesen Philosophen für das bevorstehende Jahrhundert wenig Relevanz zukomme und sie uns Zeitgenossen gegen negative Einflüsse in der Zukunft keineswegs immunisierten. Befürwortern des ›Projektes Aufklärung‹ hielt er entgegen, daß sich jene Probleme, für die sich Denker des 18. Jahrhunderts interessierten, erheblich von denen der Gegenwart unterschieden; es vielmehr eine zukünftige Aufgabe sei zu diskutieren, warum bestimmte Fragen so viel Aufmerksamkeit bei den Intellektuellen der Vergangenheit fanden. Obwohl dieser Auftrag zu Beginn des Dubliner Treffens formuliert wurde, bleibt er – wie manch anderer Diskussionspunkt – bestehen für den Elften Internationalen Kongreß zur Aufklärungsforschung in vier Jahren in Los Angeles. *(Michael Wieczorrek, Frankfurt am Main)*

2. Um die große Vielfalt und die vielen in Dublin gebotenen Möglichkeiten zum Wissensaustausch anzudeuten, scheint es aus romanistischer Sicht geboten, zunächst einige Themenschwerpunkte Revue passieren zu lassen. Während hispanistische, lusitanistische und italianistische Themenstellungen einen vergleichsweise geringen Anteil hatten, war festzustellen, daß die Frankoromanistik den größten Teil aller romanistisch orientierten Sektionen für sich beanspruchte. So gab es insgesamt sieben Sektionen, die sich unter dem Leitbegriff France I bis VII formierten und mit den unterschiedlichsten und oft disparaten Fragestellungen zur Politik, Kultur und Literatur Frankreichs beschäftigten. Neben diesen allgemein auf Frankreich bezogenen Sektionen gab es solche, die speziell ausgewählten Autoren gewidmet waren, und zwar Bayle, Voltaire, Diderot, Rousseau, Raynal, Beaumarchais, Joseph de Maistre und Isabelle de Charrière. Die ›minores‹ der französischen Literatur mußte man dagegen in verschiedenen thematisch orientierten Sektionen, etwa zum Theater, zur Lyrik oder zur Presse, suchen. Ferner war die Französische Revolution eine Konstante, die in sieben unterschiedlichen Sektionen zur Debatte stand, wobei etwa die Rolle der ›philosophes‹ und die Wahrnehmung der Revolution aus weiblicher Perspektive reflektiert wurden. Schließlich gehörte auch die erotische Literatur, die Gegenstand von drei Sektionen war, zum Spektrum der angebotenen Themen.

Verschwindend gering war die Präsenz von Sektionen zur spanischen Kultur und Literatur. Eine Sektion, die sich mit »Ideological Alterations in Eighteenth-Century Texts« befassen wollte und sicherlich auch das Interesse von anglistischen, germanistischen oder frankoromanistischen Spezialisten hätte wecken können, blieb trotz ihres allgemeinen Titels eine Mini-Sektion mit nur drei Beiträgen zu José Cadalso und der spanischen Lyrik. Eine etwas größere Resonanz hatte die Sektion »L'Espagne dans l'Europe des Lumières«. Noch schlechter kam allerdings Italien davon. Zwar konnte sich die Italienische Gesellschaft zur Erforschung des 18. Jahrhunderts durch zwei Plenumsvorträge über Giannone, Muratori, Denina und Metastasio präsentieren, doch insgesamt gab es nur eine einzige Sektion (diejenige, die der Rolle des Kardinals Ottoboni gewidmet war), die sich überhaupt im Bereich der Italianistik ansiedeln ließ.

Erfreulich war dagegen die Einbeziehung Lateinamerikas in die Forschung zum 18. Jahrhundert. Eine Sektion zu »Enligthenment and Tradition« in Brasilien sowie namentlich eine Arbeitsgruppe zu »Brazil and Portugal« konnten beachtliche Teilnehmerzahlen aufweisen. Der für die letztgenannte Sektion gewählte Titel »At the margins of Enlightenment« hatte aber auch gerade für den Kongreß in Dublin symbolische Bedeutung: Die vielversprechende Sektion über »Politique et Science au Portugal des Lumières: le troisième centenaire de Pombal et du médecin juif Ribeiro Sanches« fiel, mit dem Zusatz »no participants« versehen, aus.

Fachübergreifende Sektionen eröffneten aufschlußreiche Blicke auf die Komödie im 18. Jahrhundert, die oft schwierige Publikation von Theaterstücken, die Gattung der Utopie, irisch-französische Kontakte, Gattungskonzepte, Memoiren, Gazetten, Almanache und die Presse, ferner auf die Erziehung und feministisches Schreiben, die Topographie des Essens, die Darstellung der Hospitalität, den Traum in der Aufklärung sowie auf den Judaismus im 18. Jahrhundert.

Die große Vielfalt der angebotenen Sektionen und die enorme Zahl der Vorträge, aber auch die Möglichkeit für eine große Zahl von Forschern, eine Sektion leiten zu können, war überaus beeindruckend und in vielen Fällen anregend, da originelle Themenstellungen, neue Ansätze sowie wenig behandelte und erforschte Aspekte viele Erkenntnisse und Anregungen vermittelten. Allerdings brachte die große Zahl der Vorträge auch weniger positive Erscheinungen mit sich. Betrachtete man etwa die Zusammensetzung der Vortragenden in den verschiedenen Sektionen, so war auffällig, daß nur wenige Kontakte über die geographischen Trennlinien links- und rechtsrheinisch, dies- und jenseits der Pyrenäen oder gar zwischen Europa und Lateinamerika hinaus erfolgten. Auch die Einordnung der Vorträge in Sektionen erschien vielfach problematisch: Viele Themen, die zwar zum jeweiligen titelgebenden Land oder Autor paßten und dort – allerdings in recht zusammenhangloser Aneinanderreihung – auch gehalten wurden, wären an anderer Stelle, d.h. im Kreise von Beiträgen zum selben Aspekt oder Thema in einer nationale Grenzen übergreifenden Sektion, besser aufgehoben gewesen, was sicherlich auch die Diskussion und den Wissensaustausch mit Fachkollegen befördert hätte. Auch hätte eine Zusammenlegung von themengleichen Mini-Sektionen (nicht selten mußten Sektionen mit nur zwei oder drei Beiträgern das Programm bestreiten) sicherlich dazu beitragen können, eine Zersplitterung der Forschung zu verhindern.

Neben diesen generellen Bemerkungen zu Organisation und Ablauf innerhalb der einzelnen Sektionen lautet mein Fazit zum Dubliner Kongreß aus romanistischer Perspektive wie folgt: Trotz der erwartungsgemäßen Dominanz der ›großen‹ Themen und Autoren gelang es auch bislang weniger kanonisierten Fragestellungen und Themen, sich innerhalb der Forschung zum 18. Jahrhundert zu plazieren und gewinnbringende Anregungen zu vermitteln. Gerade »at the margins«, wie im Bereich der Hispanistik und der Lusitanistik, tauchten überaus vielversprechende Themenbereiche auf, denen in den kommenden Jahren eine größere Präsenz zu wünschen wäre. (*Cerstin Bauer-Funke, Münster*)

3. Warum noch Aufklärungsforschung?[1] Im Blick auf den zehnten *ISECS*-Kongreß drängt sich diese Frage auf: als Frage nach der Effektivität eines Kongresses mit der stolzen Zahl von 1400 Teilnehmern einerseits und als Frage nach dem Stand der sich in einzelne und zumeist nationale Gruppen differenzierenden Forschung zur Epoche der Aufklärung andererseits. Um eine Antwort vorwegzunehmen: Für die Forschung ist die Chance einer übergreifenden Bilanz ungenutzt geblieben. Gleichwohl bot der internationale und interdisziplinäre Austausch ein repräsentatives Panorama aktueller Forschungsinteressen.

Betrachtet man das im Laufe der Kongreßwoche erstellte Panorama, so zeichneten sich zwei Tendenzen für die verschiedenen Forschungsinteressen ab:

Erstens ein historisch-historizistisches Interesse an den Details und an neuen ›Funden‹ in Gestalt von kaum berücksichtigten Quellentexten. Eine Tendenz zur ›positivistischen‹ Aufbereitung der wenig bekannten und schwer zugänglichen Materialien ging damit einher. Unter den Projekten dieser Art gewann das von Hans Bots, Eric-Olivier Lochard und Antony McKenna vorgeschlagene Netzwerk »La Communication manuscrite en Europe à l'époque moderne, 1685-1789«, das zunächst der Erschließung zahlreicher Korrespondenzen von Hugenotten, Freimaurern und mehr oder minder heterodoxen Gelehrten gewidmet ist, die größte Publizität. Die philologische Arbeit mit solchen Korrespondenzen könnte sich an der anspruchsvollen Bernoulli-Edition ein Beispiel nehmen, wie sie in Basel erstellt wird. Die Arbeit mit den Korrespondenzen soll für das von Bots, Lochard und McKenna vorgeschlagene Netzwerk im Blick auf die Fragestellungen zugespitzt werden, was als Corpus unter dem Aspekt der ›Clandestina‹ gelten kann, welche historischen Kommunikationen als ›Netz‹ beschrieben werden können usw. Damit ist für einen bestimmten Bereich von Texten ein Diskussionszusammenhang hergestellt, dessen Tragfähigkeit es noch zu prüfen gilt. Er findet seinen wissenschaftshistorischen Kontext in den Debatten über die Geheimliteratur und den Skeptizismus, wie sie in annähernd zehn ›round tables‹ und ›sessions‹ angesprochen worden sind. Zugleich kann er in den Kontext der ›Darnton Debate‹ gerückt werden, in der nach dem Zusammenhang von Philosophie, Buch und (französischer) Revolution gefragt wird. Daß diese Debatten für die deutsche Aufklärung prinzipiell gewinnbringend sein können, ist unbestritten. Fraglich ist aber, welche Reichweite sie haben: Die Aufklärung wird vom Exzeptionellen her untersucht

---

1 Vgl. *Aufklärungsforschung in Deutschland*. Hg. Holger Dainat, Wilhelm Voßkamp. Heidelberg 1999, hierin namentlich der Beitrag von Walter Erhart: »Nach der Aufklärungsforschung?« 99-128.

– von einer Revolution, von den radikalaufklärerischen Bewegungen, die aber nur einen kleinen Teil der deutschen Aufklärungsliteratur ausmachen.

Zweitens läßt sich eine Tendenz zu kulturwissenschaftlichen Beschreibungen anführen: Titel wie »From the Margins to the Center«, Anspielungen auf die ›Schattenseite der Aufklärung‹, das ›Dunkle‹ und ›Andere‹ spielten auf verschiedene kulturwissenschaftliche Varianten an, die eine notorische und unter historischem Aspekt fragwürdige Kritik an einer sich ›rational‹ verstehenden Aufklärung mit sich bringen. Teils ließ sich der Rückgriff auf ein solches Vokabular als Strategie für ein spektakuläres Angebot erkennen, das seine schillernde Attraktivität im Gang der Vorträge und Diskussionen zumeist schnell verlor. Teils aber legitimierte das kulturwissenschaftliche Vokabular eine Faszination an entlegenen Themenstellungen, was gerade auch für die einst strenge und auf die ›harten‹ Wissenschaften orientierte Wissenschaftsgeschichte zutraf (man widmete sich bespielsweise der Geschichte der Wünschelrute). Gerade das vage Vokabular der Kulturwissenschaft führte zu kontextarmen Erläuterungen. Große Namen, diejenigen Newtons und Goethes beispielsweise, dienten in diesem Zusammenhang dazu, ein aufklärungskritisches Interesse zu stärken, das in der Regel die ›ingeniöse‹ Interpretation beförderte.

Systematische Reflexionen über diese Entwicklungen und Tendenzen der Forschung zur Aufklärung erfolgten nicht. Auch Fragen nach ›Theorien‹ schienen einer vergangenen Wissenschaftswelt anzugehören. Übergreifende Debatten gingen von mehr oder minder klar bestimmbaren Quellencorpora und Fragen aus. Als Faustregel kann dabei – auch über den Kongreß hinaus – gelten, daß die deutschsprachige Forschung im internationalen Bereich kaum präsent ist. Die Anthropologie-Debatte beispielsweise, wie sie für viele deutsche Aufklärungsforscher in den letzten 20 Jahren maßgeblich geworden ist, hatte keinen Einfluß auf mögliche anglo-amerikanische Pendants. Während die französischen Teilnehmer im Verlauf des Kongresses nur zu oft rigide auf der Verwendung der Kongreßsprachen Englisch und Französisch bestanden, läßt sich der deutschen Forschung in Anbetracht dieser Lage nur ein sorgsames Trainieren und Anwenden der englischen Sprache empfehlen.

Der Dissoziation nationaler und internationaler Forschungsbestrebungen korrespondierte diejenige der Fächer, deren Profil im Verlauf der Tagung kaum erkennbar geworden ist. Nur von einem Fach kann gesagt werden, daß es im wesentlichen ›ex negativo‹ vorhanden war und daher weder in die Beschreibung der Dissoziation einbezogen werden kann noch einen Beitrag zur Tagung leistete: Gemeint ist die Theologie, deren Fragestellungen von mehr oder minder kundigen Fachfremden nur gelegentlich und mit der für den Laien gebotenen Vorsicht angesprochen worden sind. In Anbetracht der Dominanz und der Komplexität religiöser Probleme in der Literatur gerade der deutschen Aufklärung muß das Fernbleiben der Theologen und die geringe Berücksichtigung dieses so entscheidenden Bereichs erstaunen: zwei Merkwürdigkeiten, die zu besprechen Not täte.

Insgesamt zeichnete sich die bundesdeutsche Aufklärungsforschung durch ihr Fernbleiben aus, was durch die enormen Kosten, die Flug und Aufenthalt mit sich brachten, bedingt gewesen sein könnte. Gerade für den Nachwuchs boten die Größe sowie die relative Anonymität des Kongresses aber hinreichend Gelegenheit und in gewisser Hinsicht auch Schutz, um das Gespräch mit unterschiedlichen Wissenschaftstraditionen zu üben: Ein hierarchisches Gefälle konnte kaum entstehen; in den Diskussionen hatten sich das bessere Argument und die genauere Kenntnis zu bewähren. Jüngere Forscher konnten von den älteren lernen; der Reiz bestand in der Zusammenführung der verschiedenen Forschergenerationen – und nicht in der separaten Diskussion unter Jüngeren.

Als Experimentierfeld und Kontaktbörse für jüngere und ältere Forscher hat sich die Tagung unter organisatorischem Aspekt bewährt. Das von den Gastgebern vorbereitete Rahmenprogramm – Vorträge über die vorgeblich uralte irische Musik, die Stuckdecken der Dubliner ›Palazzos‹ usw. – trug zur freundlich-ironischen Atmosphäre bei, die den Ablauf dieses so harmonischen Kongresses auszeichnete. Auch touristische Bedürfnisse fanden im Tagungsprogramm Berücksichtigung; die prosperierende Stadt Dublin und ihre Umgebung hatten einiges zu bieten. Ein bloß touristischer

Streifzug durch die bunte Forschungslandschaft kann aber nicht die ›raison d'être‹ für Kongresse wie diesen sein. Ein weniger saturiertes Erscheinungsbild wäre für die Aufklärungsforschung zu wünschen: unter ›inhaltlichem‹ Aspekt wie unter dem Aspekt institutioneller (In-)Transparenz der *ISECS*-Gremien. Wir plädieren für eine Radikalaufklärung der Aufklärungsforschung, für eine Emanzipation aus betriebsblinder Selbstverständlichkeit und geruhsamer Internationalität! (*Sandra Pott, Gießen und Hamburg*)

Übersetzung und Spracherwerb im 18. Jahrhundert. Wissenschaftliche Tagung des *Forschungszentrums Europäische Aufklärung* in Potsdam in Verbindung mit der *Martin-Luther-Universität Halle-Wittenberg* aus Anlaß der Jahrestagung der *DGEJ*

Die wissenschaftliche Tagung fand in diesem Jahr – gefördert von der *Deutschen Forschungsgemeinschaft* – vom 7. bis 9. Oktober in Potsdam statt. Sowohl in der Wahl des Tagungsthemas als auch in der Zusammensetzung der knapp 40 Referate zeigte sich die Handschrift des hier beheimateten *Forschungszentrums Europäische Aufklärung*, das – in Zusammenarbeit mit der *Martin-Luther-Universität Halle-Wittenberg* – für die Vorbereitung und Durchführung der Tagung verantwortlich zeichnete. Der von den Organisatorinnen Cornelia Buschmann und Gabriela Lehmann-Carli gewählte Titel *Übersetzung und Spracherwerb* ermöglichte es auf der einen Seite, die Slawistik und damit den kulturellen Austausch zwischen den europäischen Kernländern und Russland – ein Forschungsbereich, der am Zentrum besonders gepflegt wird – ins Tagungsprogramm zu integrieren. Auf der anderen Seite bot er aber auch ein Dach für die Präsentation von Projekten, in denen Quellen, wie Übersetzungen, Popularisierungen, Korrespondenzen usw., mit dem Ziel erschlossen werden, die kulturübergreifenden Aspekte des 18. Jahrhunderts auch von ihrer sozialen und institutionellen Grundlage her zugänglich zu machen.

Die Frage nach der Bedeutung solcher Projekte stand im Mittelpunkt des Abendvortrags von Antony McKenna (Saint-Etienne), der ausgehend von einem engagierten Plädoyer gegen den »esprit de méthode« aus seiner eigenen Erfahrung mit der Interpretation der Philosophie der Aufklärung eine Reihe von Forderungen für die gegenwärtige und zukünftige Forschung ableitete. Diese darf sich seiner Auffassung nach nicht dem Erkenntnisbedarf der Gegenwart unterwerfen, sondern hat sich methodisch ihrem Gegenstand anzumessen. Dabei soll eine soziologische und strukturelle Analyse der Quellen mit der Evaluation ihres intellektuellen Gehalts kombiniert werden.

An der Potsdamer Tagung sollten allerdings weniger Inhalte als Wege der Vermittlung zwischen sprachlich-kulturellen oder sozialen Kontexten im Mittelpunkt des Interesses stehen. Dabei bildeten die Typologie von Übersetzungen, die Rolle von Institutionen und der Wandel sprachtheoretischer Ansätze die Schwerpunkte, an denen unterschiedliche Aspekte des Themas verdeutlicht wurden. Als ebenso ertragreich wie die vorgestellten Einzelstudien erwiesen sich die Vergleiche zwischen verschiedenen Kulturräumen, die sich dank der interdisziplinären Zusammensetzung der Rednerliste realisieren ließen.

Zwischen den deutschsprachigen Gebieten und Frankreich sowie zwischen Italien und Spanien bildeten sich auf dem Gebiet der Übersetzungstätigkeit mannigfaltige Beziehungen heraus. Die spezifischen Bedingungen der Rezeption in deutschen Territorien bzw. der Schweiz einerseits und in den italienischen Staaten andererseits wurden untersucht. Englischsprachige Literatur ist zunächst vorwiegend über französische, deutsche und lateinische Übersetzungen in Deutschland und in Rußland bekannt geworden. Diese Mittlerleistung führte zu Veränderungen am Text, die es zu registrieren und zu erklären gilt. Die Referenten zeigten, wie verschiedene Bereiche des Literaturbetriebs die Rolle der Übersetzungen mitbestimmten (Ausgaben antiker und moderner Autoren, Repertoire und Praxis des Theaters, Zeitschriften usw.). So regten z. B. in Spanien die Salons (Tertulias) Übersetzungsprojekte an. Ausblicke auf die Neue Welt und sogar auf China erweiterten den geographischen Horizont.

Mehr als ein Drittel der Beiträge war indes der Aufklärungsrezeption im russischen Zarenreich gewidmet. Die Analysen der Übersetzungsleistungen ins Russische anhand von Textbeispielen zeigten, wie schwierig es mitunter ist, die ursprünglichen Vorlagen herauszufinden. Die Übersetzer hatten die Texte entsprechend der russischen Erfahrungswelt zu gestalten. So gab es besonders im Bereich der politischen und philosophischen Lexik im Russischen noch keine Entsprechungen für viele im Westen bereits seit langem eingebürgerte oder neu im Zuge der Aufklärungsbewegung (Locke, Rousseau) entstandene Begriffe. Mehrere Referenten ließen die aktive Rolle der Herrscher und staatlicher Institutionen bei der Vergabe von Übersetzungsaufträgen sowie die Eingriffe der Zensur sichtbar werden, wobei hier noch Desiderata der Forschung gesehen wurden. Der Begriff des ›Kulturtransfers‹ erweist sich gerade bei der Betrachtung von Übersetzungen ins Russische als wenig hilfreich, weil er nicht deutlich werden läßt, daß es sich nicht lediglich um eine völlig adäquate Übertragung von Ideen aus einem anderen Kulturraum handeln kann. Die Bildung beruhte in Rußland bis zum Ausgang des 17. Jahrhunderts vorwiegend auf dem Kirchenslawischen, und die Rezeption des Lateinischen setzte im Vergleich zu West- und Mitteleuropa, wo es die Gelehrtensprache darstellte, erst spät ein. Bei den russischen Lesern des 18. Jahrhunderts schwang so noch die alte kirchenslawische Bedeutung von Wörtern aus der Zeit des ›Moskauer Rußlands‹ mit, die den heutigen Rezipienten nicht immer unmittelbar bewußt wird, zumal der Stand der lexikographischen Erschließung des Wortgutes in Rußland von verschiedenen Diskussionsteilnehmern noch als unbefriedigend bewertet wurde.

Übersetzen erwies sich als ein schöpferischer Prozeß, als eine Anpassungsleistung an die soziokulturellen Voraussetzungen im Sprachgebiet der Rezeption in einer Zeit, als sich nationale Literatur- und Wissenschaftssprachen erst herausbildeten. Angesichts des im 18. Jahrhundert breiteren Begriffs der ›Literatur‹, der im Vergleich zu nachfolgenden Epochen vielfach geringeren Differenzierung in Gattungen und Spezialdisziplinen, wurden sowohl belletristische als auch Sachtexte unterschiedlicher Provenienz in die Betrachtung einbezogen. Dabei konnten die Vorzüge der interdisziplinären Zusammensetzung des Kreises der Referenten und der Diskussionsteilnehmer genutzt werden.

An zwei Nachmittagen wurden im Rahmen eines Graduiertenforums neun Projekte aus der ›Werkstatt‹ von Nachwuchswissenschaftlern vorgestellt, die sich alle auf das Problem der Übersetzung im Zeitalter der Aufklärung bezogen. Die von Marie-Luise Spieckermann (Münster), Gabriela Lehmann-Carli und Antony McKenna geleitete lebhafte Diskussion kann in ihrer Konzentration auf den Übersetzungsbegriff als besonders anregend bezeichnet werden.

Simone Zurbuchen (Zürich), Birgit Scholz (Potsdam), Michael Schippan (Potsdam)

Haskala. Die jüdische Aufklärung in Deutschland 1769-1812
Zusammengestellt von Christoph Schulte

Einleitung (mit einem Anhang ausgewählter Forschungsliteratur)

Haskala, die moderne jüdische Aufklärung, entstand als eine philosophische, gesellschaftliche und literarische Bewegung im letzten Drittel des 18. Jahrhunderts in Berlin. Sie schloß an und war Teil der europäischen Aufklärungsbewegungen, aber ihr Paradigma und ihren historischen Ausgangspunkt hatte die Haskala in der Auseinandersetzung mit der deutschen Spätaufklärung. Die Entstehung und Entwicklung, die Selbstverständnisse und Ziele der Haskala in dem Prozeß der Wechselwirkung und Selbstbehauptung gegenüber der deutschen Aufklärung auf dem neuesten Forschungsstand darzustellen, soll Ziel dieses Themenheftes sein. Eine solche Darstellung ist hier naturgemäß nur in Ansätzen möglich. Das Heft soll daher einen Anstoß zur weiteren Erforschung dieses von der deutschen und europäischen Aufklärungsforschung weitgehend vernachlässigten Feldes der deutsch-jüdischen Philosophie-, Literatur- und Geistesgeschichte geben.

Der ›Vater‹ und die Symbolfigur der Haskala war Moses Mendelssohn, der ihren Anspruch, aber auch ihre Problematik gleichermaßen verkörperte: nämlich in vollem Sinne Universalist zu sein, in der ersten Reihe der Aufklärer zu wirken und Anerkennung zu finden, zugleich jedoch ohne Einschränkung religiös selbstbestimmt und weltbürgerlich selbstbewußt Jude zu bleiben, für die Aufklärung der Juden zu wirken und als Jude staatsbürgerlich emanzipiert zu werden. Dies implizierte eine doppelte Aufgabenstellung der Haskala: Einerseits galt es durch Schriften und pädagogische Anstrengungen die noch im voraufgeklärten Zustand lebenden Juden in Deutschland und vor allem in Osteuropa durch Bildung und »bürgerliche Verbesserung« (Dohm) auf den Stand der europäischen Aufklärung zu bringen. Hier richtete sich Haskala, oft in Hebräisch, an ein jüdisches Publikum. Andererseits mußten die jüdischen Aufklärer gegenüber einer Mehrheit der christlichen, deutschen Aufklärer das Judentum als vernunft- und aufklärungskompatible Religion erweisen sowie die unterdrückte und entrechtete jüdische Minderheit als aufklärungsfähig, aufklärungswillig und aufklärungswürdig darstellen. Der Prozeß der Selbstverständigung und die Debatten innerhalb der Haskala finden darum vor einem doppelten Publikum, in zwei Sprachen, Deutsch und Hebräisch, auf verschiedenen Diskursebenen und mit unterschiedlichen Aufgabenstellungen statt. Haskala ist nach innen Aufklärung von Juden für Juden, nach außen gegenüber Nichtjuden ist sie Aufklärung über Judentum und Juden sowie die Vertretung von deren Forderungen nach Gleichberechtigung, Bildung und intellektueller Anerkennung.

Haskala wird hier als die Aufklärungsbewegung einer religiösen, sozialen und intellektuellen Minorität dargestellt, die zwischen den Extremen von Judenhaß, Diskriminierung, Verachtung und den weit verbreiteten Assimilations- bzw. Taufforderungen christlicher Provenienz einerseits und der Aufklärungs-Zurückweisung in maßgeblichen Kreisen des traditionellen rabbinischen Judentums andererseits eine Aufklärung für Juden in allen europäischen Ländern fordert und aktiv vorantreibt. Die Haskala erhebt Religionsfreiheit, Bildung und die bürgerliche Verbesserung der Juden zum Programm, sie baut aber auch jüdische Schulen. Religiös, moralisch, intellektuell, politisch, ökonomisch und juristisch den Christen gleichberechtigt und gleichwertig zu sein oder zu werden, aber dabei die eigene jüdische Identität zu wahren, ist das Ideal des Maskil, des jüdischen Aufklärers. Dabei läßt sich zeigen, daß wir es bei der Haskala in Deutschland, deren Protagonisten sich fast alle persönlich kennen, mit *einem* Debatten- und Diskussionszusammenhang und *einer*, wenngleich vielstimmigen, jüdischen Aufklärungsbewegung zu tun haben.

Mendelssohn und der Kreis jüdischer Aufklärer (»Maskilim«) um ihn herum und in seiner Nachfolge (Naftali Hartwig Wessely, Isaak Satanow, Herz Homberg, Markus Herz, David Friedländer, Lazarus Bendavid, Isaak Euchel, Salomon Maimon, Saul Ascher u. a.) sind sonach nicht einfach jüdische Teilnehmer an der deutschen Spätaufklärung, obschon sie dies in jeweils verschiedenem Maße sicherlich auch sind. Denn die Teilhabe am allgemeinen Aufklärungsdiskurs und das Wirken für eine jüdische Aufklärung schließen sich nicht aus. Sie sind jedoch gleichzeitig auch Protagonisten und Repräsentanten der neu entstehenden jüdischen Aufklärungsbewegung, die Aufklärungsideale unter Juden verbreiten sowie Christen und Juden die Vereinbarkeit von Aufklärung und Judesein beweisen will.

Jüdische Vorgänger hat die Haskala in der mittelalterlichen jüdischen Aufklärung, besonders in Maimonides, sowie einzelnen orthodoxen Maskilim des frühen 18. Jahrhunderts wie Jakob Emden gehabt, die traditionelle rabbinische Gelehrsamkeit mit dem Studium von profanen Wissenschaften und Künsten verbanden. Aber eine intellektuelle Bewegung mit sozialen und politischen Ambitionen wird die Haskala erst nach der sog. Lavater-Affäre 1769 in Berlin. Gegen die Forderung nach Konversion zum Christentum galt es zu zeigen, daß Juden in der ersten Reihe der Aufklärung mithalten und doch Juden bleiben konnten, obwohl die Mehrzahl der Juden noch weit vom Stand der Aufklärung entfernt war. Judentum und Juden waren Christentum und Christen nicht unterlegen, der Weg zur Aufklärung führte nicht über die Taufe oder die Aufkündigung der jüdischen Identität. Nur mußte für die jüdischen Massen durch Bildung und Verbreitung von profanem Wissen nachgeholt werden, was einzelne Juden wie Mendelssohn schon erreicht hatten: die intellektuelle und soziale Anerkennung durch die aufgeklärten Christen. So wurde die Haskala beinahe zum Paradigma einer minoritären mitteleuropäischen Aufklärungsbewegung, der Bewegung einer religiösen, sprachlich und sozial multikulturellen Minderheit im Akkulturationsprozeß, einer Bewegung von Migranten und Autodidakten, die ihre Menschenrechte, ihre »bürgerliche Verbesserung« und ihr »Bürgerrecht des Geistes« (Zunz) gegenüber den Aufklärern christlicher Herkunft ebenso wie gegenüber der rabbinischen Orthodoxie reklamierten.

Die öffentliche Debatte um die »bürgerliche Verbesserung der Juden« hat das Bild der jüdischen Aufklärung in der Forschung lange beherrscht. Fast konnte der Eindruck entstehen, den Maskilim um Mendelssohn sei es zuvörderst und allein um ihre Emanzipation gegangen. Und tatsächlich war diese Emanzipationsdebatte, die mit der Aufklärung nur begann und dann tragisch und nie gelöst die gesamte deutsch-jüdische Geschichte durchzog, eine der wichtigsten Debatten der deutschen Aufklärung, denn es ging um die Verwirklichung von Menschen- und Bürgerrechten. Gerda Heinrich hat hier diese Debatte um die bürgerliche Verbesserung der Juden zwischen 1781 und 1812 noch einmal aufgegriffen und in Hinsicht auf ihre Konsequenzen für die Selbstverständnisse der an ihr beteiligten Juden neu beleuchtet. Ohne Zweifel war die bürgerliche Gleichstellung die wichtigste Forderung der Haskala an die christliche Majorität und an den Staat. Dabei meint bürgerliche Verbesserung schon bei Dohm stets mehr als die politische und juristische Emanzipation der Juden. Es ging Dohm und anderen Teilnehmern der Debatte auch um die ökonomische, kulturelle und soziale Gleichstellung der Juden, bzw. um deren Verhinderung und die Beschwörung ihrer Unmöglichkeit. So findet sich auch bei den Gegnern der bürgerlichen Verbesserung der Juden nicht nur das ganze Arsenal der traditionellen, antijudaistischen Anwürfe gegen die jüdische Religion aus der christlichen Tradition, sondern auch schon, besonders wirkungsmächtig bei Michaelis und Fichte, offen rassistische, nationalistische und völkische Vorurteile und Emotionen, wie sie massiv im modernen Antisemitismus wiederkehren.

Die Debatte um die bürgerliche Verbesserung der Juden war der zentrale Außendiskurs der Haskala und wurde, da die christliche Majorität der Ansprechpartner war, in deutscher Sprache bestritten. Dennoch liegt in dieser Debatte keine klare Frontlinie allein zwischen Christen und Juden vor; vielmehr eröffnen sich in ihrem Verlauf ganz neue Auseinandersetzungen zwischen Christen und Christen und solche zwischen Juden und Juden. Denn die Forderung nach bürgerlicher Verbesserung der Juden birgt einen genitivus subiectivus und einen genitivus obiectivus. Einerseits meint Dohms Wort eine von der preußischen Obrigkeit und ihren aufgeklärten Beamten ausgehende bürgerliche Verbesserung für die Juden als Objekt obrigkeitlicher Maßnahmen zum allgemeinen Nutzen des Staates. Andererseits stand jedoch stets zur Debatte, was denn die Juden als Subjekt zu tun hätten, ihre eigene bürgerliche Verbesserung voranzutreiben und zu befördern. Dabei wurde den Juden von der Änderung einzelner religiöser Rituale bis hin zur Taufe, also zur Selbstaufgabe, eine vielfältige Palette von Vorleistungen für die Emanzipation abgefordert.

Aber auch innerjüdisch gab es sehr verschiedene Vorstellungen davon, ob und wie dem starken Assimilationsdruck der christlichen Mehrheitsgesellschaft und ihrer aufgeklärten Wortführer zu begegnen sei. Während Mendelssohn in *Jerusalem* an der strikten Observanz gegenüber den religiösen Geboten und Verboten der Halacha, der rabbinischen Tradition, festhalten will und auf jüdischer Orthopraxie beharrt, kritisiert die zweite Generation der Maskilim die jüdische Tradition, vor allem Talmud und Halacha. Sie befürwortet eine Reform der jüdischen Religion und die Abschaffung vor allem solcher religiöser Gebote, die dem bürgerlichen Zusammenleben und Verkehr hinderlich, die historisch veraltet und damit sinnlos geworden oder die mit ihrer Auffassung von aufgeklärter Autonomie nicht mehr vereinbar sind. Innerjüdisch endet die Debatte um die bürgerliche Verbesserung der Juden mit einer Pluralisierung der Reaktionen und der religiösen ebenso wie weltanschaulichen und politischen Optionen innerhalb der Haskala.

Ein Forum schafft sich die zweite, reformorientierte Generation von Maskilim, deren Wortführer Lazarus Bendavid, Markus Herz, Isaak Euchel, Salomon Maimon und Saul Ascher auch philosophisch nicht mehr Anhänger Mendelssohns, sondern Kantianer sind, in der hebräischen Zeitschrift *HaMe'assef*, die 1782 gegründet wird. Andreas Kenneckes Beitrag über *HaMe'assef. Die erste moderne Zeitschrift der Juden* und ihre wichtigsten Mitarbeiter eröffnet einen Blick auf den Binnendiskurs der Haskala. Innerjüdisch, anders als in dem Deutsch geführten Außendiskurs der Emanzipationsdebatte, ist die staatsbürgerliche Gleichstellung der Juden kein Thema, da ohnehin alle Mitarbeiter und Beiträger der Zeitschrift sie anstrebten. Dagegen stand die Auseinandersetzung mit denjenigen Rabbinern im Vordergrund, die sich streng dem Erwerb nichtjüdischer, profaner Bildung, Wissenschaft, Sitten und Kultur sowie jeglicher Veränderung der Religion widersetzten. Nicht nur wegen der beabsichtigten Erneuerung des Hebräischen als Kultur- und Wissenschaftssprache, sondern auch wegen der mangelnden Deutschkenntnisse der Juden in Osteuropa galt eine hebräische Aufklärungszeitschrift wie *HaMe'assef*, die frappierende Ähnlichkeiten mit der *Berlinischen Monatsschrift* aufweist, als das geeignete Propagandainstrument für die Verbreitung der Ideen der Haskala unter den Juden Mittel- und Osteuropas.

Propagiert wurde, neben der Reform der Religion, vor allem Bildung. »Sapere aude« wurde als Aufruf zur Bildung verstanden. Es ist kein Zufall, daß in Mendelssohns Aufsatz *Über die Frage: was heißt aufklären?* von 1784 Kultur und Aufklärung der Bildung des Volkes untergeordnet sind und zu ihr beitragen sollen. Der Aufklärung als dem Ausgang aus selbst verschuldeter Unmündigkeit mußte bei Juden der Ausgang aus fremd verschuldeter Unmündigkeit vorausgehen: Es gab für die jüdischen Kinder schlicht keine Schulen, ihre Schulbildung wurde in den christlichen Monarchien weder gefordert noch gefördert. In den Jeschivot, den religiösen jüdischen Schulen, wurden ausschließlich religiöse Inhalte unterrichtet. Bildung blieb darum keine theoretische Forderung der Maskilim, sie gründeten Schulen. Mit der Gründung der Jüdischen Freischule 1778 in Berlin setzte eine ganze Gründungswelle von aufgeklärten jüdischen Schulen in Preußen, Österreich-Ungarn (bes. Galizien) und später Rußland ein. Diese Schulen versorgten die bis dato oft vom Schulunterricht ausgeschlossenen oder bei Hauslehrern unterrichteten jüdischen Kinder mit elementarem Wissen in Rechnen, Geographie, Geschichte und Fremdsprachen. In diesem Heft fehlt ein eigener Beitrag zu Theorie und Praxis der Haskala-Pädagogik, es mangelt in der Aufklärungsforschung insgesamt aber auch an Projekten zur Erforschung des Haskala-Schulwesens und seiner Konzepte, welche auch die außerdeutschen Gründungen sowie die osteuropäischen und hebräischen Quellen berücksichtigen.

Eine ebenso große Lücke, die auch in diesem Heft nicht zu schließen war, klafft im Bereich der Erforschung der Reaktion von traditionalistischen Rabbinern auf die Haskala. Wir wissen über gegen die Aufklärung gerichtete rabbinische Responsen, Traktate, über Bann und soziale Ächtung von Maskilim bis heute sehr wenig, obwohl nach 1989 in Osteuropa die Archive und Gemeindeakten zugänglich wurden. Mit Sicherheit würden Forschungen in diesem Bereich die Haskala als Aufklärungsbewegung aus traditionalistischer Perspektive neu profilieren und nicht nur Wissenslücken beseitigen.

Besser bestellt ist es um die Erforschung der schönen Literatur der Haskala. Gunnar Och zeigt in seinem Beitrag *Schöne Literatur im Umfeld der Haskala* auf, daß die schöne Literatur der Haskala in Deutschland in drei Sprachen, in Hebräisch, in Deutsch und Jiddisch, verfaßt ist, ein Symptom der Vielsprachigkeit dieser Aufklärungsbewegung. Die Literatur der Haskala umfaßt verschiedene Genres, bevorzugt werden Lyrik und Drama, aber es entstehen auch Briefromane und Satiren. Ganz der Programmatik der Haskala verpflichtet sind sowohl die Versuche der Erneuerung der hebräischen Spache in Anlehnung an das ›klassische‹ biblische Hebräisch als Medium einer modernen, spezifisch jüdischen Literatur der Aufklärung als auch der moralisch-didaktische Anspruch vieler dieser Schriften im Sinne der bürgerlichen (Selbst-)Verbesserung der Juden. Viele der Literaten der Haskala publizieren überdies in *HaMe'assef* und unterstützen die Haskala auch in außerliterarischen Schriften publizistisch, wenn nicht sogar als Lehrer ganz praktisch.

Daß die schönen Künste und die Ästhetik von der sozialen Situation der Juden in der Haskala nie getrennt sind und daß zwischen vermeintlich ›reiner‹ Ästhetik und ›bloß‹ politischer Emanzipationsrhetorik ein untergründiger Zusammenhang besteht, führt Leah Hochman am Beispiel Mendelssohns vor. In *Mendelssohn's Modernity. Questions of Social and Aesthetic Taste* zeigt sie den zunächst gar nicht augenscheinlichen Zusammenhang von ästhetischen und sozialen Geschmacksfragen auf und deutet damit den sozialen und biographischen Hintergrund von Mendelssohns Theorie der vermischten Empfindungen aus. Moralität und Bildungsanstrengung sind Mendelssohns Rezepte für eine ästhetische Verbesserung oder ›Verschönerung‹ der im gängigen sozialen Urteil der Nichtjuden als ›häßlich‹ empfundenen Juden.

Ebenfalls am Beispiel Mendelssohns orientiert sich Friedrich Niewöhners Beitrag *Die Seele*. Mendelssohn hatte 1767 mit seinem *Phaedon* eines der populärsten Werke der deutschen Aufklärungsphilosophie vorgelegt. Sein kurzes, postum publiziertes *Sefer HaNefesch* (›Die Seele‹) ist keineswegs eine hebräische Doublette des *Phaedon*, obwohl ihr beider Anliegen der Beweis der Unsterblichkeit der Seele ist. *HaNefesch* ist jedoch auch kein in irgendeiner jüdischen Tradition stehendes Buch. Daß es für jüdische Leser geschrieben ist, kann man am Gebrauch des Hebräischen und daran absehen, daß im Unterschied zum *Phaedon* kein nichtjüdischer Autor genannt oder zitiert wird, um die orthodoxen jüdischen Leser nicht zu verschrecken. *HaNefesch* erweist sich in Niewöhners Analyse als ein Hebräisch geschriebenes Stück aufgeklärter deutscher Schulphilosophie, das dem nicht des Deutschen mächtigen ostjüdischen Leserkreis in Hebräisch vorgetragen wird, um ihn so an die Aufklärung und ihre Inhalte heranzuführen.

Nicht an den ideologischen Debatten der Haskala beteiligt hat sich Marcus Elieser Bloch, der gleichaltrige Freund und Hausarzt Mendelssohns. Dennoch ist er einer von denjenigen Männern, die Haskala erfolgreich praktizierten. Er avancierte so zum akademisch hochgeehrten und international anerkannten Naturwissenschaftler und Begründer der modernen Ichthyologie, ohne dem Glauben der Väter untreu zu werden. Richard Lesser schildert in seinem Beitrag *Dr. Marcus Elieser Bloch. Ein Jude begründet die moderne Ichthyologie* den Lebensweg und die naturwissenschaftlichen Errungenschaften Blochs, der ein Exempel gelungener jüdischer Aufklärung personifizierte. Denn Bloch hatte demonstriert, daß ein Jude, der aus ärmsten Verhältnissen stammte, nach einem akademischen Studium in den Wissenschaften brillieren, in Berlin zu großem Wohlstand und bürgerlicher Anerkennung kommen und zugleich sehr selbstbewußt ein observanter Jude bleiben konnte. Bloch hat Haskala vorgelebt, nicht sie theoretisch begründet oder reflektiert oder propagiert. Nur die tatsächliche Gleichberechtigung der Juden in Preußen hat er nicht mehr erlebt.

Die Haskala in Deutschland endete teils durch das Erreichen ihrer Ziele, teils durch Napoléon, teils durch die Romantik: Die Juden in den europäischen Staaten unter französischer Besatzung wurden durch den Code Napoléon den Nichtjuden juristisch gleichgestellt, in Preußen wurden sie 1812 staatsbürgerlich emanzipiert. Seitdem bildete sich der Sozialtypus des deutschen Juden heraus, der trotz bleibender Diskriminierung und Judenfeindschaft sich selbst als Deutscher identifiziert, nur noch Deutsch spricht und schreibt, dem eine Vielzahl von Bildungswegen und Berufen offenstehen, für den Religion konfessionalisiert und Privatsache ist, und der in Salons, Universitäten, Büchern, Zeitschriften und den schönen Künsten Deutschlands Stimme und Gehör findet. Als universalistische, auf Freiheit, Gleichheit und Bildung der Juden pochende Weltanschauung hat die Haskala gegen Nationalismus und Antisemitismus bis ins 20. Jahrhundert starke Nachwirkungen im deutschen Judentum gehabt. Aber als historische Bewegung hat sie, wie die deutsche Spätaufklärung, am Aufkommen der Romantik und des deutschen Nationalismus ideologisch und kulturell ihre Grenze. Nur in Osteuropa, vor allem im zaristischen Rußland, wirkte die Haskala als jüdische Aufklärungsbewegung noch bis 1880 weiter.

Aufgabe dieses Themenheftes sollte es sein, die verschiedenen philosophischen, religiösen, sozialen und literarischen Positionen innerhalb der Haskala einerseits als Teile eines neuen innerjüdischen Diskurszusammenhangs bei der Herausbildung einer bürgerlichen Öffentlichkeit unter Juden aufzuzeigen. Darzustellen ist die Dynamik der Entstehung einer Aufklärungsbewegung, die in einem Prozeß von enormer Rasanz innerhalb von nur vier Jahrzehnten die Resultate von fast 100 Jahren europäischer Aufklärung sich aneignen will und sich dabei sowohl gegen Rechtlosigkeit, Armut, Benachteiligung und Judenhaß als auch gegen die Autorität der rabbinischen Tradition durchsetzen muß. Andererseits steht dieser innerjüdische Diskurs in ständiger intellektueller Auseinandersetzung vor allem mit der deutschen Aufklärung. Es wird gezeigt, wie im Anschluß an und in Abgrenzung von der deutschen Aufklärung die jüdischen Autor/Innen Konzepte einer eigenen, jüdischen Aufklärung entwickeln, die das religiöse, staatsbürgerliche und intellektuelle Selbstverständnis der Juden in Deutschland revolutionierten. Von Berlin aus verbreitete sich die Haskala in der ersten Hälfte des 19. Jahrhunderts in ganz Europa, vor allem in Osteuropa. Ihre Schriften und Ideen veränderten nachhaltig Bild und Selbstbild des modernen Judentums.

Die Haskala ist bislang ein Stiefkind der sonst in Deutschland breit etablierten Aufklärungsforschung. Mangels Kenntnissen der jüdischen Philosophie, der hebräischen Literatur und der Rabbinica wurden zumeist nur die deutschen Schriften der jüdischen Aufklärer wahrgenommen, während die systematische Erforschung der hebräischsprachigen Aufklärungsliteratur in Deutschland durch die Vertreibung und Ermordung der jüdischen Wissenschaftler seit 1933 fast vollkommen brachliegt und heute, von Ausnahmen abgesehen, nur in den USA und Israel betrieben wird. Hier soll das Themenheft auf Forschungsdefizite und auf neue Perspektiven für eine interdisziplinäre Aufklärungsforschung aufmerksam machen. Die Aufgabe, religiöse, ethnische und soziale Minoritäten als solche wahrzunehmen, sie staatsbürgerlich zu emanzipieren, sie intellektuell, religiös und soziokulturell ohne Diskriminierung nicht nur zu tolerieren und damit zu dulden, sondern anzuerkennen, ohne ihnen ihre Gruppen-Identität bedrohende Assimilationsleistungen abzufordern, ist im multikulturellen Europa von heute nie nur ein historisches Problem.

Anhang: Ausgewählte Forschungsliteratur zur Haskala

Michael Albrecht, Eva J. Engel, Norbert Hinske (Hg.): *Moses Mendelssohn und die Kreise seiner Wirksamkeit.* Tübingen 1994 (= *Wolfenbütteler Studien zur Aufklärung,* 19).

Alexander Altmann: *Moses Mendelssohn. A biographical study.* London 1973.

Alexander Altmann: *Die trostvolle Aufklärung. Studien zur Metaphysik und politischen Theorie Moses Mendelssohns.* Stuttgart, Bad Canstatt 1982.

Marianne Awerbuch, Stefi Jersch-Wenzel (Hg.): *Bild und Selbstbild der Juden Berlins zwischen Aufklärung und Romantik.* Berlin 1992.

Dominique Bourel: *Le dernier Moïse.* Paris 1995 [Mikrofiche].

Dominique Bourel: »Eine Generation später: Lazarus Bendavid (1762-1832)«. In: Michael Albrecht, Eva J. Engel, Norbert Hinske (Hg.): *Moses Mendelssohn und die Kreise seiner Wirksamkeit.* Tübingen 1994 (= *Wolfenbütteler Studien zur Aufklärung,* 19), 363-380.

Mordechai Breuer, Michael Graetz (Hg.): *Deutsch-jüdische Geschichte in der Neuzeit.* Bd. I: *1600-1780.* München 1996.

Michael Brenner, Stefi Jersch-Wenzel, Michael A. Meyer (Hg.): *Deutsch-jüdische Geschichte in der Neuzeit.* Bd. II: *1780-1871.* München 1996.

Achim Engstler: *Untersuchungen zum Idealismus Salomon Maimons.* Stuttgart, Bad Canstatt 1990.

Rainer Erb, Werner Bergmann: *Die Nachtseite der Judenemanzipation. Der Widerstand gegen die Integration der Juden in Deutschland 1780-1860.* Berlin 1989.

Peter R. Erspamer: *The Elusiveness of Tolerance: The ›Jewish Question‹ from Lessing to the Napoleonic Wars.* Chapel Hill: University of North Carolina Press 1997.

Shmuel Feiner: *Haskala VeHistoria* [hebr., Haskala und Geschichte]. Jerusalem 1995.

Shmuel Feiner: »Mendelssohn and ›Mendelssohn‹s Disciples‹. A Re-examination«. In: *Leo Baeck Year Book* 40 (1995), 133-167.

Shmuel Feiner: »Isaak Euchel – ›Entrepreneur‹ of the Haskalah Movement in Germany« [hebr.]. In: *Zion* 52 (1987), H. 2, 427-469.

Amos Funkenstein: »Das Verhältnis der jüdischen Aufklärung zur mittelalterlichen jüdischen Philosophie«. In: Karlfried Gründer, Nathan Rotenstreich: *Aufklärung und Haskala in jüdischer und nichtjüdischer Sicht.* Heidelberg 1990 (= *Wolfenbütteler Studien zur Aufklärung,* 14), 13-21.

Eveline Goodman-Thau, Gert Mattenklott, Christoph Schulte (Hg.): *Kabbala und Romantik.* Tübingen 1994.

Andreas Gotzmann: *Jüdisches Recht im kulturellen Prozeß. Die Wahrnehmung der Halacha im Deutschland des 19. Jahrhunderts.* Tübingen 1997.

Walter Grab: »Saul Ascher. Ein jüdisch-deutscher Spätaufklärer zwischen Revolution und Restauration«. In: *Jahrbuch des Instituts für Deutsche Geschichte* 6 (1977), 131-179.

Walter Grab: »Obrigkeitliche und revolutionäre Formen der Judenemanzipation«. In: *Tel Aviver Jahrbuch für deutsche Geschichte* 20 (1991), 127-134.

Michael Graetz: »Jüdische Aufklärung«. In: Mordechai Breuer, Michael Graetz (Hg.): *Deutschjüdische Geschichte in der Neuzeit.* Bd. I: *1600-1780.* München 1996, 251-355.

Heinz Mosche Graupe: »Mordechai Shnaber-Levison. The Life, Works and Thought of a Haskalah Outsider«. In: *Leo Baeck Year Book* 41 (1996), 3-20.

Heinz Mosche Graupe: »Kant und das Judentum«. In: *Zeitschrift für Religions- und Geistesgeschichte* 13 (1961), 308-333.

Karlfried Gründer, Nathan Rotenstreich (Hg.): *Aufklärung und Haskala in jüdischer und nichtjüdischer Sicht.* Heidelberg 1990 (= *Wolfenbütteler Studien zur Aufklärung,* 14).

Jürgen Habermas: *Strukturwandel und Öffentlichkeit. Untersuchungen zu einer Kategorie der bürgerlichen Öffentlichkeit* [1962]. Mit einem Vorwort zur Neuauflage 1990. Frankfurt am Main 1990.

Gerda Heinrich: »Akkulturation und Reform. Die Debatte um die frühe Beerdigung der Juden zwischen 1785 und 1800«. In: *Zeitschrift für Religions- und Geistesgeschichte* 50 (1998), 137-155.

Deborah Hertz: *Die jüdischen Salons im alten Berlin 1780-1806*. München 1995.

Norbert Hinske (Hg.): *Was ist Aufklärung?* Darmstadt 1973.

Norbert Hinske: »Die tragenden Grundideen der deutschen Aufklärung. Versuch einer Typologie«. In: Karlfried Gründer, Nathan Rotenstreich (Hg.): *Aufklärung und Haskala in jüdischer und nichtjüdischer Sicht*. Heidelberg 1990 (= *Wolfenbütteler Studien zur Aufklärung*, 14), 67-100.

Noah J. Jacobs: »Schrifttum über Salomon Maimon. Eine Bibliographie mit Anmerkungen, übers. von Gerd Leisersohn«. In: Günter Schulz (Hg.): *Juden im Zeitalter der Aufklärung*. Bremen, Wolfenbüttel 1977 (= *Wolfenbütteler Studien zur Aufklärung*, 4), 353-398.

Jacob Katz: »The Term ›Jewish Emancipation‹: Its Origin and Historical Impact«. In: Alexander Altmann (Hg.): *Studies in Nineteenth-Century Jewish Intellectual History*, Cambridge Mass. 1964, 1-25.

Jacob Katz: *Jews and Freemasons in Europe 1723-1939*. Cambridge MA 1970.

Jacob Katz: *Out of the Ghetto. The Social Background of Jewish Emancipation 1770-1870*. New York 1978.

Maria Klanska: *Aus dem Schtetl in die Welt 1772-1938. Ostjüdische Autobiographien in deutscher Sprache*. Wien 1994.

Daniel Krochmalnik: »Scheintod und Emanzipation. Der Beerdigungsstreit in seinem historischen Kontext«. In: *Trumah* 6 (1997), 107-147.

Ellen Littmann: »Saul Ascher. First Theorist of Progressive Judaism«. In: *Leo Baeck Year Book* 5 (1960), 107-121.

Anna-Ruth Löwenbrink: *Judenfeindschaft im Zeitalter der Aufklärung. Eine Studie zur Vorgeschichte des modernen Antisemitismus am Beispiel des Göttinger Theologen und Orientalisten Johann David Michaelis (1717-1791)*. Phil. Diss. Frankfurt am Main 1995.

Steven M. Lowenstein: *The Berlin Jewish Community – Enlightenment, Familiy and Crisis*. Oxford 1994.

Steven M. Lowenstein: »The Social Dynamics of Jewish Responses to Moses Mendelssohn (with Special Emphasis on the Bible Translation and on the Berlin Jewish Community)«. In: Michael Albrecht, Eva J. Engel, Norbert Hinske (Hg.): *Moses Mendelssohn und die Kreise seiner Wirksamkeit*. Tübingen 1994 (= *Wolfenbütteler Studien zur Aufklärung*, 19), 333-347.

Michael A. Meyer: *The Origins of the Modern Jew*. Detroit 1967 (dtsch.: *Von Moses Mendelssohn zu Leopold Zunz. Jüdische Identität in Deutschland 1749-1824*. München 1994).

Michael A. Meyer: *Response to Modernity. A History of the Reform Movement in Judaism*. Detroit 1995.

George Mosse: *Jüdische Intellektuelle in Deutschland*. Frankfurt am Main 1992.

Michael Nagel: *›Emancipation des Juden im Roman‹ oder ›Tendenz zur Isolierung‹? Das deutschjüdische Jugendbuch in der Diskussion zwischen Aufklärung, Reform und Orthodoxie (1780-1860)*. Hildesheim 1999.

Friedrich Niewöhner: »›Primat der Ethik‹ oder ›erkenntnistheoretische Begründung der Ethik‹? Thesen zur Kant-Rezeption in der jüdischen Philosophie«. In: Günter Schulz (Hg.): *Juden im Zeitalter der Aufklärung*. Bremen, Wolfenbüttel 1977 (= *Wolfenbütteler Studien zur Aufklärung*, 4), 119-161.

Gunnar Och: *Imago Judaica. Juden und Judentum im Spiegel der deutschen Literatur 1750-1812*. Würzburg 1995.

Moshe Pelli: *The Age of Haskalah. Studies in Hebrew Literature of the Enlightenment in Germany*. Leiden 1979.

Nils Römer: *Tradition und Akkulturation. Zum Sprachwandel der Juden in Deutschland zur Zeit der Haskalah*. München, New York 1995.

Norbert M. Samuelson: *Moderne jüdische Philosophie. Eine Einführung*. Reinbek bei Hamburg 1995.

Andrea Schatz: *Zur Reflexion über die hebräische Sprache in der Berliner Haskalah*. Unveröffentl. Magisterarbeit an der FU Berlin, Institut für Judaistik. o. J.

Ismar Schorsch: *From Text to Context. The Turn to History in Modern Judaism*. Hanover 1994.

Christoph Schulte (Hg.): *Deutschtum und Judentum. Ein Disput unter Juden aus Deutschland*. Stuttgart 1993.

Christoph Schulte: »Salomon Maimons Lebensgeschichte. Autobiographie und moderne jüdische Identität«. In: Karl E. Grözinger (Hg.): *Sprache und Identität im Judentum*. Wiesbaden 1998, 135-149.

Christoph Schulte: »Haskala und Kabbala. Haltungen und Strategien der jüdischen Aufklärer beim Umgang mit der Kabbala«. In: Monika Neugebauer-Wölk (Hg.): *Aufklärung und Esoterik*. Hamburg 1999, 335-354.

Günter Schulz (Hg.): *Judentum im Zeitalter der Aufklärung*. Bremen, Wolfenbüttel (= *Wolfenbütteler Studien zur Aufklärung*, 4).

David Sorkin: *The Transformation of German Jewry 1780-1840*. Oxford 1987.

David Sorkin: »From Context to Comparison. The German Haskalah and Reform Catholicism«. In: *Tel Aviver Jahrbuch für deutsche Geschichte 20* (1991), 23-58.

David Sorkin: »Die zwei Gesichter des Moses Mendelssohn«. In: *Menora. Jahrbuch für deutschjüdische Geschichte* 4 (1993), 275-289.

David Sorkin: »Religious Reform and Secular Trends in German-Jewish Life. An Agenda for Research«. In: *Leo Baeck Year Book* 40 (1995), 169-184.

David Sorkin: *Moses Mendelssohn and the Religious Enlightenment*. London 1996.

Moritz Steinschneider: »Hebräische Drucke in Deutschland (Berlin 1762-1800)«. In: *Zeitschrift für die Geschichte der Juden in Deutschland* 5 (1892), 154-186.

Tsemah Tsamriyon: *HaMeassef* [hebr., Der Sammler]. Tel Aviv 1988.

Christoph Schulte, Potsdam

Haskala und Emanzipation.
Paradigmen der Debatte zwischen 1781 und 1812

The debate that began openly in 1781 over the fundamental »civil improvement of the Jews« heightened after 1787 with the first practical advances in the Prussian legislation regarding the Jews. The legislation's succeeding pressure on the Jews to adapt and become legitimate sharpened a latent inner conflict among Jews about whether they should break away from or preserve tradition. The debate intensified with ideological differentiation within the Haskala. The change in historical frameworks and their resulting publication strategies favored divergent and decisive patterns. In these evaluations the idea of natural right to equality was pitted against the push to acculturate. The two most extreme developments of these opposing positions are mirrored in the works of Mendelssohn and Bendavid.

Le débat public qui vit le jour en 1781 à propos d'une »amélioration fondamentale du statut civil des Juifs« et plus encore, l'amorce concrète de la réforme de la législation prussienne sur les Juifs à partir de 1787, eurent pour conséquence d'aiguiser les conflits latents qui divisaient le monde juif autour de thèmes tels que la rupture d'avec la tradition ou au contraire son respect, en générant un climat coercitif d'assimilation et de légitimation. Le débat venait renforcer la différentiation philosophique au sein de la haskala. Des contextes historiques changeants entraînant diverses stratégies de publication favorisèrent des types de décision divergents parmi lesquels le modèle égalitaire issu du droit naturel ou bien un faisceau d'arguments se basant sur l'acculturation prévalurent. Cette évolution se reflète, au travers de ses extrêmes, dans les positions adoptées par Mendelssohn et Bendavid.

I.

Die neuere Forschung ist sich darin einig, daß jüdische Aufklärung nicht auf die mit dem Emanzipationsprozeß verknüpften weltanschaulich-philosophischen Auseinandersetzungen reduziert werden kann.[1] Dennoch ist es legitim, sie gerade auch in diesem historischen Kontext wahrzunehmen. Denn Juden hatten die Debatte um »bürgerliche Verbesserung« ab 1781 ausgelöst und ihr sogleich – räumlich und intellektuell – eine europäische Dimension verliehen. Die hochgebildeten, beredten und kämpferischen Wortführer der elsässischen Aschkenasim um Cerf Beer, die 1780 ihr zur Vorlage beim französischen Staatsrat bestimmtes *Mémoire* zwecks redaktioneller Bearbeitung an Mendelssohn sandten, regten Dohms programmatisches Reformplädoyer nicht nur an[2], sondern stellten auch, indem sie selbstbewußt ihre legitimen Ansprüche im Zeichen naturgegebener gleicher Menschenrechte einforderten, schon die philosophisch avancierten Argumentationsmuster des emanzipatorischen Diskurses bereit.

---

1 Zu dieser Problematik vgl. Daniel Krochmalnik: »Scheintod und Emanzipation. Der Beerdigungsstreit in seinem historischen Kontext«. In: *Trumah. Zeitschrift der Hochschule für Jüdische Studien* 6 (1997), 107-149; ferner: Jacob Toury: »Der Aufbruch der Juden in die Wissenschaften«. In: *Jahrbuch des Instituts für Deutsche Geschichte der Universität Tel Aviv*, Beiheft 10. Tel Aviv 1985, 15-50; sowie: Moshe Pelli: *The Age of Haskalah. Studies in Hebrew Literature of the Enlightenment in Germany*. Leiden 1979.

2 Vgl. Wilhelm Gronau: *Christian Wilhelm von Dohm nach seinem Wollen und Handeln. Ein biographischer Versuch*. Lemgo 1824, 84 f.

Und jüdische Amtsträger waren es auch, die in Preußen den praktischen Ansatz zur Reform der Judengesetzgebung initiierten. Den Oberlandesältesten und Ältesten der Berliner Gemeinde, die sich am 6. Februar 1787 im Namen aller Juden der preußischen Monarchie mit einer Petition an Friedrich Wilhelm II. wandten, in der sie um grundlegende Revision ihrer bisherigen Verfassung ersuchten[3], ging es von Anfang nicht um halbherzige Teilschritte: nicht darum, daß die drückenden Fesseln nur »*weiter* gehängt, sondern daß sie uns *ganz* abgenommen werden mögten«, d. h. um »Umschmelzung des *ganzen* Systems«.[4]

Zugleich wurde durch die Debatte um »bürgerliche Verbesserung der Juden« und mehr noch durch das spätere Reformgeschehen in Preußen jene mentale und intellektuelle Differenzierung verstärkt, die eine entsprechende sozialökonomische Differenzierung in der Judenschaft[5] seit der Mitte des 18. Jahrhunderts begleitet hatte. Der mit Christian Wilhelm Dohms Schrift *Ueber die bürgerliche Verbesserung der Juden* 1781 eingeleitete Paradigmenwechsel in der Diskussion um die »Judenfrage«[6] – von nur sporadischen und punktuellen »Verbesserungen« unter merkantilistisch-utilitaristischen Aspekten gesteigerter wirtschaftlicher »Nützlichkeit« der Juden zu einem grundsätzlichen Wandel ihres gesellschaftlichen Status, begründet mit egalitären, naturrechtlichen Argumenten, sowie vom bloßen herrscherlichen Gnadenerweis zum einklagbaren Rechtsakt – mußte gegebene soziale Besitzstände empfindlich berühren. Er bewirkte nicht nur eine Polarisierung unter christlichen Aufklärern in Reformbefürworter und -gegner, sondern intensivierte auch latente innerjüdische Widersprüche zwischen Anhängern der Tradition und Protagonisten einer Modernisierung des Judentums.

Die Zumutungen des Gros der christlichen Aufklärer und vor allem der feudalstaatlichen Administration, welche die verheißene staatsbürgerliche Gleichstellung an demütigende Bedingungen banden, modifizierte, dominierte und verzerrte die Diskussion unter jüdischen Aufklärern, sobald den Juden in corpore eine reale und prinzipielle Besserung ihrer Lage in Aussicht gestellt war. Eine in den deutschen Territorien bis tief ins 19. Jahrhundert retardierende, nur formalrechtliche und in der gesellschaftlichen Alltagspraxis

---

3 Vgl. Ismar Freund: *Die Emanzipation der Juden in Preußen unter besonderer Berücksichtigung des Gesetzes vom 11. März 1812. Ein Beitrag zur Rechtsgeschichte der Juden in Preußen. Bd. I: Darstellung.* Berlin 1912, 36-38.

4 Vgl. David Friedländer: *Akten=Stücke die Reform der Jüdischen Kolonieen in den Preußischen Staaten betreffend.* Berlin 1793, 132 und 106.

5 Als Indiz für soziale Differenzierung vgl. Veitel Ephraims Entwurf eines neuen Modus der Ältestenwahl und die Einteilung der möglichen Kandidaten in drei Klassen, die nur noch die Vermögendsten zum passiven Wahlrecht zuließ. Siehe: Selma Stern: *Der preußische Staat und die Juden.* Tübingen 1971 (= Schriftenreihe Wissenschaftliche Abhandlungen des Leo Baeck Instituts, Bd. 24/2), 368 f., Nr. 248.

6 Der Rechtshistoriker Guido Kisch setzt das Wiederaufleben der Judenfrage als politisches Problem mit dem um 1270 im *Schwabenspiegel* fixierten Verlust des Waffen- und Wechselrechts, der Einschränkung des Eidrechts und der mit der Minderung des rechtlichen Status verknüpften Einbuße an sozialem Prestige an. Vgl. Guido Kisch: *Ausgewählte Schriften. Bd. 1: Forschungen zur Rechts- und Sozialgeschichte der Juden in Deutschland während des Mittelalters nebst Bibliographien.* Sigmaringen 1978, 20-40.

immer wieder desavouierte Emanzipation, vor allem aber die verweigerte soziale Integration zwangen der jüdischen Minorität permanente Anpassungsleistungen auf und nahmen ihr die Möglichkeit, ihre eigene Tradition ohne äußeren Druck reflektieren zu können. Jüdische Identität war so der Gefahr ausgesetzt, zum Schibboleth zu erstarren und nicht als historische und damit veränderliche Größe begriffen oder aber zur Disposition gestellt zu werden.[7] Denn zeitgenössische außerjüdische Kulturstandards und Bildungseinflüsse, die im Prozeß selbstbestimmter und selbsterstrebter individueller Akkulturation als produktiv und befreiend erlebt wurden, erfuhr die benachteiligte Minderheit als soziale Gruppe durchaus repressiv: als Zwang politisch instrumentalisierter Assimilationsvorgaben.[8] Die leidvollen Spuren dieses durch verzögerte und letztlich bloß partielle Emanzipation gestörten Selbstreflexionsprozesses lassen sich bis in die programmatischen *Rückblicke* verfolgen, mit denen Zacharias Frankel die Jahrgänge 1852 bis 1861 seiner *Monatsschrift für Geschichte und Wissenschaft des Judenthums* eröffnet: Hatte er zunächst die Hoffnung artikuliert, daß es »weder Bedürfniß noch Berechtigung« gäbe, politische Fragen zu berücksichtigen, sondern daß man sich nun ausschließlich dem »hohen und trefflichen Inhalt des Judenthumes«[9] widmen könne, muß er bald »schmerzlich berührt« einräumen, daß bedrohliche Rückschläge in der »kaum ausgesprochenen Gleichstellung der Juden« sein Journal wieder »gewaltsam aus dem stillen Bereiche der Religion in das geräuschvolle Wogen der Politik treiben.«[10]

In den internen, immer auch auf christliche Öffentlichkeit und Obrigkeit als Adressaten zielenden Auseinandersetzungen jüdischer Aufklärer, die Reformdiskussion und -prozeß begleiteten, überlagerten und verflochten sich – oft repräsentiert durch ein und denselben Autor – zwei wesentliche Diskussionsstränge: ein offensiv naturrechtlicher, dessen Protagonisten im Begründungszusammenhang allgemeiner und unverlierbarer Menschenrechte auf staatsbürgerliche Gleichstellung drängten; und eine Gegenwehr erweckende Tendenz zu behutsamer oder forcierter Akkulturation, die in der Regel ein gebrochenes Verhältnis zur jüdischen Tradition, namentlich der talmudisch-halachischen, einschloß. Ebenso wie individuelle weltanschauliche Entscheidungen bestimmten wechselnde historische Konstellationen und daraus erwachsende taktische Erwägungen die Dominanz der jeweiligen Argumentationslinie. Als extreme Pole in dieser Auseinandersetzung können Moses Mendelssohn und Lazarus Bendavid gelten.

---

7 Vgl. dazu den methodisch äußerst anregenden Aufsatz von Willy Goetschel, der die aktuelle Diskussion dieses Themas in den USA resümiert: »›Jüdische Philosophie‹. Ein Querverweis«. In: *Babylon* 13/14 (1994), 119-132.

8 Ich beziehe mich hier auf die begriffliche Unterscheidung von Yehiel Ilsar, der »Akkulturation« im Gegensatz zur von außen erzwungenen »Assimilation« als weitgehend selbstbestimmte und aktive Aneignung anderer Kulturwelten ohne Absage an die eigene Tradition definiert. Siehe: Yehiel Ilsar: »Zum Problem der Symbiose. Prolegomena zur deutsch-jüdischen Symbiose«. In: *Bulletin für die Mitglieder der ›Gesellschaft der Freunde des Leo Baeck Instituts‹* 51 (1975), 124 f. und 135-144.

9 *Monatsschrift für Geschichte und Wissenschaft des Judenthums.* Unter Mitwirkung mehrerer Gelehrten. Hg. Zacharias Frankel 1 (1851/1852), 3.

10 *Monatsschrift* (= Anm. 9), 2 (1853), 1.

II.

Die polemischen Reaktionen, besonders der Göttinger Gelehrtenfraktion, auf Dohms von Mendelssohn initiiertes und mitgetragenes Projekt einer weitgehend unverzüglichen und bedingungslosen politisch-rechtlichen Gleichstellung der jüdischen Minderheit hatten eine erste Zuspitzung der Debatte um deren »bürgerliche Verbesserung« bewirkt. Michael Hißmann, außerordentlicher Professor der Philosophie an der Universität Göttingen, und Johann David Michaelis hatten in animoser Weise Dohms zentrales, leitmotivisch genutztes Argument von der politisch elenden Lage der Juden als alleiniger Ursache ihrer geistig-sittlichen Depravation[11] und das daraus gefolgerte Postulat unaufschiebbarer Gleichstellung mit der Behauptung vom definitiv verderbten jüdischen Nationalcharakter als einer anthropologischen Konstante gekontert.[12] Beide hatten sich nicht gescheut, mit schockierendem Eifer das gesamte Arsenal antijudaischer Standardvorurteile zu versammeln, darunter: Unfähigkeit der Juden zur Aufklärung und einem ihr gemäßen Grad an Sittlichkeit, Illoyalität gegenüber dem christlichen Gemeinwesen, Hang zu Undank und Verrat, zum Mißbrauch gewährter Freiheiten, Untauglichkeit zu solider Erwerbstätigkeit und zum Militärdienst als wichtigster staatsbürgerlicher Pflicht[13], überheblicher Nationalstolz, Separatismus und Groll gegen andere Völker, Unglaubwürdigkeit der jüdischen Eide.[14] Michaelis versteigt sich sogar mittels wunderlicher Zahlenakrobatik und statistischer Spielereien, die seinen Unterstellungen wissenschaftlichen Anschein geben sollen und an deren Widerlegung sich noch ein Jahrzehnt später David Friedländer abarbeiten wird[15], zu pauschaler Kriminalisierung vor allem der armen Judenschaft.[16] Und ausgerechnet der prominente Gelehrte, der in seiner sechsbändigen, methodisch glanzvollen Darstellung des *Mosaischen Rechts* 1771-1776 den gängigen antijudaischen Klischees den Boden entzogen[17] und den Identitätsanspruch auch der zeit-

---

11 Vgl. Christian Wilhelm Dohm: *Ueber die bürgerliche Verbesserung der Juden*. Erster Theil. Berlin, Stettin 1781, 33-35, 39, 58 f. Anm., 87, 96 f., 109, 130 und 142 f.
12 Vgl. *Zugabe zu den Göttingischen gelehrten Anzeigen* 48. St., 1. Dez. 1781, 756 und 758; ferner: Johann David Michaelis: *Orientalische und exegetische Bibliothek*. 19. Theil. Frankfurt am Main 1782, 7 und 31 f.
13 Vgl. *Zugabe zu den Göttingischen gelehrten Anzeigen* (= Anm. 12), 756-758 und 762.
14 Vgl. Michaelis: *Orientalische und exegetische Bibliothek* (= Anm. 12), 8 f., 11 f., 18-22, 28 und 32.
15 Vgl. Friedländer: *Akten=Stücke* (= Anm. 4), 29-34.
16 Vgl. Michaelis: *Orientalische und exegetische Bibliothek* (= Anm. 12), 4 f.
17 Zu Michaelis' Widerlegung des Separatismusvorwurfs vgl. *Mosaisches Recht*. 1. Theil. Frankfurt am Main 1770, 196 f.; 4. Theil. Frankfurt am Main 1774, 185-200. Zur Militärdiensttauglichkeit der Juden vgl. *Mosaisches Recht*. 1. Theil, 215 f., 344-347; 2. Theil. Frankfurt a. M. 1771, 28-30; 4. Theil, 130 f. Zur Glaubwürdigkeit jüdischer Eide vgl. *Mosaisches Recht*. 1. Theil, 320; 2. Theil, 14-18; 5. Theil. Zweite, verm. Ausg. Reutlingen 1785, 152-161; 6. Theil. Zweite, verm. Ausg. Reutlingen 1785, 72 f. und 105. Helmut Jenzsch (*Jüdische Figuren in deutschen Bühnentexten des 18. Jahrhunderts. Eine systematische Darstellung auf dem Hintergrund der Bestrebungen zur bürgerlichen Gleichstellung der Juden, nebst einer Bibliographie nachgewiesener Bühnentexte mit Judenfiguren der Aufklärung*. Phil. Diss. Hamburg 1971, 29) hat auf die proemanzipatorischen Elemente des ›Mosaischen Rechts‹ hingewiesen.

genössischen Judenschaft historisch legitimiert hatte – indem er das archaische israelitische Gemeinwesen aufgrund seiner demokratischen Strukturen sowie der gesellschaftlich bedingten Tugenden seiner Bürger in den Rang eines Modells für die Gegenwart erhob, wie es im 18. Jahrhundert nur noch der griechisch-römischen Antike zugemessen wurde –, erwies sich nun als erbitterter Widersacher. Zum ›Beweis‹ seiner Anwürfe berief er sich sogar auf den längst obsoleten Eisenmenger[18], dessen wissenschaftliche Haltlosigkeit er 1770 – als er Mendelssohn gegen den enragierten Hobbytheologen Johann Balthasar Koelbele verteidigte – ausdrücklich hervorgehoben hatte.[19] Hißmann und Michaelis hielten dafür, daß der verderbte Nationalcharakter der Juden ihrer Religion geschuldet sei.[20] Ersterer folgert daraus, daß staatsbürgerliche Gleichberechtigung der Juden erst dann auf die Tagesordnung gesetzt werden könne, wenn sie sich ihres Judentums gänzlich begeben und völlig der christlichen Kultur assimiliert hätten.[21] Michaelis hingegen plädiert generell für Beibehaltung aller bestehenden Restriktionen[22] und bestreitet ebenso prinzipiell die Realisierbarkeit des Dohmschen Reformprojekts. Ihm stellt er die Idee der Judenkolonie in ihrer feindseligen Variante entgegen: als endgültige Lösung der Judenfrage durch Einrichtung gleichsam von Strafkolonien oder verschärften Ghettos in möglichst weit von aller christlichen Zivilisation entlegenen Gebieten.[23]

Solch fatale politische Implikationen einer aufklärerischen Religionskritik, die die Spezifik der jüdischen Religion als eine alle Alltagsbereiche prägende Lebensform vernachlässigte, waren nicht als vereinzelte Phänomene abzutun, sondern dominierten in der Folge Debatten und Reformprozeß insgesamt, was eine ganze Forschungsrichtung legitimiert, vom Antijudaismus der Aufklärung zu sprechen.[24] Diese die Konstruktivität der Debatte aufs höchste gefährdenden Reaktionen erzwangen das Eingreifen Mendelssohns, der bis dahin einem erst später formulierten publikationsstrategischen Prinzip gefolgt war: daß es nämlich allemal sachdienlicher sei, wenn christliche Autoren »das Vorurtheil der Christen wider die Juden« bestreiten: »Juden müssen sich also gar nicht einmischen, um die großmüthige Absicht zu befördern. Sobald dies geschiehet, sobald muß sie auch

---

18 Vgl. Michaelis: *Orientalische und exegetische Bibliothek* (= Anm. 12), 21, obwohl Michaelis Eisenmengers feindselige Voreingenommenheit zugestehen muß (ebd., , 9 f.).
19 Vgl. *Göttingische Anzeigen von gelehrten Sachen* 59. St., 17. Mai 1770, 516.
20 Vgl. *Zugabe zu den Göttingischen gelehrten Anzeigen* (= Anm. 12), 755 f.; ferner Michaelis: *Orientalische und exegetische Bibliothek* (= Anm. 12), 7, auch 31 f.
21 Vgl. *Zugabe zu den Göttingischen gelehrten Anzeigen* (= Anm. 12), 755 f.
22 Vgl. Michaelis: *Orientalische und exegetische Bibliothek* (= Anm. 12), 15, 22-24 und 29.
23 Vgl. ebd., 12, 14, und 27 f. Zu den ganz unterschiedlichen Konnotationen der Judenkolonie-Idee vgl. den grundlegenden Aufsatz von Jacob Toury: »Emanzipation und Judenkolonien in der öffentlichen Meinung Deutschlands (1775-1819)«. In: *Jahrbuch des Instituts für Deutsche Geschichte der Universität Tel Aviv* 11 (1982), 17-53.
24 Stellvertretend seien genannt: Léon Poliakov: *Geschichte des Antisemitismus. Bd. V: Die Aufklärung und ihre judenfeindliche Tendenz*. Worms 1983; Detlev Claussen: *Grenzen der Aufklärung. Zur gesellschaftlichen Geschichte des modernen Antisemitismus*. Frankfurt am Main 1987.

gemißdeutet und übel aus gelegt werden«.²⁵ Vom umsichtigen Organisator und Regisseur der Debatte wird Mendelssohn nun auch öffentlich zu ihrem profiliertesten Theoretiker.

Mit der *Vorrede* zu *Manasseh Ben Israel Rettung der Juden* und mittels der Ausführungen des Amsterdamer Rabbiners bot er neben dem von Dohm bekämpften »philosophischen Vorurtheile« auch den immer noch currenten »gröberen Anklagen«²⁶ (Blutbezichtigung, Götzendienst, Gotteslästerung, Feindschaft gegen Christen, betrügerische gewerbliche Konkurrenz, planmäßige Illoyalität gegen die staatliche Obrigkeit) die Stirn. Darüber hinaus trat er schon in dieser Schrift von 1782 mit der Forderung nach Trennung von Kirche und Staat und der Aufhebung jeglicher kirchlicher Zwangsrechte einschließlich des rabbinischen Bannrechts²⁷ und generell einer jüdischen Sonderrechtsprechung Ausgrenzungstendenzen entgegen, die in der Debatte – etwa von August Friedrich Cranz als Angriff auf vorgebliche »rabbinische Despotie«²⁸ – formuliert worden waren. Cranz war es auch, der in einer weiteren Schrift die einstigen Lavaterschen Zumutungen erneuert hatte.²⁹ Vor allem aber die politischen Denunziationen und die pasquillantische Generalpolemik des Berliner Kammergerichtsreferendars Friedrich Traugott Hartmann gegen das Mendelssohn-Dohmsche Emanzipationsprojekt prägen den antijudaischen Part der Debatte exemplarisch aus und trieben ihre Polarisierung auf die Spitze. Hartmann meinte 1783 in seiner *Untersuchung ob die bürgerliche Freiheit den Juden zu gestatten sei* in demokratischen und solidarischen Zügen des Judentums ein die hierarchische Ordnung des christlichen Staates bedrohendes subversives Potential zu entdecken³⁰ und trug damit ein qualitativ neues destruktives Moment in die Debatte.

---

25 Moses Mendelssohn: *Gesammelte Schriften. Jubiläumsausgabe.* Hg. Alexander Altmann, Eva J. Engel u. a. Bd. 13: *Briefwechsel III.* Bearb. Alexander Altmann. Stuttgart, Bad Cannstatt 1977, 316 f. (Nr. 715: An den Freiherrn Leopold von Hirschen, 18. Okt. 1785). Im folgenden zit. mit der Sigle: JubA.
26 Mendelssohn: JubA, Bd. 8: *Schriften zum Judentum II.* Bearb. Alexander Altmann. Stuttgart, Bad Cannstatt 1983, 6 f. und 9.
27 Vgl. ebd., 16-25.
28 Vgl. August Friedrich Cranz: *Ueber den Mißbrauch der geistlichen Macht oder der weltlichen Herrschaft in Glaubenssachen durch Beyspiele aus dem jetzigen Jahrhundert ins Licht gesetzt.* Berlin 1781.
29 Vgl. Anonymos: *Das Forschen nach Licht und Recht in einem Schreiben an Herrn Moses Mendelssohn auf Veranlassung seiner merkwürdigen Vorrede zu Manasseh Ben Israel.* Berlin 1782: Mendelssohn habe durch Abweisung der Kirchengewalt einen »Ekstein« jüdischen Glaubens eingerissen, was die Frage nahelege, wieso er »durch Wegräumung seiner Grundsteine das ganze Gebäude erschüttern« und dennoch im Glauben seiner Väter verharren könne. Mendelssohn sei auf dem Wege zum Christentum: »nur noch ein Schrit, so sind Sie einer der unsrigen geworden!« (Mendelssohn: JubA, Bd. 8 [= Anm 26], 77, 80 und 81).
30 Vgl. Friedrich Traugott Hartmann: *Untersuchung ob die bürgerliche Freiheit den Juden zu gestatten sei.* Berlin 1783, 194 f.

III.

Angesichts der Summe der Anwürfe und der Feindseligkeit der Einwände sah sich Mendelssohn genötigt, seinerseits nun offensiv die Konditionen staatsbürgerlicher Gleichstellung der Juden klarzustellen. Mit *Jerusalem oder über religiöse Macht und Judentum* macht er weltanschaulich-philosophische Positionen publik, die er bereits Ende 1770 in den Gegenbetrachtungen über Bonnets Palingenesie[31] und prononcierter noch im Briefentwurf an den Erbprinzen von Braunschweig-Wolfenbüttel[32] entwickelt hatte, und konfrontiert die Öffentlichkeit mit einer Stellungnahme von singulärer emanzipatorischer Radikalität.

Mit *Jerusalem* gelingt ihm eine großartige Synthese antizipatorischer Denkansätze der westeuropäischen Aufklärung und eigenen facettenreichen Philosophierens. Es handelt sich gleichermaßen um ein philosophisches Werk über das Judentum und dessen Modernisierung wie um eine Kampfschrift für Judenemanzipation allein aus Prinzipien des Rechts. Durch die dialektische Verknüpfung dieser beiden Aspekte wird Mendelssohns Schrift weit über die Debatte der 1780er Jahre hinaus zur überragenden Programmschrift der Judenemanzipation.

Der erste Abschnitt stellt eine theologisch-politische Abhandlung dar, die durchaus in der Tradition Spinozas steht. Mendelssohn radikalisiert das Postulat der Trennung von Kirche und Staat so entschieden, wie es der Kohärenz und Kontinuität seines staatstheoretischen Denkens entspricht.[33] Er fundiert es sowohl mit moral- und geschichtsphilosophischen als auch mit avancierten naturrechtlichen Argumenten.[34] Ausgerechnet im brisanten politischen Kontext der Judenemanzipation zieht Mendelssohn zudem die schon im Disput mit Thomas Abbt über Johann Joachim Spaldings *Bestimmung des Menschen* zur Geltung gebrachte Idee geistig-sittlicher Autonomie der Individuen heran.[35] Diese Autonomiekonzeption impliziert das gleiche Recht aller Menschen, ungeachtet des unsicheren historischen Fortschritts der Gattung, nach höchstmöglicher moralischer und intellektueller Perfektibilität zu streben. Sie bedeutet ferner laut Mendelssohn, daß Gewissens- und Denkfreiheit selbst per Gesellschaftsvertrag weder staatlicher noch kirchlicher Reglemen-

---

31 Vgl. Mendelssohn: JubA, Bd. 7: *Schriften zum Judentum I*. Bearb. v. Simon Rawidowicz. Stuttgart, Bad Cannstatt 1974, 65-107.
32 Vgl. ebd., 300-305.
33 Vgl. Alexander Altmann: *Die trostvolle Aufklärung. Studien zur Metaphysik und politischen Theorie Moses Mendelssohns*. Stuttgart, Bad Cannstatt 1982 (= *Forschungen und Materialien zur deutschen Aufklärung*, 3), 167.
34 Vgl. Mendelssohn: JubA, Bd. 8 (= Anm.26), 109-118 und 120-132. Neben Altmann hat auch Rudolf Vierhaus (»Moses Mendelssohn und die Popularphilosophie«. In: *Moses Mendelssohn und die Kreise seiner Wirksamkeit*. Hg. Michael Albrecht, Eva J. Engel, Norbert Hinske. Tübingen 1994 [= Wolfenbütteler Studien zur Aufklärung, 19], 37 f.) auf den unmittelbar politischen Bezug von Mendelssohns anhaltender Beschäftigung mit dem Naturrecht verwiesen.
35 Vgl. die materialreiche Darstellung von Stefan Lorenz: »Skeptizismus und natürliche Religion. Thomas Abbt und Moses Mendelssohn in ihrer Debatte über Johann Joachim Spaldings ›Bestimmung des Menschen‹«. In: *Moses Mendelssohn und die Kreise seiner Wirksamkeit* (= Anm. 34), 113-133.

tierung unterwerfbar sei: könnten doch Verträge nur äußere Handlungen, Dinge und Verhältnisse betreffen[36], und bei diesen allein habe der Staat ein Recht des Zugriffs – nicht aber die Kirche.[37] Denn deren Funktion gelte einzig dem Verhältnis zwischen Gott und den Menschen als einer sittlichen Relation, die auf Freiwilligkeit beruht, mithin alle juridischen und moralischen Zwangsrechte ausschließt.[38] Die Kirche dürfe demnach so wenig wie der Staat auf Denken und Meinen mittels Lohn oder Strafe einwirken.[39] Gleiches gilt, implicite, natürlich für jede religiöse Institution, auch für die Synagoge.

Insofern nach Mendelssohns Autonomiekonzeption die Entscheidung für diese oder jene Religion im freien Ermessen des einzelnen verblieb, wurde auch die von christlicher Seite immer wieder erhobene Forderung nach Konversion oder Assimilation als conditio sine qua non staatsbürgerlicher Gleichstellung der Juden grundsätzlich hinfällig. Glaubensüberzeugungen mit bürgerlichen Vor- oder Nachteilen zu verbinden, gilt nach den anthropologisch-geschichtsphilosophischen und naturrechtlichen Prinzipien des Autors von *Jerusalem* als Willkür und bitteres Unrecht.[40] Da für Mendelssohn indessen moralische Autonomie nicht nur durch solche Argumente, sondern auch schöpfungstheologisch verbürgt ist, rückt er darüber hinaus Vernunft und Glauben, Laizismus und jüdische Religiosität in ein produktiv vereinbares Verhältnis:[41] Mit der politisch revolutionierenden Idee staatsbürgerlicher Gleichberechtigung ohne Ansehen der Konfession verbindet er das Recht auf eine Gläubigkeit, die aufklärerischen Religionsreformern als konservativ erscheinen konnte.

Im zweiten Teil von *Jerusalem* korrigiert Mendelssohn jenes Zerrbild vom Judentum, mit dem christliche Zeitgenossen noch immer die vorgebliche aufklärerische Überlegenheit und exklusive Modernität ihrer eigenen Religion zu beweisen suchten. Er weist den in der europäischen Aufklärung verbreiteten kolonisatorischen Dünkel ab, daß nur das Christentum die Brücke zu einer zeitgemäßen Kultur zu schlagen vermöge. In einem weit ausholenden historischen Exkurs führt Mendelssohn nicht nur polemische Negativprojektionen ad absurdum, welche die jüdische Religion zum Inbegriff mittelalterlicher Rückständigkeit, Aberglaubens und fanatischer Intoleranz herabwürdigten; er legt zudem deren Gleichwertigkeit, ja Prästanz als einer dogmenfreien Religion dar, deren Grundsätze der Duldsamkeit, des Primats von Wissen vor Meinen sowie der sozialen Verantwortung sowohl mit den Idealen der Nächstenliebe und Toleranz wie auch mit dem säkularen Anspruch der Vernunft korrespondieren.[42]

---

36 Vgl. Mendelssohn: JubA, Bd. 8 (= Anm. 26), 125 f.
37 Vgl. ebd., 126.
38 Vgl. ebd., 128.
39 Vgl. ebd., 129.
40 Vgl. ebd., 129 und 146 f.
41 Vgl. David Sorkin: »Die zwei Gesichter des Moses Mendelssohn«. In: *Menora. Jahrbuch für deutsch-jüdische Geschichte* 4 (1993), bes. 280 und 285.
42 Vgl. Mendelssohn: JubA, Bd. 8 (= Anm. 26), 127 und 156 f. Michael Albrecht (»Überlegungen zu einer Entwicklungsgeschichte der Ethik Mendelssohns«. In: *Moses Mendelssohn und die Kreise seiner Wirksamkeit* [=Anm. 34], 56-58) hat dargelegt, daß eine rational begründete autonome Ethik für Mendelssohn Bestandteil des Judentums ist.

Gerade die verfemte rabbinische Tradition kennzeichnet Mendelssohn – wie seinerzeit schon in den *Litteratur-Briefen*[43] – als Zeugnis einer modern gebliebenen Kultur, da sie nicht nur vormals allgemein akzeptierte Lehrmeinungen, sondern auch einst unterlegene, durchaus strittige Auffassungen von menschlichen und göttlichen Dingen und mit dieser Widersprüchlichkeit den Stachel produktiven Zweifels bewahre, mithin das Modell eines unabgeschlossenen kritischen kognitiven Prozesses darstelle.[44] Mendelssohn insistiert auf Relativität der Wahrheit als Stimulans der Erkenntnis: Wahrheit wird nicht als vorgegebener und feststehender Besitz deklariert, sondern als transitorische Stufe, günstigenfalls als Atempause auf einem langen Weg und als jeweils aktualisierbares offenes Resultat stets erneuerter Befragung überkommener Einsichten, an der teilzuhaben jedem vernunftbegabten Wesen zusteht.

Diese geistige Tradition hat Mendelssohn keineswegs vom historischen Prozeß abgelöst. Er verweist vielmehr auf ihre Verwurzelung in der Heilsgeschichte Israels mit ihren Niederlagen und bitteren Demütigungen wie zugleich den Rettungen und einer insgesamt ehrwürdigen Bestimmung.

Jedoch erst Mendelssohns entschlossenes Plädoyer für die Beibehaltung des Zeremonialgesetzes, und damit der Halacha, verleiht seinem Emanzipationskonzept die einzigartige Konsequenz. Die Besonderheit dieses Gesetzes erklärt Mendelssohn dahingehend, daß es als Tun – im Unterschied zu den in einem sprachphilosophischen Exkurs behandelten Bildern und Zeichen[45] – Gesinnung und Alltag verknüpft und die Tradition vitalisiert, indem es jene partnerschaftliche Kommunikation herstellt, die über toten Buchstaben und in der Isolation bloßer Lektüre allzu leicht erstirbt. Mendelssohn beharrt auf der ursprünglichen geselligen Funktion des Zeremonialgesetzes als »Band, welches Handlung und Betrachtung, Leben mit Lehre«[46] vereinigt, als ein unverzichtbares Reglement für religiöse Handlungen, welche Gemeinsamkeit und Identität unter den Juden stiften und zugleich offen sind für individuelle Sinngebung, für Selbsterfahrung und Selbstbestimmung des einzelnen. So formuliert Mendelssohn – sich von sinnentleerten religiösen Praktiken auch im zeitgenössischen Judentum distanzierend – ein Programm innerjüdischer Erneuerung als Rückbesinnung auf den lebendigen Kern der Tradition.[47]

Mit solch selbstbewußter Verteidigung des Judentums zielte Mendelssohn sowohl auf die eigenen Glaubensbrüder als auch auf die christlichen Zeitgenossen. In beiden Lagern

---

43 Vgl. Mendelssohns anerkennende Rezension der Mischna-Übersetzung des Hebräisten und Theologen Johann Jakob Rabe im 35. Litteratur-Brief, 26. April 1759; 122. Brief, 14. August 1760; 186. Brief, 18. Sept. 1761 (abgedr. in: Mendelssohn: JubA, Bd. 5,1: *Rezensionsartikel in Briefe die neueste Litteratur betreffend*. Bearb. Eva J. Engel. Stuttgart, Bad Cannstatt 1991, bes. 48-50).

44 Vgl. Mendelssohn: JubA, Bd. 8 (= Anm. 26), 165-169. Michaelis (*Orientalische und exegetische Bibliothek*. 22. Theil. Frankfurt am Main 1783, 96) warf Mendelssohn deshalb vor, er habe den »Lehren der Rabbinen« das »gefallendste philosophische Gewand« angezogen, »das sie bisher bekommen haben.«

45 Vgl. Mendelssohn: JubA, Bd. 8 (= Anm. 26), 171-181.

46 Ebd., 193.

47 Vgl. dazu Mendelssohns programmatischen Brief an Herz Homberg vom 22. Sept. 1783; abgedr. in: Mendelssohn: JubA, Bd. 13 (= Anm. 25), 134 (Nr. 612).

suchte er Konsens darüber zu befördern, daß weder orthodoxer Traditionalismus noch assimilatorischer Traditionsbruch, sondern nur aufgeklärt-kritisches Bewahren der jüdischen Tradition dem Ziel politischer Emanzipation der Juden in corpore diene. Freilich hegte der Autor von *Jerusalem* berechtigte Zweifel, ob das von ihm propagierte jüdische Selbstverständnis die Spaltung der eigenen Glaubensgenossen in Traditionalisten und Antitraditionalisten aufhalten könne.[48] Und was das christliche Umfeld betraf, war er nur geringer Hoffnung, außer wenigen Unvoreingenommenen auch die christlichen Wortführer und Entscheidungsträger überzeugen und von jenem Projekt der Judenmissionierung abbringen zu können, welches er am 22. September 1783 im Brief an Herz Homberg zornig »das Vereinigungsprojekt der Wölfe« nannte, »die sich mit den Schafen so sehr zu vereinigen wünschen, daß sie aus Schaf- und Lammfleisch gern Wolfsfleisch machen möchten«.[49]

Wenn Mendelssohn auch den öffentlichen Gebrauch der Wolfs-Metapher mied, so hat er die darin enthaltene Abgrenzung in *Jerusalem* nicht minder entschieden artikuliert: »wenn die bürgerliche Vereinigung unter keiner andern Bedingung zu erhalten« sei, »als wenn wir von dem Gesetze abweichen, das wir für uns noch für verbindlich halten; so thut es uns herzlich leid, was wir zu erklären für nöthig erachten: so müssen wir lieber auf bürgerliche Vereinigung Verzicht thun; so mag […] alles in dem leidlichen Zustande bleiben, in welchem es itzt ist, oder in welchen es eure Menschenliebe zu versetzen, für gut findet. […] Von dem Gesetze können wir mit gutem Gewissen nicht weichen, und was nützen euch Mitbürger ohne Gewissen?«[50]

Mendelssohn hat damit nochmals klargestellt, daß staatsbürgerliche Gleichstellung als ein Rechtsakt mit vorbehaltlichen oder gar demütigenden Kautelen unvereinbar ist. Nichts Geringeres hat er eingefordert als die Emanzipation der Juden qua Juden – eine Forderung, die dem sowohl in der Öffentlichkeit als auch in der preußischen Administration favorisierten, höchst problematischen, weil forciert auf Assimilation zielenden Reformkonzept entgegenstand.

IV.

Die Generation jüdischer Aufklärer nach Mendelssohn hat diese entschiedene, halachatreue Position preisgegeben[51], und zwar nicht nur, weil der emanzipatorische Rigorismus

---

48 Vgl. Mendelssohns Brief an Herz Homberg vom 1. März 1784; abgedr. in: Mendelssohn: JubA, Bd. 13 (= Anm. 25), 178 (Nr. 634).
49 Mendelssohn an Herz Homberg, 22. Sept. 1783; abgedr. in: Mendelssohn: JubA, Bd. 13 (= Anm. 25), 134 (Nr. 612).
50 Mendelssohn: JubA, Bd. 8 (= Anm. 26), 200.
51 Selbst ein so behutsamer und umsichtiger Reformer des Judentums wie Saul Ascher kann trotz seiner Hochschätzung für Mendelssohn abstrakt aufklärerische Denkmaßstäbe nicht überschreiten. Dessen Forderung, am Zeremonialgesetz festzuhalten, mißdeutet er als nur defensiv polemischen Akt: Unter dem Zwang zur Abgrenzung habe Mendelssohn »die Vernunft unter den Schatten des Glaubens gezogen«, statt das Judentum der umgebenden Kultur zu akkomodieren (Saul Ascher: *Leviathan oder Ueber Religion in Rücksicht des Judenthums*. Berlin 1782, 149).

von *Jerusalem* eine wahre Flut antijudaischer Polemik heraufbeschwor und weil die Debatte durch diese konfrontative Entwicklung der Verwirklichung reformerischer Bestrebungen eher hinderlich wurde, sondern auch und vor allem, weil sich die historischen Rahmenbedingungen der Auseinandersetzung veränderten. Als ab 1787 mit der mutigen Initiative jüdischer Gemeindefunktionäre die Reform in ihre praktische Phase trat, geriet die Judenschaft unter einen starken Legitimations- und Assimilationsdruck. Denn eine dominante Fraktion von preußischen Staatsbeamten interpretierte die eingeleitete »bürgerliche Verbesserung der Juden« dahingehend, daß »der eigentliche Zweck der beabsichtigten Reform« nicht sein könne, »die Population der Juden qua Juden [...] zu vermehren«; vielmehr gelte es, »den äußerst verderbten Charakter der größten Zahl der jetzt geduldeten Juden zu verbeßern«, was nicht »durch ein allgemeines auf die Haupt Reforme aller Juden abzweckendes Reglement, in welchem der jüdischen Nation qua Nation Vortheile zugebilligt werden, sich erreichen läßt, sondern einzig und allein durch successive Abschaffung der jüdischen Vorurtheile und Kennzeichen«.[52]

Gleichzeitige Angriffe auf die jüdische Gemeindeautonomie, auf Riten wie die Frühbeerdigung[53], die Frühehe[54], das Purimfest[55] und generell die jüdischen Feiertage eröffneten im Verständnis der Administration den geplanten Weg zur staatsbürgerlichen »Qualifizierung« der Juden, denen Gleichberechtigung in dem Maße in Aussicht gestellt – doch keineswegs garantiert – wurde, wie sie ihrer religiös geprägten Identität entsagten.[56] Erst mit der praktischen Inangriffnahme der Reform wurde jenes etatistischpädagogische Modell einer dosierten, verschleppten und von obrigkeitlichen ›Erziehungs‹-Vorstellungen geleiteten Judenemanzipation vorherrschend, das die mittel- und osteuropäische Entwicklung geprägt hat.[57]

---

52 Vgl. Ismar Freund: *Die Emanzipation der Juden in Preußen* (= Anm. 3), Bd. II: *Urkunden*, 74 (Nr. 4. Anlage: Gutachten der Mobilmachungskommission an das Ober-Kriegs-Collegium vom 18. Januar 1790) und 107 (Nr. 3. Schreiben des Justizdepartements an das Generaldirektorium vom 5. Oktober 1795).

53 Vgl. Verf.in: »Akkulturation und Reform. Die Debatte um die frühe Beerdigung der Juden zwischen 1785 und 1800«. In: *Zeitschrift für Religions- und Geistesgeschichte* 50 (1998), H. 2, 137-155.

54 Vgl. Friedrich Traugott Hartmann (= Anm. 30), 196 f.; ferner: Carl Wilhelm Grattenauer: *Ueber die physische und moralische Verfassung der heutigen Juden. Stimme eines Kosmopoliten*. Germanien 1791, 122.

55 Vgl. Paul Jakob Bruns: »Vorschlag an die Juden, das Purimfest abzuschaffen«. In: *Berlinische Monatsschrift* 15 (Januar-Juni 1790), Aprilheft, Nr. 6, 377-381.

56 Vgl. Ismar Freund: *Die Emanzipation der Juden in Preußen* (= Anm. 3), Bd. II: *Urkunden*, 123-f. (Nr. 8. Schreiben des Justizdepartements an das Generaldirektorium vom 13. Dezember 1797), 125 (Nr. 9. Schreiben des Generaldirektoriums an das Justizdepartement vom 27. Dezember 1797), 126 f. (Nr. 10. Bescheid des Staatsministeriums an die Aeltesten der Judenschaft vom 2. April 1798).

57 Vgl. die von Walter Grab entwickelte Typologie mit ihren zwei historischen Varianten der Judenemanzipation: das liberal-revolutionäre und das aufgeklärt-etatistische Modell, die mit ›revolutionären‹ oder ›obrigkeitlichen‹ Formen gesellschaftlichen Wandels gekoppelt sind. Siehe Walter Grab: *Der deutsche Weg der Judenemanzipation 1789-1938*. München 1991, 19-22;

An diesem obrigkeitlichen Konzept führte von nun ab für jüdische Aufklärer, die für die politische Emanzipation ihrer Glaubensbrüder stritten, kein Weg mehr vorbei: Im Interesse praktischer Reformmaßnahmen mußten sie sich möglichst konstruktiv darauf beziehen. Eine reformfreudige und akkulturationswillige Aufklärerfraktion war geneigt, bestimmte Prämissen dieses Konzepts – etwa die vorgebliche ›Rückständigkeit‹ der traditionsverhafteten Juden – anzuerkennen und fand darin den Ansatzpunkt eigener produktiv-kritischer Entwürfe, um die nach ihrer Meinung längst fällige Modernisierung des Judentums mit Erfolgen in der staatsbürgerlichen Gleichstellung zu verbinden.

Autoren wie Marcus Herz, Lazarus Bendavid oder Moses Hirschel, meist der begüterten und intellektuell aufgeschlossenen Oberschicht entstammend, genossen in nachvollziehbarer Weise die Begegnung mit der weltlichen Kultur und der zeitgenössischen Philosophie der europäischen Aufklärung als enorme geistige Bereicherung[58], mit der sich neue glänzende, aber auch trügerische Perspektiven und Denkhorizonte erschlossen. Nahmen doch die Vertreter besonders der jungen Generation die humanen Ideale dieses Denkens ernst, und das um so mehr, als ihr oft traditionell jüdischer Bildungsweg sie auf Konvergenzen mit ethischen und ideellen Werten ihrer Überlieferung verwies, die sie jetzt in übergreifenden innovativen Denkzusammenhängen zu verankern hofften. Illusionen mischten sich mit einem durch äußeren Druck gesteigerten Streben nach kultureller Anpassung und bewirkten Distanz, ja feindselige Ablehnung gegenüber der eigenen Tradition. Erst spätere enttäuschende gesellschaftliche Erfahrungen relativieren den Vernunft- und Fortschrittsenthusiasmus dieser Autoren und erschüttern die Überzeugung, daß der Anschluß an die Bildung und geistige Kultur der zeitgenössischen christlichen Umwelt die ersehnte gesellschaftliche Anerkennung und Gleichstellung bringen werde.

Exemplarisch hierfür dürfte der Weg des in der talmudischen Überlieferung wie in der Aufklärungsphilosophie gleichermaßen bewanderten Breslauer Privatgelehrten Moses Hirschel (geb. 1754) sein, dessen Lebensspur sich nach 1823 verliert. In seinem 1788 in Breslau erschienenen leidenschaftlich polemischen Pamphlet *Kampf der jüdischen Hierarchie mit der Vernunft* liefert er – anders als Friedländer[59] oder selbst Bendavid (s. u.) radikal mit der Tradition brechend – im Zeichen einer hypostasierten Vernunft eine rebellische Abrechnung mit Talmud und Rabbinern. Anlaß der Schrift war eine Auseinandersetzung zwischen Prager Traditionalisten und David Friedländer um den Wert von Mendelssohns *Pentateuch*-Übersetzung und generell um solch kulturelle Mittlerschaft, d. h. um die Fra-

---

ders.: »Obrigkeitliche und revolutionäre Formen der Judenemanzipation«. In: *Jahrbuch des Instituts für Deutsche Geschichte der Universität Tel Aviv* 20 (1991), 128-134. Der polnische Historiker Artur Eisenbach (»Die Judenemanzipation in den polnischen Gebieten im 19. Jahrhundert vor dem europäischen Hintergrund«. In: *Bulletin für die Mitglieder der ›Gesellschaft der Freunde des Leo Baeck Instituts‹* 68, 1984, 16-19) hat diese Typologie ergänzt und relativiert.

58 Vgl. die spätere lustvolle Schilderung seiner liberalen und weltoffenen Bildung und Erziehung in Lazarus Bendavids Autobiographie; abgedr. in: *Bildnisse jetztlebender Berliner Gelehrten mit ihren Selbstbiographien*. Hg. Johann Michael Siegfried Lowe. Zweite Sammlung. Berlin 1806, 6 f. und 12 f.

59 Vgl. die Apologie des geistig-sittlichen Wertes der talmudischen Tradition in Friedländers *Akten=Stücke* (= Anm. 4), 12-15 und 16 f. Anm.

ge, wie man sich zu der schon in Josephs II. Reformprogramm beschlossenen Festlegung stellen solle, die Bildung der jüdischen Jugend vorwiegend auf deutsche Sprache und Kultur auszurichten.

Hirschels Überzeugung von der unaufhaltsamen Geschichtsmächtigkeit der Vernunft und einer daraus resultierenden ungebrochenen Fortschrittseuphorie gilt es als ausgemacht, daß sich alle Dinge in der Natur, alle Individuen und alle Nationen in einem Entwicklungsprozeß befinden, der sie in gerader Linie von niederen zu höheren Stadien führt.[60] Diesen historischen Weg der Völker durch »stuffenweise Revolutionen, zu ihrer Veredelung, Vervollkommnung und Veränderung«[61] erhebt Hirschel zum unumstößlichen Naturgesetz, dem allein die jüdische Nation noch widerstehe[62]: durch ihre Anhänglichkeit an den Talmud als Inkarnation der Unvernunft und als Ansammlung der »abscheulichsten Lehr= und Grundsätze«, die mit den »ärgsten Blasphemien« und den »allerabgeschmacktesten Mährchen und Fabeln, welche von je her von Pedanten, Charlatanen und Betrügern zur Volkstäuschung erfunden worden«, »die Vernunft des Volks, unter dem Gehorsam des blinden Glaubens« gefangennehme.[63] In offenkundiger Abgrenzung zu Mendelssohn proklamiert Hirschel einen unversöhnlichen Gegensatz von Vernunft und jüdischer Religion.[64]

Sein Vernunftenthusiasmus verstellt ihm den historischen Blick auf Leistung und Legitimität der eigenen Tradition. Zwar charakterisiert er treffend die Instrumentalisierung von Religion zu politischen Herrschaftszwecken, bezieht sie aber ausschließlich auf jüdische Religionslehrer, die leitmotivisch als Illustration der These vom Priesterbetrug erscheinen[65] und in Hirschels drastischer Schilderung sogar mit gewalttätigen Zügen der christlichen Inquisition ausgestattet werden.[66]

Seine undifferenzierte Sicht auf die Verfechter der Tradition, die voltairianische Schärfe seines Talmudverdikts läßt antijudaische Stereotype, wie sie aus der rigorosen Religionskritik der Aufklärung erwuchsen, in seine Darlegungen eindringen. So prangert er nicht nur das Beharren der Juden auf ihren religiösen Traditionen als widernatürlich, als Verstoß gegen das Naturgesetz zivilisatorischen Fortschritts an[67], sondern er zeiht sie auch des Separatismus bzw. rechtfertigt einschlägige Vorwürfe von christlicher Seite.[68] Unter seinen Glaubensbrüdern akzeptiert er nur »den vernünftigen Theil«, dem es »um wahre Aufklärung zu thun ist«, während er das Gros in Rückständigkeit, Borniertheit und Vorurteilen befangen sieht[69], ohne die dafür verantwortlichen gesellschaftlichen Ursachen wahrzunehmen.

---

60 Vgl. Moses Hirschel: *Kampf der jüdischen Hierarchie mit der Vernunft*. Breslau 1788, 19-21.
61 Ebd., 21.
62 Ebd.; vgl. auch ebd., 29.
63 Ebd., 90 f.
64 Vgl. ebd., 25.
65 Vgl. ebd., 4, 7 f., 9, 14, 34, 36, 38, 68 und 91.
66 Vgl. ebd., 27.
67 Vgl. ebd., 21 und 29.
68 Vgl. ebd., 32 f.
69 Vgl. ebd., 16.

Der für die anstehende Reform der Judengesetzgebung destruktive und kontraproduktive Effekt solch aufklärerischer Vernunftapotheose und der damit einhergehende Traditionsbruch zeigt sich bei Hirschel darin, daß er, obwohl begeisterter Leser Dohms, dessen deterministische Argumentation auf den Kopf stellt. Schuld an der »Beraubung aller bürgerlichen Rechte und Freiheiten«[70] und am Elend der Juden, das Hirschel wiederholt eindringlich schildert[71], ist nicht die unzulängliche politische Verfassung der christlichen Staaten, sondern das Festhalten der Juden an ihren Gebräuchen und Zeremonien und an den Anschauungen orthodoxer »Fesselschmiede«: Das Studium der Geschichte müßte jeden denkenden Juden belehren, »daß eigennützige, ränkevolle Menschen durch ihre Systeme, die das Gepräge des finstern und grauen Alterthums von Jahrtausenden an sich haben, die wirkenden Ursachen« ihrer jetzigen Misere seien.[72] Diesen Vorwurf an die Juden wiederholt Hirschel nur ein Jahr später in seiner Polemik gegen die Frühehe.[73] Er hängt der aufklärerischen Illusion an, daß mit der Herrschaft der ›Vernunft‹ in den Köpfen der Juden, d. h. vor allem mit Preisgabe der Tradition, sie im historischen Selbstlauf in ihre bürgerlichen Rechte eingesetzt würden.[74]

David Friedländer hingegen, der in seiner Erwiderung auf die durch den Helmstedter Literaturhistoriker und Bibliothekar Paul Jakob Bruns[75] 1790 in der *Berlinischen Monatsschrift* ausgelöste Kontroverse um das Purimfest dessen Funktion im jüdischen Leben und damit ein wesentliches Element der Tradition verteidigt[76], gelangt zur entgegengesetzten Folgerung. Die Forderung des christlichen Aufklärers, jüdische Gebräuche wie das Purimfest abzuschaffen, um staatsbürgerliche Ebenbürtigkeit zu beweisen, weist er als ebenso unbillig zurück wie alle analogen Vorwände, die den Juden »immer und ewig den Eintritt in die bürgerliche Gesellschaft verschließen«[77] sollen: »die Verbesserung ihrer Glüksumstände« dürfe nicht »die *Folge*, die Belohnung gleichsam ihrer Civilisation und Aufklärung sein«, sondern müsse ihrer »*Natur nach, vorhergehen*«. Friedländer fährt fort: »Kultur, Aufklärung, und Bildung der Nation kann unmöglich bewirkt werden, so lange unsere politische Verfassung nicht geändert wird, so lange wir als geschützte Juden und Fremdlinge betrachtet werden, und der bloße Namen *Jude* ein Schimpfnamen ist. Wer da verlangt: wir sollen erst alle Vorurtheile, alle Unsittlichkeit, alle Individualitäten die bis an Karikatur gränzen – sie mögen uns nun mit Recht oder mit Unrecht aufgehalst werden –

---

70 Ebd., 13.
71 Vgl. ebd., 9-11 und 13.
72 Ebd., 8.
73 Vgl. Moses Hirschel: »Ueber die allzufrühen Ehen der jüdischen Nation; physisch, politisch und pädagogisch betrachtet«. In: *Freymüthige Unterhaltungen über die neuesten Vorfälle unsers Zeitalters, die Sitten und Handlungsarten der Menschen, zusammengetragen von einigen teutschen und polnischen Patrioten*. Hg. Johann Joseph Kausch. Bd. I. Leipzig 1790, 77.
74 Vgl. Hirschel: *Kampf der jüdischen Hierarchie* (= Anm. 60), 8.
75 Vgl. Bruns: »Vorschlag an die Juden, das Purimfest abzuschaffen« (= Anm. 55).
76 Vgl. David Friedländer: »Freimüthige Gedanken eines Juden über den Vorschlag an die Juden, das Purimfest abzuschaffen«. In: *Berlinische Monatsschrift* 15 (Januar-Juni 1790), Juniheft, Nr. 6, 563 f. und 569-573.
77 Ebd., 568 und 566 f.

ablegen, ehe wir in die bürgerliche Gesellschaft aufgenommen werden können; der verlangt gerade zu etwas *Unmögliches.*«[78] Friedländer vergleicht solch aufklärerisches Konzept von Gleichstellung mit dem unbilligen Verhalten eines Vaters, der seinem Sohn erst dann ein Buch zu lesen geben will, wenn dieser sich schon ohne jede Hilfe zum Gelehrten gebildet hat.[79]

Die unterschiedlichen Positionen beider Autoren in dieser Frage bezeugen, daß sich Gegensätze nicht nur zwischen Aufklärern und Orthodoxie verschärften, sondern daß eine Differenzierung, ja Polarisierung auch innerhalb der jüdischen Aufklärung erfolgte.

Hirschels Haltung zur jüdischen Tradition wandelt sich mit dem Scheitern des aufklärerischen Diskurses im repressiv restaurativen gesellschaftlichen Klima ab Beginn der 1790er Jahre. Als der preußische Justizangestellte Carl Wilhelm Grattenauer 1791 mit seiner Schmähschrift *Ueber die physische und moralische Verfassung der heutigen Juden* den rationalen und humanen Konsens dieses Diskurses aufkündigt, erkennt Hirschel in den furiosen Antijudaisten seine wahren Gegner. Und in einem entscheidenden Punkt revidiert er sein Urteil über die Mehrheit seiner Glaubensbrüder: Er löst sich von jener idealistischen Verkehrung, die eine wirklich integrative Emanzipation den Juden allein – als rückhaltlose Anpassung an christliche Standards – aufbürdete und damit die Regierungen gänzlich aus der politischen Verantwortung entließ. Sich Dohms Beweisführung anschließend, fordert er nun, *zunächst* den bürgerlichen Status der Juden zu verbessern und *dann* erst Ansprüche an ihren mentalen Wandel zu stellen.[80] In der *Apologie der Menschenrechte* von 1793 gar äußert Hirschel angesichts des aktuellen christlichen Fanatismus Zweifel, ob er mit der jüdischen Orthodoxie nicht zu hart ins Gericht gegangen sei.[81] Wenn er 1803 auch konvertieren sollte, bekennt er sich unter dem Eindruck der pasquillantischen Ausfälle Grattenauers solidarisch zur jüdischen Religion und zu den herabgewürdigten Juden.[82] Mit dieser Schrift knüpft Hirschel an den avancierten egalitär-naturrechtlichen Diskussionsstrang an, indem er – unabhängig von der Konfession und vom Zustand der Nation – für sie die Menschenrechte einfordert, auf die sie ein selbstverständliches Anrecht hat.[83]

---

78 Ebd., 576.
79 Vgl. ebd., 568.
80 »Auch der Vorwurf von unsrer politischen Verdorbenheit trifft nicht uns, sondern diejenige, die durch Beschränkung fast aller honorablen Nahrungszweige uns zwingen politisch verdorben zu seyn. [...] Sorgt für die bessere und zwekmässigere Erziehung und Bildung unsrer Jugend, gleich anderer Staatsglieder; gebet uns mehreren Spielraum für unsere politische Existenz, um uns und dem Staate nützlich zu werden; und wir werden nicht nothgedrungen sein, Nahrungszweige zu ergreifen, die Moral und Politik verdammen.« Moses Hirschel: »Biographie des jüdischen Gelehrten und Dichters, Ephraim Moses Kuh«. In: Ephraim Moses Kuh: *Hinterlassene Gedichte*. Erstes Bändchen. Zürich 1792, 31 f. Anm.
81 Vgl. Moses Hirschel: *Apologie der Menschenrechte. Oder philosophisch kritische Beleuchtung der Schrift: Ueber die physische und moralische Verfassung der heutigen Juden.* Zürich 1793, »Vorrede«, XXVI.
82 Vgl. ebd., XXX f.
83 Vgl. ebd., XI.

V.

Ein spektakuläres Dokument postulierter Akkulturation aus der Feder eines jüdischen Autors ist Lazarus Bendavids Schrift *Etwas zur Charakteristik der Juden* von 1793. Sie ist, wie Mendelssohns *Jerusalem*, ein Plädoyer für Reform des Judentums und ein Beitrag zur Emanzipation der Juden, indes mit konträren Entscheidungen. Wenn in der Forschung eine historisch-funktionale Sicht auf diese Schrift angemahnt wird[84], so kann man solch methodisches Postulat angesichts ihrer Ambivalenz und ihrer widersprüchlichen, polemischen oder zustimmenden, Rezeption – als Zeugnis für Renegatentum oder aber als längst fälliger Plan zur ›Entrümpelung‹ der Tradition – nicht ernst genug nehmen.

Wie Mendelssohn, der an einem kritischen Umschlagpunkt in die Debatte um ›bürgerliche Verbesserung der Juden‹ eingriff, reagiert auch Bendavid auf eine problematische geschichtliche Konstellation: die akute Gefährdung der mühsam in Gang gesetzten Reform der Judenverfassung durch massiv restaurative Tendenzen seit Beginn der 1790er Jahre, die 1793 einen Höhepunkt erreichten.

Das für Angelegenheiten der Juden zuständige[85] Generaldirektorium hintertrieb durch Verschleppung der Verhandlungen und Einbehalten der Entwürfe der Reformkommission 1793 erneute Bemühungen jüdischer Repräsentanten um Fortsetzung der Reform, die durch Wöllners Fürsprache[86] die Zustimmung auch des Königs hatten.[87] Damit bewies es fragwürdige Kontinuität seiner Politik gegenüber den Juden: war doch auf Betreiben hoher Beamter dieser Behörde die Reform schon im Mai 1792 mit der Begründung ausgesetzt worden, daß angesichts der Revolution in Frankreich und des ersten Koalitionskrieges bei jeglicher Neuerung innen- und außenpolitische Destabilisierung zu befürchten stünde.[88] Und statt der erhofften Reform konfrontierte das Generaldirektorium die Judenschaft mit neuen Restriktionen im Pfand-, Leih- und Nieder-

---

84 Dominique Bourel (»Eine Generation später. Lazarus Bendavid [1762-1832]«. In: *Moses Mendelssohn und die Kreise seiner Wirksamkeit* [= Anm. 34], 378) fordert, daß man diesen Text »auch historisch lesen« solle.
85 Vgl. den Artikel 24 des »General-Privilegium und Reglement, wie es wegen der Juden in Sr. Königl. Majestät Landen zu halten« vom 29. September 1730; abgedr. in: Ismar Freund: *Die Emanzipation der Juden in Preußen* (= Anm. 3), Bd. II: *Urkunden*, 21.
86 Zur judenfreundlichen Haltung Wöllners vgl. die differenzierte Einschätzung von Reinhold Lewin: »Die Judengesetzgebung Friedrich Wilhelms II.«. In: *Monatsschrift* (= Anm. 9) 57 (1913), 76, 84, 215 f., 367 f. und 578 f.
87 Vgl. ebd., 213 f., 367 und 468.
88 So hegte Johann Heinrich Wloemer Bedenken, daß eine Verbesserung des Status der vom Militärdienst eximierten Juden Massendesertionen bei Handwerkern und Meistersöhnen auslösen würde. Er fürchtete generell »Gärung und Unzufriedenheit« bei den »christlichen Untertanen« und empfahl, die Reform auszusetzen, weil »alsdann, wenn erst alles in Ansehung der jetzigen Schwärmereien und Conjunctur auf dem alten guten Fuß wieder befestigt sein werde, nicht ebenso bedenkliche Folgen wie in den gegenwärtig außerhalb S.M. Staat noch subsistirenden Umständen zu befürchten stehen.« Vgl. Ismar Freund: *Die Emanzipation der Juden in Preußen* (= Anm. 3), 56.

lassungsrecht.[89] Seine dilatorische Taktik deutete auf ein endgültiges Scheitern der Reform.

Solch Verfahren wurde durch ein politisches Klima begünstigt, in dem – wie Carl Wilhelm Grattenauers rüdes Elaborat *Ueber die physische und moralische Verfassung der heutigen Juden. Stimme eines Kosmopoliten* (1791) bezeugt – ein aggressiver antijudaischer Pamphletismus die argumentative Auseinandersetzung um die Judenfrage verdrängte. Selbst die philosophische Elite der deutschen Aufklärung zog hinsichtlich dieser Tendenz exemplarisch gleich. Fichte, philosophischer Sachwalter der Gleichheit und Freiheit[90], kleidete das von der preußischen Administration favorisierte Reformkonzept einer staatlich oktroyierten ›Erziehung‹ der Juden 1793 im *Beytrag zur Berichtigung der Urtheile des Publikums über die französische Revolution* in eine mörderische, den Pogrom assoziierende Metapher: Juden Bürgerrechte zu geben, sah er kein anderes wirksames Mittel »als das, in einer Nacht ihnen allen die Köpfe abzuschneiden, und andere aufzusetzen, in denen auch nicht eine jüdische Idee sey.«[91]

Eine paradigmatische Stellungnahme August Ludwig Schlözers, einst Mitstreiter Dohms und selbst Opfer der Zensur, bekundete den generellen Umschwung in der öffentlichen Meinung zum Nachteil der Juden. Am 18. Dezember 1793, im letzten Heft seiner dann verbotenen *Stats=Anzeigen*, erklärt er Mendelssohns und Dohms Projekt »bürgerlicher Verbesserung der Juden« in aller Form für gescheitert. Er ersetzt es durch einen emanzipationsfeindlichen Minimalplan, der auf Vorschläge zurückging, die die Strasbourger Bürgerschaft im Januar 1790, allerdings erfolglos, der französischen Nationalversammlung angetragen hatte, um mögliche wirtschaftliche Konkurrenz der Juden zu unterbinden. Dieser Plan sah erneute Ghettoisierung in wüsten und möglichst abgelegenen Landstrichen, zwangsweise Beschränkung auf nur einen Berufszweig, die Landwirtschaft, vor und war trotz solcher Restriktionen noch an einen geharnischten Katalog assimilatorischer Vorableistungen der Juden gebunden.[92]

Die in manchem panisch anmutende Reaktion der 34 Königsberger jüdischen Hausväter, die die Situation begriffen und den König am 17. Januar 1793 in einer verzweifel-

---

89 Vgl. Reinhold Lewin (= Anm. 86), 91 f. und 573 f. Zur Verzögerungstaktik des Generaldirektoriums vgl. ebd., 94-97, 211 f., 222 f., 363-365, 469-472 und 573-575.

90 Vgl. Johann Gottlieb Fichte: »Beytrag zur Berichtigung der Urtheile des Publikums über die französische Revolution«. In: Ders.: *Gesamtausgabe der Bayerischen Akademie der Wissenschaften*. Hg. Reinhard Lauth, Hans Jacob. Bd. I,1. Stuttgart, Bad Cannstatt 1964, 266; vgl. auch 219 f. und 269. In seiner Entgegnung auf Fichte hat Saul Ascher (*Eisenmenger der Zweite. Nebst einem vorangesetzten Sendschreiben an den Herrn Professor Fichte in Jena*. Berlin 1794, XIV f., 9, 23 und 26) die Ungereimtheit angeprangert, die Juden von Menschenrechten auszuschließen, die gerade Fichte als allgemein und unverbrüchlich postuliert hatte.

91 Fichte: »Beytrag zur Berichtigung der Urtheile des Publikums« (= Anm. 90), 293 Anm. Walter Grab (»Andreas Riems Leben und Werk«. In: Andreas Riem: *Apologie für die unterdrückte Judenschaft in Deutschland*. Hg. Georg Bürger. Tübingen 1998, 5). hat den aggressiven, an Pogrom erinnernden Charakter dieser Metapher herausgestellt.

92 Vgl. *Stats=Anzeigen*. Gesammelt und zum Druck befördert von August Ludwig Schlözer. 18. Bd., Heft 69-72. Göttingen 1793, 481-503.

ten Petition beschworen, die Reform wenigstens für die Begüterten und sozial Arrivierten unter ihnen zu retten[93], ist ein signifikantes Indiz drohender Spaltung und Entsolidarisierung nun auch unter den Juden selbst – eine Tendenz, vor deren Gefahren für die Majorität der armen Juden Bendavid nachdrücklich warnen wird.[94]

Dieser historische Kontext erklärt den außerordentlichen Druck, dem insbesondere jüdische Protagonisten »bürgerlicher Verbesserung« ausgesetzt waren. Die daraus erwachsenden Spannungen prägen auch Gehalt und publizistische Strategie der Schrift Bendavids. Sie ist vor allem als Versuch zu werten, in jenem so überaus kritischen Jahr 1793 die bedrohte Reform zu retten. Auf ihre Weise ist sie ebenso offensiv wie die *Jerusalem*-Schrift des von Bendavid hochgeschätzten Mendelssohn.[95]

Bendavid hatte sich schon früher für die Sache der Juden nachhaltig engagiert. Er hatte zunächst jene naturrechtlichen Grundsatzargumente in die Debatte gebracht, die unter dem übergreifenden Aspekt der Menschenrechte und ihrer revolutionären Durchsetzung 1789 in Frankreich die öffentliche Auseinandersetzung um die Judenfrage, speziell um die Gleichstellung der aschkenasischen Juden des Elsaß bestimmte. Bendavid und Friedländer vermitteln diese Vorgänge dem deutschen Lesepublikum. So versuchen sie – Lazarus Bendavid mit seiner *Sammlung der Schriften an die Nationalversammlung, die Juden und ihre bürgerliche Verbesserung betreffend* (Berlin 1789) und David Friedländer mit einer Übersetzung der ebenso adressierten *Réponse des Juifs de la Province de Lorraine*, die mit proreformerischem Kommentar des Herausgebers Johann Erich Biester 1791 in der *Berlinischen Monatsschrift* erschien –, die Aktivitäten der französischen Glaubensbrüder und ihrer Mitstreiter für eine erfolgreiche Wiederbelebung und politische Aktualisierung der einheimischen Reformdebatte zu nutzen.

Auch jetzt, im kritischen Jahr 1793, unterstützt Friedländer das gemeinsame Anliegen, indem er gezielt seine *Akten=Stücke die Reform der Jüdischen Kolonieen in den Preußischen Staaten betreffend* veröffentlicht, die den bisherigen Verlauf der Reform und das Versagen der Administration resümieren. Mit dieser zeitgeschichtlichen Manifestation trachtet der Herausgeber die Öffentlichkeit für die Interessen der jüdischen Minderheit zu gewinnen und zu mobilisieren und so den Reformprozeß durch den Druck von Publizität zu stimulieren.

Friedländer dokumentiert die beiden bisher bestimmenden gegenläufigen Tendenzen des Reformgeschehens:

Erstens das auch von ihm vehement verfochtene Bestreben der jüdischen Deputierten nach einer entschiedenen und grundsätzlichen Reform.[96] Diese gehen, wie Friedländer in seiner programmatischen Einleitung, von der Prämisse aus, daß die Juden allenfalls »ein verrenktes, kein unbrauchbares Glied in der Staatsmaschine« sind[97], und finden die Ur-

---

93 Vgl. Ismar Freund: *Die Emanzipation der Juden in Preußen* (= Anm. 3), Bd. II: *Urkunden*, 91-95.
94 Vgl. Lazarus Bendavid: *Etwas zur Charakteristik der Juden*. Leipzig (Wien) 1793, 57 f.
95 Vgl. ebd., 32-34.
96 Vgl. David Friedländer: *Akten=Stücke* (= Anm. 4), 106 und 131.
97 Ebd., 111.

sachen dafür nicht bei den Juden (etwa in deren Religion), sondern in ihrer elenden politischen Verfassung, deren materielle und psychische Lasten sie eindringlich und schonungslos schildern. So bleibt die proemanzipatorisch-deterministische Grundsatzargumentation Dohms in der Debatte präsent. Zugleich belegt Friedländer die weitgehende Kompromißbereitschaft der Vertreter der Judenschaft, sich im Interesse der Reform hinsichtlich ritueller und zivilrechtlicher Fragen den Landesgesetzen anzupassen.[98]

Zweitens enthüllt Friedländer die Hindernisse, die der Reform aus dem halbherzigen, von Bedingungen strotzenden Konzept des Generaldirektoriums erwuchsen.[99]

Die der Öffentlichkeit übermittelten Akten stützen überzeugend die Beweisgründe, mit denen Friedländer in seinem glänzenden Prolog die Gegner der Judenemanzipation widerlegt. Gerade die Vereinigung von amtsinterner und programmatischer Diskussion verleiht den *Akten=Stücken* ihre Brisanz und Wirksamkeit. Friedländers Dokumentation kann – trotz in manchem abweichender Position zu Bendavids Auffassungen – als Komplement zu dessen Schrift gelesen werden.[100]

Bendavid wählt einen konträren Ansatzpunkt und folgt damit einer anderen publizistischen Strategie. In dieser prekären Phase der Reform agiert er nach mehreren Seiten. Seine Schrift gilt unterschiedlichen Adressatenkreisen. Sie ist an seine Glaubensbrüder gerichtet und stellt zugleich – mit demonstrativer Bereitwilligkeit zu assimilatorischem Kompromiß – eine Offerte an die christliche Obrigkeit dar.

Bendavid setzt – und das verrät taktisches Geschick ebenso wie emanzipatorisches Streben nach Selbstbestimmung – bei der zentralen Frage an, »was [...] die Juden von ihrer Seite thun« müssen, »wenn sie sich zu einer bürgerlichen Reforme tauglich machen wollen?«[101] Damit läßt er sich zunächst auf die von Administratoren und Publizisten mehrheitlich behauptete These ein, daß die Juden jetzt für eine Reform nicht ›reif‹ seien, um diese These sogleich zu hinterfragen. In einem profunden und methodisch brillanten historischen Exkurs, der den ersten Teil seiner Schrift ausmacht,[102] zeigt Bendavid die sozialen und politischen Ursachen für die »Fehler« der zeitgenössischen Juden auf und bringt so das von Dohm stringent genutzte und von Friedländer in den *Akten=Stücken* erneuerte Kausalprinzip vom prägenden »Einfluß«, »den zeitliche Glücksumstände auf das ewige, im Menschen wohnende Wesen haben«[103], wieder ins Spiel.

Der humane und demokratische Zug, der sich in Bendavids Auffassung vom Wesen des Menschen als naturgegebene, ursprünglich unversehrte und bei allen Individuen welchen Volkes und Standes auch immer gleiche Qualität manifestiert[104], kennzeichnet auch

---

98 Vgl. ebd., 44-47 (Beylage A).
99 Vgl. ebd., 120-127 (Reskript des Generaldirektoriums an die Deputierten der Juden vom 18. Dezember 1789).
100 Auch Bourel (= Anm. 84) bringt die *Akten=Stücke* ausdrücklich mit Bendavids Schrift in Zusammenhang (379).
101 Bendavid: *Charakteristik* (= Anm. 94), 5.
102 Bourel (= Anm. 84) betont zu Recht die initiierende Rolle dieser Schrift für die Wissenschaft des Judentums (362 und 374).
103 Bendavid: *Charakteristik* (= Anm. 94), 5 f.
104 Vgl. ebd.; ferner: Lazarus Bendavid: »Ueber die Würde des Menschen«. In: Ders.: *Aufsätze verschiedenen Inhalts*. Berlin 1800, 151 f., 161 f., 164 f. und 170 f.

seine Auffassung von Historiographie als Wissenschaft. Ihre Aufgabe ist es zu ergründen, warum bestimmte Individuen und Völker eine vom allgemeinen Menschheitsfortschritt abweichende Entwicklung genommen haben. Dazu bedarf es einer »raisonierenden« Methode, die vom Ende einer Entwicklung her diese bis in ihre Ursprünge zurückverfolgt und darin die Erklärungen findet – im Gegensatz zur narrativen Geschichtsbetrachtung, die nur die Chronologie der Fakten kennt, ohne nach Gründen zu forschen.[105] Herbe Kritik gilt einer Historiographie, die nur kriegerische Taten wie verheerende Eroberungen bewahrt und den eigentlichen Inhalt menschlicher Existenz und Geschichte vernachlässigt: die alltäglich zu leistende sittliche Vervollkommnung der Individuen und Völker.[106]

Das spezifische Vermögen der »raisonierenden« Methode, die namentlich in der Geschichte unterjochter Völker auftretenden Überlieferungslücken durch Vernunftschlüsse auszufüllen, und dadurch gegebene interpretatorische Spielräume nutzt Bendavid geschickt zur Verteidigung der zeitgenössischen Juden. Seit der Zerstörung des Tempels zu Jerusalem, »also über 1700 Jahre« seien die Juden in Knechtschaft unterworfen und dadurch ihrer Geschichte beraubt, d. h. aus dem menschheitlichen Prozeß einer freien und selbstbestimmten Entfaltung ausgegrenzt gewesen. Es bestünde aber »durch die große Lücke in ihrer Geschichte«, »durch ihre Unterjochung und ihre Zerstreuung in alle Länder« auch ein solcher Abstand zu den Juden von einst, »daß man«, und hier verknüpft Bendavid zwingend generelles methodisches Postulat und brisante zeitgeschichtliche Analyse, »die jetzigen Juden als ein ganz eigenes Volk betrachten, und, mit nur flüchtigem Rückblicke auf ihre alte Verfassung, den Grund zu ihren jetzigen Fehlern, *auch nur in ihrer jetzigen Lage* [Herv., G.H.) aufzusuchen braucht.«[107]

Zwingend demonstriert Bendavid diesen Zusammenhang am Beispiel der Juden in der österreichischen Monarchie zur Zeit des Siebenjährigen Krieges[108] – ein diplomatisches Vorgehen insofern, als die preußische Obrigkeit nicht gereizt wurde, die Parallelen zur gegenwärtigen Lage der Juden in den europäischen Monarchien für den Leser jedoch evident waren. Bendavids eindringlich kritische Darlegung wechselseitiger Steigerung von Unterdrückung und Separatismus, von sozialen und politischen Mißständen und realer und geistiger Ghettoisierung der Juden entlastet zugleich die jüdische Religion von stereotypen Anwürfen.[109]

Die fundierte historische Analyse der objektiven Ursachen gegenwärtiger religiösmentaler Verfaßtheit der Juden führt Bendavid auf die Frage nach möglichen Auswegen. Sein Bestreben, die Juden für ihre eigene Emanzipation zu aktivieren, sie aus der Rolle als bloßes Objekt historischer Prozesse herauszuführen und sie – ganz im Sinne einer von Kants Autonomieidee inspirierten Geschichtsphilosophie – als Subjekte einer selbstverantwortlichen intellektuellen und sittlichen Vervollkommnung in ihre humane Bestimmung einzusetzen[110], ist trotz des damit auch bei ihm verbundenen Akkulturations-

---

105 Vgl. Bendavid: *Charakteristik* (= Anm. 94), 7 f.
106 Vgl. ebd., 10 f.
107 Ebd., 12.
108 Vgl. ebd., 38 f.
109 Vgl. ebd., 15-18.
110 Vgl. dazu Bendavid: »Ueber die Würde des Menschen« (= Anm. 104), 160-162 und 168 f.

drucks durchaus als Alternative zu obrigkeitlichen Denkmustern ›bürgerlicher Verbesserung der Juden‹ zu verstehen. Schließt dieses Bestreben doch eine von liberalen Positionen bestimmte Kritik an einer entmündigenden, vom Regenten restriktiv verordneten Aufklärung ein. Denn bei aller gängigen Hochschätzung Friedrichs II. und Josephs II.[111] und der hintersinnig euphemistischen Anmahnung der Reform in der Eloge auf Friedrich Wilhelm II.[112] bezweifelt Bendavid, »ob ein Fürst überall das Recht habe, sich in Sachen der Aufklärung mit Gewalt zu mischen.«[113] Vielmehr hält er mit Kantischer Emphase und Diktion dafür, »daß die Einwirkung des Fürsten, wenn sie in mehr als in Wegschaffung der Hindernisse besteht, gar nichts bewirkt, wofern das Volk nicht gutwillig mitarbeitet und das thut, was kein Fürst zu befehlen vermag: – *wolle* aufgeklärt seyn!«[114] Das gälte namentlich für die Juden, auf deren geschichtlich gewordene kulturelle Besonderheit er die christliche Mitwelt nachdrücklich hinweist.[115]

Zielte Bendavids Kritik an regierungsgesteuerter Aufklärung und Emanzipation auch vordergründig auf das josephinische Modell, so traf sie mittelbar jedes vormundschaftlich etatistische ›Erziehungs‹- und ›Qualifizierungs‹-Programm, auch das der preußischen Administration.

Unter der Prämisse dieses Plädoyers für Selbstbestimmung erscheint auch Bendavids so umstrittene wie rigorose Akkulturationsforderung, die er selbst als den »Hauptsatz dieser Abhandlung« charakterisiert[116], in einem anderen Licht: »wofern die Juden in die mit ihnen vorzunehmende oder vorgenommene Reforme, nicht dadurch eingreifen, daß sie ihre sinnlosen und auf jetzige Zeiten gar nicht mehr passenden Ceremonialgesetze abschaffen, wofern sie nicht eine reinere, dem Allvater würdigere Religion – die reine Lehre Mosis – unter sich festsetzen«, werden »sie nothwendigerweise, selbst nach Annahme der Taufe, Indifferentisten und für den Staat schädliche Bürger bleiben«.[117]

Bendavids Absage an das Zeremonialgesetz stellt den entscheidenden Gegensatz zu Mendelssohns Auffassung von Judenemanzipation dar. Sie bedeutet indes auch bei ihm nicht den völligen Bruch mit der religiösen Tradition. Bendavid hat am Wert auch der jüdischen Religion als Fundament einer geselligen staatsbürgerlichen Moral festgehalten.[118] Nicht nur der hier beschworenen »reinen Lehre Mosis« hat er seine Hochschätzung bewahrt, sondern auch der talmudischen Tradition hat er – trotz mancher heftiger Urteile – historische Gerechtigkeit widerfahren lassen: das Talmudstudium habe in der Zeit geistig kultureller Isolation die intellektuellen Fähigkeiten der Juden geschult, das Vermögen begrifflichen Denkens geschärft und eine »Ehrfurcht vor Gelehrsamkeit überhaupt« am Leben erhalten, durch die »der erste schwache Keim der Aufklärung« in die von »Aberglauben« verfinsterten Gemüter gesenkt worden sei.[119]

---

111 Vgl. Bendavid: *Charakteristik* (= Anm. 94), 38 f.
112 Vgl. ebd., 54.
113 Ebd., 40.
114 Ebd., 41.
115 Vgl. ebd., 41 f.
116 Ebd., 45.
117 Ebd.
118 Vgl. ebd., 47 f. und 49 f. über die sozialen Tugenden gläubiger Juden.
119 Ebd., 25 f.

Nachdrücklich hat Bendavid in dem am 18. Januar 1800 in der »Gesellschaft der Freunde der Humanität« gehaltenen Vortrag *Ueber den Unterricht der Juden* den pädagogischen und propädeutischen Wert talmudischer Überlieferung für die Ausbildung selbständigen Denkens, für die Übung des Scharfsinns und die Emanzipation von Autoritäten hervorgehoben.[120] Sowohl die beim Talmudstudium beobachtete Lehrmethode eines frühen eigenständigen, überkommene Auslegungen problematisierenden Umgangs mit dem Text als auch die Mannigfaltigkeit der im Talmud behandelten Gegenstände und Disziplinen – Theologie, Jura, Tieranatomie, Mathematik und anderes mehr – befindet Bendavid für geeignet, produktive und innovative Skepsis an Tradiertem zu befördern.[121] Urteile über die Antiquiertheit jüdischer Bildung erscheinen hier am Rande und in sehr gemilderter Form.[122]

In *Etwas zur Charakteristik der Juden* überwiegen indes die negativen Konnotationen, welche die talmudische Tradition für die den Juden angelasteten diskriminierenden Attribute verantwortlich machen: ihr vorgebliches Verhaftetsein in Aberglauben; ihre Autoritätshörigkeit gegenüber rabbinischer Lehre und Institution; deformiertes, in leerer Spitzfindigkeit sich verlierendes Denken, d. h. generalisierend für »alle gesellschaftlichen Fehler, die den Juden insgemein vorgeworfen« werden.[123] Damit lieferte Bendavid in der Folge der antijudaischen Fraktion Argumente gegen die ›bürgerliche Verbesserung der Juden‹, wie schon Schlözers prompte und einsinnige Rezeption zeigt.[124]

Problematischer noch in ihren Folgen ist Bendavids Einteilung der Juden in vier Klassen: erstens die strenggläubige im »ganzen ungeheuern Wust von Traditionen« befangene Mehrheit, die allerdings ihre religiösen Überzeugungen auch in moralischer Integrität lebt und praktiziert[125]; zweitens die nichtswürdige Klasse der gegen alle moralischen und religiösen Werte Gleichgültigen; drittens jene glaubensfesten, aber toleranten Juden, deren sozialem und wirtschaftlichem Engagement die christlichen Staaten, namentlich Preußen und Österreich, viel zu verdanken haben, deren Verstand indes »nicht Kraft genug« hat, »sich zu dem Grade der Aufklärung hinauf zu schwingen, der den Menschen auch ohne eine s o l c h e Religion zum moralischen Menschen macht«[126]; und schließlich die vierte Klasse, »die alle Tugenden der vorhergehenden mit der ächten Aufklärung verbindet« und die »gleich weit vom Judenthume und vom Indifferentismo entfernt« ist.[127]

Bendavids Klassifizierung widerspiegelt eine reale soziale Differenzierung der Judenschaft und schreibt sie zugleich fest. Denn allein die vierte Klasse bildet seinen eigentlichen Adressatenkreis. Die Indifferentisten bleiben mangels sittlicher Qualitäten ohnehin

---

120 Vgl. Lazarus Bendavid: »Ueber den Unterricht der Juden«. In: Ders.: *Aufsätze verschiedenen Inhalts* (= Anm. 104), 124 und 128 f.
121 Vgl. ebd., 129 f.
122 Vgl. ebd., 130 f.
123 Vgl. Bendavid: *Charakteristik* (= Anm. 94), 30 f.
124 Vgl. *Stats=Anzeigen*. Gesammelt und zum Druck befördert von August Ludwig Schlözer. 18 Bd., Heft 69-72. Göttingen 1793, 483-485 und 489 f.
125 Vgl. Bendavid: *Charakteristik* (= Anm. 94), 45 und 47 f.
126 Ebd., 50.
127 Ebd., 51.

außer Betracht. Aber auch die gläubigen Juden werden apodiktisch aus Bendavids Emanzipationsplan ausgegrenzt: werden sie doch »immer und ewig unverbesserlich bleiben, und ihr Aussterben ist die einzige Hofnung für die Nachkommenschaft.«[128]

Indem Bendavid sich nur an die aufgeklärte und wohlhabende Elite wendet, läßt er jene Sorge um das Gros der unbemittelten Juden vermissen, die den Breslauer Reformer und Aufklärer Salomon Seligmann Pappenheimer umtrieb. Dieser reflektierte wenig später in seiner Apologie der Frühbeerdigung eindringlich die umstürzenden sozialpsychologischen Folgen des Verlusts von Tradition und damit auch von gemeindlichem Halt und Geborgenheit.[129]

VI.

Der Berliner Arzt und Philosoph Sabattia Joseph Wolff, der 1792 noch Bendavids Standpunkt geteilt hatte, daß ein Jude »als Jude nie!« ein nützlicher Staatsbürger werden könne[130], muß ein gutes Jahrzehnt später angesichts der abermaligen Schmähungen Grattenauers in dessen Schrift *Wider die Juden*[131] erkennen, daß Akkulturation keinen Schutz vor Diskriminierung bietet: Denn nicht der zum Kleinhandel verdammte, in seinem Ghetto isolierte und von Armut und Unwissenheit gezeichnete Ostjude habe Grattenauer »die Zunge so gelöset«, sondern »ein ganz anderer!« Und zwar »der gebildete, aufgeklärte, mit dem Zeitalter fortgeschrittene Jude, der an der Bahre seines christlichen Freundes eine herzliche Thräne weinen kann, [...] der gebildete Jude, der jedem rechtschaffenen, gebildeten Christen, lieb und werth ist, mit dem er sich freundschaftlicher und brüderlicher, als mit manchem Christen, umarmt; der gebildete Jude, der in allem Betracht es gar sehr auf sich nimmt, sich mit unserm Verfasser zu messen, und gegen den er gar sehr zurückstehen dürfte; der dahin gehende, in dem neuesten Geschmacke gekleidete, der ihm vorüber reitende, oder in seiner Carosse fahrende Jude; der, der ist es, welcher dem guten Manne eine Stachel im Auge ist; gegen den läßt er eigentlich die Sprache seines Herzens hören; der ist es, der ihm Ekel, Abscheu und Widerwillen erregt.«[132]

Grattenauer hatte in animoser Weise die Bildung und geistige Mittlerrolle der jüdischen Salondamen, die das kurrente Klischee von der angeblichen kulturellen Inferiorität

---

128 Ebd., 46 f.
129 Vgl. Salomon Seligmann Pappenheimer: *Deduktion seiner bereits heraußgegebenen Apologie für die frühen Beerdigung der Juden*. Breslau 1798, 113 f. Pappenheimers Zweifel am Wert einer Veränderung des Ritus beruhen auf tiefer Skepsis gegenüber einem Fortschritt, der sich ihm nur als technisch-zivilisatorischer, nicht aber als ethischer und sozialer darstellt (ebd., 40 f.).
130 Vgl. [Sabattia Joseph Wolff:] *Freymüthige Gedanken über die vorgeschlagene Verbesserung der Juden in den Preußischen Staaten von einem Juden mit Zusätzen eines Christen*. Halle 1792, 11; vgl. auch ebd., 22.
131 Carl Wilhelm Grattenauer: *Wider die Juden. Ein Wort der Warnung an alle unsere christliche Mitbürger*. Berlin 1803. Dieses Pamphlet erlebte, durch *Nachträge* und *Erklärungen* ergänzt, binnen kurzem mehrere Auflagen.
132 Sabattia Joseph Wolff: *Sendschreiben eines Christen an einen hiesigen Juden über den Verfasser der Schrift: wider die Juden*. Berlin 1803, 16.

der Juden ad absurdum geführt hatten, als soziale Anmaßung verächtlich zu machen gesucht.[133] Die durch Grattenauers Machwerk ausgelöste erregte Debatte bot der preußischen Obrigkeit den willkommenen Anlaß, sich mittels polizeilicher Verordnung vom 20. September 1803[134] sowie einer *Cabinets-Ordre in Ansehung der Druckschriften wider und für die Juden* vom 1. Oktober 1803[135] aller öffentlichen Diskussion um die Judenfrage zu entledigen.

Im Vorfeld des Edikts vom 11. März 1812 beherrscht der bereits bekannte obrigkeitliche Standpunkt die innerbehördliche Diskussion, als Preis für staatsbürgerliche Gleichstellung der jüdischen Minorität deren kulturelle Identität zu »vertilgen«[136] und sie den Christen »völlig zu assimilieren«.[137] Die Vertreter der preußischen Judenschaft setzten dem in internen Eingaben und Dokumenten egalitäre naturrechtliche Argumente entgegen. Vergeblich, denn das Edikt verlieh nur der relativ geringen Zahl vermögender ordentlicher Schutzjuden den, im gesellschaftlichen Alltag dann stetig desavouierten, Status preußischer Staatsbürger – jener Minderheit, die im wesentlichen Bendavids ›vierter Klasse‹ entsprach.

Gerda Heinrich, Berlin

---

133 Vgl. Carl Wilhelm Grattenauer: *Erster Nachtrag zu seiner Erklärung über seine Schrift: Wider die Juden*. Ein Anhang zur fünften Auflage. Berlin 1803, 52-54.
134 Vgl. dazu Ludwig Geiger: *Geschichte der Juden in Berlin*. Reprint der Ausg. von 1871. Leipzig 1988, Bd. II, 318. Ferner: Ismar Freund: *Die Emanzipation der Juden in Preußen* (= Anm. 3), 89-91.
135 Aktenbestand des Preuß. Geheimen Staatsarchivs, Rep. 104 II (General-Fiscalat Juden. Specialia), S. 1.
136 Vgl. dazu Ismar Freund: *Die Emanzipation der Juden in Preußen* (= Anm. 3), Bd. II: *Urkunden*, 247 (Nr. 3. Erläuterungen Schroetters zu seinem Reformentwurf).
137 Vgl. ebd., 253 (Nr. 1. Gutachten des Staatsrats Koehler vom 13. Mai 1809 zu Schroetters Reformentwurf vom Dezember 1808).

HaMe'assef. Die erste moderne Zeitschrift der Juden in Deutschland

With the founding of the Hebrew weekly HaMe'assef (The Collector) in 1782 in Königsberg, a new epic in the Jewish Enlightenment began. Out of Moses Mendelssohn's circle grew a new generation of Jewish enlighteners, who wanted to reform Jewish society and who did not shy away from fighting openly against the anti-reform traditional rabbis. The majority of the collaborators of the weekly considered rabbinical Judaism the wrong track in the history of Judaism; through the application of reason a new Judaism could be developed from the sources of classical Judaism. Through a comprehensive education of the youth, the collaborators of HaMe'assef wanted to change the balance of power in favor of reform.

La création, en 1782 à Königsberg, de la revue hébraïque HaMe'assef (Le collectionneur) vit l'essor d'une nouvelle période des Lumières juives. Une nouvelle génération de Juifs éclairés, issus du cercle de Moses Mendelssohn voulut réformer la société juive et n'hésita pas à s'opposer en public aux adversaires de la réforme, les rabbins traditionalistes. La majorité des collaborateurs de la revue estimaient que le judaïsme rabbinique représentait un fourvoiement dans l'histoire du judaïsme et que l'étude des sources du judaïsme classique par la critique de la raison se devait d'en faire surgir un nouveau. Les collaborateurs de HaMe'assef voulaient infléchir le rapport des forces au sein du judaïsme en faveur des réformes et ceci en pourvoyant à une pleine éducation de la jeunesse.

I.

Seitdem das Judentum in der Verstreuung lebt und sich nicht mehr eigener staatlicher, kultureller und sozialer Institutionen bedienen kann, waren die grundlegenden Bücher des Judentums, *Tanach* und *Talmud*, zu den zentralen Wegweisern und Stützen geworden. Solange das Judentum relativ abgeschlossen unter den Völkern lebte, genügte diese Bezugnahme, um die Dinge des täglichen Lebens zu regeln und bot zugleich die Möglichkeit, sich den verändernden Bedingungen, denen das Judentum ausgesetzt war, anzupassen. In diesen grundlegenden Schriften selbst sind die Voraussetzungen für diese Anpassungsfähigkeit gelegt. Bereits die *Mischna* vertritt zu vielen Problemen nicht nur oft konträre Meinungen, sondern nutzt die Gegenüberstellung der verschiedenen Meinungen dazu, die Rezipienten zur eigenen Diskussion anzuregen. So findet man in der *Mischna* die sog. ›Paare‹, je zwei angesehene Vertreter des Judentums, die zu verschiedenen Themen ihre Argumente und Schlußfolgerung vortragen. Die Praxis zeigte zwar, daß man bei bestimmten Themen bestimmten Personen zu folgen hatte, die als besonders kompetent in diesen Angelegenheiten erachtet wurden. Es wurden jedoch immer beide Ansichten zugleich gelehrt und diskutiert. Diese Konzeption wurde nicht allein der Didaktik wegen gewählt, sie ist vielmehr das Eingeständnis des begrenzten Wissens des Menschen und seiner Fehlbarkeit. Wurde in einem Streitfall keine Einigung erzielt, so hatte sich die Minderheit der Mehrheit zu unterwerfen. Dieser Mechanismus führte in der Zeit der jüdischen Aufklärung (Haskala) oft dazu, daß sich diejenigen Juden, die sich den nichtjüdischen Gesellschaften gegenüber geöffnet hatten, den Druck der Mehrheit des Judentums, die an einer solchen Öffnung nicht interessiert waren, zu spüren bekamen und sich unterzuordnen hatten. Um so mehr sich vor allem die wohlhabend gewordenen Juden von der jüdischen Gemeinde unabhängig machten, um so größer wurde der Druck derer, die an diesem wirtschaftlichen Aufschwung nicht teilhatten.

Die sozialen und wirtschaftlichen Beziehungen unter den verstreuten jüdischen Gemeinden wurden durch einen umfangreichen Briefverkehr geregelt. Dieser zeigt, wie die führenden Persönlichkeiten des Judentums, in der Mehrheit Rabbiner, auf die Herausforderungen seitens der Nicht-Juden und ihrer Herrscher reagierten, wie das Judentum sich jeder neuen Einschränkung und Freiheit stellte und das Ganze des Judentums wahrte. Mit Beginn der Aufklärung, die sowohl innerhalb des Christentums zu einer Öffnung gegenüber den Juden als auch innerhalb des Judentums zu einer Differenzierung der jüdischen Gemeinschaft und einer Öffnung gegenüber der nichtjüdischen Gesellschaft führte, wurde der alleinige Vertretungsanspruch der Rabbiner von jenen Mitgliedern der jüdischen Gemeinden immer mehr in Frage gestellt, die in der geforderten Unterordnung unter den Willen der Mehrheit eine Einschränkung ihrer persönlichen Freiheit und zuweilen auch Mißgunst sahen. Die Trennung von Staat und Religion, die sich in den europäischen Ländern immer mehr durchgesetzt hatte, führte dazu, daß das Judentum auf zwei verschiedenen Ebenen angesprochen wurde, sowohl als Religionsgemeinschaft als auch als soziale und kulturelle Gemeinschaft von Individuen. Die Mehrheit der Rabbiner antwortete jedoch nur auf einer Ebene, da diese Unterscheidung ihrer Meinung nach dem Judentum, das als Nation und Religion zugleich angesehen wurde, nicht entsprach. Die sozialen Veränderungen und der zunehmende Kontakt zu nichtjüdischen Mitbürgern, waren sie Geschäftspartner, Mitglieder der verschiedenen kulturellen Gesellschaften, Dozenten an den Universitäten o. a., brachten es mit sich, daß einige Juden mit der Mehrheit in Konflikt gerieten. Obwohl nur eine Minderheit, versuchten immer mehr, bei gleichzeitiger Wahrung ihres Judentums, sich den Sitten und der Sprache des jeweiligen Landes anzupassen, was zu Beginn der Haskala nicht selten durch rein wirtschaftliche Gründe befördert wurde. Der Kontakt mit der christlichen Umwelt führte sie überdies in die geistige Welt des Humanismus und der Aufklärung ein. Dieses Wissen sollte ihnen bald im Kampf gegen die jüdische Obrigkeit dienen, die den Status Quo zu halten beabsichtigte und daher jede Veränderung innerhalb des Judentums ablehnte.

Die Bildung und Erziehung der Kinder und der Jugend spielten in dieser Auseinandersetzung eine außerordentlich wichtige Rolle. Die wohlhabenden Juden hielten sich Hauslehrer, um ihren Kindern neben dem religiösen auch säkulares Wissen zu vermitteln. In den jüdischen Schulen wurde dagegen allein jüdische Religion gelehrt. Wenn man begänne, allen Juden eine umfassende Bildung zu vermitteln, so hofften und forderten die jüdischen Aufklärer, dann würde die Macht der Vernunft die Mehrheitsverhältnisse in den jüdischen Gemeinden zu verändern helfen. Immer stärker wurde den Rabbinern die alleinige Führungsrolle innerhalb des Judentums abgesprochen und Reformen eingefordert. Die Rabbiner sollten jedoch solange überlegen sein, solange sie das Volk maßgeblich beeinflußten. Da die Mehrheit der jüdischen Bevölkerung von den sozialen, politischen und vor allem wirtschaftlichen Veränderungen im Zeitalter der Aufklärung nur wenig spürte, konnte nur durch eine Reform des Bildungswesen eine Veränderung des Kräfteverhältnisses erreicht werden.

Es war also folgerichtig, daß diejenigen, die einen größeren Einfluß auf die jüdischen Gemeinden forderten, sich für eine Veränderung in der Erziehung und Bildung einsetzten, und sich bei gleichzeitigem Fehlen jeder staatlichen, sozialen oder kulturellen Institution, der Presse zuwandten. In den Anfängen der Haskala geschah dies mittels neuer

Übersetzungen und Interpretationen klassischer jüdischer Texte, denen sich Moses Mendelssohn und seine Schüler widmeten. Durch die eigenen Interpretationen sollte das Gesichtsfeld erweitert werden, bei gleichzeitigem Wahren der Tradition bzw. dem, was für die jüdischen Aufklärer als bewahrenswert galt. Aus diesem Kreis gingen die Gründer der ersten jüdischen Zeitschrift in hebräischer Sprache, des *HaMe'assef* (*Der Sammler*), hervor.[1] Diese Generation klagte nun erstmals auch öffentlich Veränderungen ein. Mendelssohn war noch, wie der erste Herausgeber und Mitbegründer dieser Zeitschrift, Isaac Euchel, meinte: »ein Mann dem jeder aufgeklärte Jude viele Achtung schuldig ist, [er] befolgt die weise Maxime, Dinge, die seit vielen Jahren bei einer Religionsparthey eingewurzelt sind, nicht öffentlich an zu tasten, so lange nicht Hoffnung da ist, sie aufheben zu können, und begegnet aus diesem Grunde den Rabienen in seinen öffentlichen Schriften einigermaßen mit Achtung. Als theoretischer Schriftsteller, ist ihm diese Politesse nicht zu verdenken, allein wer an eine Thatsache denket, kann unmöglich umhin diesen großen Verderb freymüthig darzustellen.«[2]

Erst in der Generation nach Mendelssohn formierte sich eine Gruppe junger Juden, die bereits in der deutschen Kultur aufgewachsen war und die Führungsrolle der Rabbiner kritisierte. Diese jungen Leute wuchsen entweder in einer aufgeklärten häuslichen Umgebung auf oder unterhielten schon früh Beziehungen zu aufgeklärten Persönlichkeiten bzw. Kreisen. Für sie gab es gewöhnlich keine andere Verdienstmöglichkeit, als eine Stelle als Hauslehrer bei wohlhabenden Juden anzunehmen. Sie standen auf der unteren Leiter der gesellschaftlichen Hierarchie in den jüdischen Gemeinden und galten den Rabbinern in ihren Anschauungen als verdächtig. Sie waren gebildet und ihren christlichen Altersgenossen in der Bildung ebenbürtig.

Diese junge Avantgarde also unternahm es, die theoretischen Erkenntnisse der aufgeklärten Vertreter des Judentums in die Praxis umzusetzen und die Erkenntnisse der Nichtjuden auf das Judentum anzuwenden. Innerhalb des Judentums galt ihr Hauptaugenmerk der Bildung der Jugend; das rabbinisch beherrschte Bildungswesen galt es zu reformieren. Vorbilder suchten sich diese Jungen in der aufgeklärten christlichen Gesellschaft, in der sie ebenfalls nicht vollständig anerkannt waren. Sie bewegten sich in den Grenzbereichen beider Gesellschaften. Ohne Rückhalt in der jüdischen Gesellschaft, abgesehen von der Unterstützung durch wenige wohlhabende und angesehene Persönlichkeiten des zeitgenössischen Judentums, wie Naphtali Herz Wessely (1725-1805) – Mendelssohn hielt sich in seiner öffentlichen Unterstützung sehr zurück –, und ausgeschlossen von den Institutionen der jüdischen Gesellschaft, konnten sie nur dem Vorbild der christlichen Avantgarde folgen und sich der Publizistik zuwenden.

In den siebziger und achtziger Jahren des 18. Jahrhunderts erlebte die Presse in Deutschland einen gewaltigen Aufschwung. Die Epoche der Aufklärung und ihre Wirkungsmächtigkeit ist eindeutig an einen Zuwachs der Zeitschriften gebunden gewesen.

---

1 James Lehmann: »Maimonides, Mendelssohn and the Me'asfim. Philosophy and the Biographical Imagination in the Early Haskala«. In: *Leo Baeck Institute Year Book* 20 (1975), 87-108.
2 Isaac Euchel: »Brief an den dänischen König«, 9. Eine Kopie des Briefes bewahren die *Central Archives for the History of the Jewish People* in Jerusalem auf.

Tabelle 1 veranschaulicht dies, wobei zwischen Neugründungen und bereits existierenden Zeitschriften nicht korrekt geschieden wurde.[3]

Jahrzehnt	Zeitschriften-neugründungen
1701-1710	64
1711-1720	119
1721-1730	133
1731-1740	176
1741-1751	260
1751-1760	331
1761-1770	410
1771-1780	718
1781-1790	1225
Gesamt	3436

Tabelle 1

Seit Mitte des 18. Jahrhunderts war ein rasanter Anstieg der Zahl der Zeitschriften zu beobachten. Wenn man eine durchschnittliche Leserzahl von 500 pro Zeitschrift annimmt, zudem davon ausgeht, daß etwa zehn Leser ein Exemplar lasen, dann ergibt sich rein rechnerisch eine Zahl von 3,6 Millionen Lesern in den siebziger Jahren und sogar 6,1 Millionen in den achtziger Jahren. In Wirklichkeit war die Lesergemeinde nicht so groß, aber immerhin sehr groß und zudem einflußreich, da die Zeitschriften sich an die Leser der oberen Stände der Gesellschaft richteten. Mit der Unterstützung dieser gewaltigen Leserschaft war es den Zeitschriftenmachern erst möglich, Themen anzusprechen und zu diskutieren, denen das Mißfallen der Obrigkeit gewiß war. Der von den Zeitschriften mitbestimmte Meinungsbildungsprozeß in der Gesellschaft und der Einfluß auf Persönlichkeiten, die im Dienste der staatlichen Macht standen, führte dazu, daß die Ideen und Forderungen der Aufklärer tiefgreifende Veränderungen in der Gesellschaft vorbereiteten und überhaupt erst ermöglichten. Unterdessen stand die Pressefreiheit immer auf dem Spiel, konnte aber gerade wegen der großen Leserschaft weitgehend erhalten werden.

Es ist anzunehmen, daß die junge jüdische Avantgarde diese Entwicklung beobachtet und ihre Erfolge bewundert hatte. Eine eigene Zeitschrift zu gründen und den verspreng-

---

[3] Joachim Kirchner: *Die Grundlagen des deutschen Zeitschriftenwesens*. Tl. 2. Leipzig 1931, 323; zit. nach Hans Erich Bödecker: »Zeitschriften und politische Öffentlichkeit. Zur Politisierung der deutschen Aufklärung in der zweiten Hälfte des 18. Jahrhunderts«. In: *Aufklärung/Lumières und Politik. Zur politischen Kultur der deutschen und französischen Aufklärung*. Hg. Hans Erich Bödecker, Etienne François. Leipzig 1996, 209-231, hier: 213.

ten jüdischen Aufklärern ein Forum zu geben, mehr noch, die ungebildete jüdische Jugend zu bilden und für die Sache der jüdischen Aufklärung zu gewinnen, mußte den jungen Aufklärern als eine Möglichkeit, Einfluß auszuüben, erscheinen. Eine Zeitung, die nicht der Kontrolle der Rabbiner unterstand, würde es darüber hinaus ermöglichen, die verstreut lebenden gebildeten Juden zu vereinen. Um so größer die Zahl der Leser einer solchen aufklärerischen Zeitschrift, um so größer würde der Einfluß in der jüdischen Gesellschaft sein, und damit der Druck auf die Orthodoxie verstärkt.

Auf was aber konnte sich diese Gruppe Maskilim[4] stützen, wo sollte sie ihren Standort bestimmen? Aus ihrer Sicht bot der Rabbinismus, das von den Rabbinern geschaffene und verteidigte, religiös bestimmte Gesellschaftskonzept, keinen Anhalts- bzw. Ausgangspunkt. Die Reformunfähigkeit und die von Seiten der Maskilim oft vorgeworfene Reformunwilligkeit der Orthodoxie kann als ein Grund für ihre Abwendung angesehen werden. Auf die Ablehnung des Rabbinismus und seiner Bildungseinrichtungen, Erziehungszielen und -methoden folgte die Ablehnung der Sprache des Talmuds, die als nicht wesentlich für das Judentum erachtet und von den Maskilim abwertend als rabbinisch bezeichnet wurde. Oft wurde der Talmud selbst abgelehnt. Den Initiatoren des *HaMe'assef* blieb als Sprache für ihre Zeitschrift folgerichtig nur Deutsch, Jiddisch bzw. ein Hebräisch, das allein aus legitimatorischen Gründen auf ein älteres als das rabbinische Hebräisch zurückgreifen mußte. Jiddisch galt den Herausgebern als bloßer Jargon und schien ihnen zudem zu sehr mit dem verachteten Chassidismus verbunden, als daß es zu erwählen würdig gewesen wäre. Die deutsche Sprache wiederum würde einen Teil der avisierten Leserschaft, hauptsächlich die ungebildeten Juden, aus der Lesergemeinde ausklammern. So blieb nur die hebräische Sprache, die, modernisiert, im *Tanach* ihren Ursprung haben sollte, bereichert um die Sprache der jüdischen Autoren des goldenen Zeitalters in Spanien. Vor allem die Propheten, die leidenschaftlich vor den Abwegen warnten, auf denen die jüdischen Herrscher von Zeit zu Zeit wandelten, verbanden die Me'assfim[5] mit dem *Tanach*, und mit den Weisen der spanischen Zeit verband sie deren Philosophie. Ein weiterer Grund für die Wahl des Hebräischen ist in der beabsichtigten Auseinandersetzung mit der eigenen Tradition zu sehen. Immer wieder wurde von den Me'assfim das Argument vorgetragen, daß man gegen den Aberglauben und denjenigen Teil der Tradition, der als unsinnig und nachteilig für das Judentum betrachtet wurde, nicht in deutscher Sprache (bzw. der Sprache des jeweiligen Landes) öffentlich polemisieren kann, ohne den Spott und die Verachtung des Nichtjuden zu provozieren.

Eine Zeitschrift für aufgeklärte Juden herauszugeben, war in den achtziger Jahren des 18. Jahrhunderts ein großes finanzielles Risiko. Joachim Kirchner errechnete, daß eine Zeitschrift mindestens 500 Exemplare verkaufen mußte, um wirtschaftlich Bestand haben zu können. Zu Beginn der achtziger Jahre des 18. Jahrhunderts 500 zahlende Leser für eine aufklärerische jüdische Zeitschrift zu bekommen, muß auch den Herausgebern

---

4 Der hebräische Begriff ›Maskil‹ bzw. ›Maskilim‹ im Plural bezeichnet den oder die Gebildeten bzw. Aufgeklärten.

5 Unter dem hebräischen Begriff ›Me'assfim‹ werden oft die Herausgeber, Mitarbeiter und Leser des *HaMe'assef* gleichzeitig zusammengefaßt. In diesem Artikel bezeichnet er nur die Autoren der Zeitschrift.

des *HaMe'assef* als großes Wagnis erschienen sein. D. h., ohne die finanzielle Unterstützung durch die wohlhabenden aufgeklärten Juden konnte ein solches Projekt nicht gelingen, zumal die Herausgeber allesamt nicht vermögend und mit einem Alter von durchschnittlich 25 Jahren auch nicht kreditwürdig waren. Infolgedessen verband sich eine Zahl sehr junger mit wenigen wohlhabenden Juden, um ein solches verlegerisches Risiko eingehen zu können. Der wohlhabende Daniel Friedländer, Freund und Schüler Moses Mendelssohns, wurde als Gönner und Unterstützer des *HaMe'assef* bekannt und hatte sicher nicht unerheblichen Einfluß auf die Gestaltung der Zeitschrift. Wie noch zu sehen sein wird, wird David Friedländer jedoch als Herausgeber oder geistiger Mentor der Zeitschrift nicht erwähnt.

Zu den Wegbereitern der hebräischen Presse ist zum einen das Mitteilungsblatt *Peri Ez Chajim* (*Früchte vom Baum des Lebens*) der Talmudschule *Ez Chajim*, eine religiöse Monatsschrift, die von 1728-1761 in Amsterdam erschien, zu rechnen. In ihr wurden indessen ausschließlich Artikel zu Problemen des Talmuds abgedruckt. Zum anderen muß man den von Moses Mendelssohn herausgegebenen *Kohelet Musar* (*Der Moral-Prediger*) zu den Wegbereitern der hebräischen Presse zählen, obwohl er wegen seines unregelmäßigen Erscheinens (zwei Ausgaben erschienen 1750 in Berlin) den Namen Zeitschrift nicht verdient. Im *Kohelet Musar* bediente man sich erstmals in einer Zeitschrift der reinen hebräischen Sprache und verfolgte zudem aufklärerische Ziele. Mendelssohn propagierte in beiden Ausgaben die Wiederbelebung der hebräischen Sprache, befand sie aber für noch zu arm, um wissenschaftliche Sachverhalte ausdrücken zu können. Mendelssohn selbst wandte sich später vom Hebräischen ab und unter dem Einfluß Lessings der deutschen Sprache zu.

Zu Beginn der achtziger Jahre des 18. Jahrhunderts kündigte sich eine verstärkte Diskussion über die Beziehungen zwischen Juden und Christen an. 1781 hatte die Emanzipationsdebatte durch die Schrift *Über die bürgerliche Verbesserung der Juden* von Christian Wilhelm von Dohm[6] in theoretischer Hinsicht und durch das Toleranzpatent Kaiser Josephs II. in praktischer Hinsicht eine neue Dimension erreicht. Dohm hatte in seiner Schrift gefordert, daß die jüdischen Gemeinden mit einer Ordnungsgewalt, ähnlich den Kirchen, ausgestattet werden sollen. Zudem sollte die jüdische Religion an Lehrsätze gebunden werden, die dem Judentums als Grundlage dienen sollten. Hierin sahen die aufgeklärten Juden eine große Gefahr, denn dadurch würde den Traditionalisten eine staatlich sanktionierte Machtfülle gegeben werden, wie es sie im Judentum bislang nicht gab. Die entsprechende Reaktion von Seiten der aufgeklärten jüdischen Gesellschaft, die sich gegen eine solche Aufwertung der Traditionalisten wandte, folgte schon bald. Naphtali Herz Wessely (1725-1805) veröffentlichte 1782 seine programmatische Schrift *Divre Schalom We'Emet* (*Worte des Friedens und der Wahrheit*[7]) in Reaktion auf das Toleranzedikt

---

6 Siehe dazu Horst Möller: »Aufklärung, Judenemanzipation und Staat: Ursprung und Wirkung von Dohms Schrift ›Über die bürgerliche Verbesserung der Juden‹«. In: *Deutsche Aufklärung und Emanzipation*. Hg. Walter Grab. Tel Aviv 1980, 119-149.

7 Naphtali Herz Wessely: *Worte der Wahrheit und des Friedens an die gesammte jüdische Nation: vorzgl. an diejenigen, so unter d. Schutz d. glorreichen u. großmächtigen Kaysers Joseph II. wohnen*. Berlin 1782.

Josephs II., in der er sich für eine Reform des jüdischen Bildungswesens und eine umfassende Erziehung der Jugend einsetzte. Die Wissenschaften, Sprachen und ein reformiertes Studium der Bibel sollten in den Lehrplänen der jüdischen Schulen enthalten sein. Er legitimierte seine Forderungen nach einer Reform dadurch, daß er der *Lehre Gottes* (Torat Elohim) eine *Lehre des Menschen* (Torat Adam) unterlegte. Während die Juden durch die *Lehre Gottes* in ihrem religiösen Leben geleitet würden, unterliege jeder Mensch der *Lehre des Menschen*, die ihm moralisches Verhalten und die Aneignung von Wissen erst ermögliche. Wessely war darüber hinaus durch seine Versuche, die hebräische Sprache zu erneuern, bereits bekannt geworden. Seine Denkschrift hatte maßgeblichen Einfluß auf die Generation der Me'assfim. Sie berief sich auf sie, sei es aus Überzeugung oder aus Gründen der Legitimation, um weitergehende Veränderungen einzuklagen.

Mehrere Schüler Mendelssohns gründeten im Herbst 1783 in Königsberg die Zeitschrift *HaMe'assef* (*Der Sammler*), zuvor hatten sie bereits die *Chevrat Dorsche Leschon Ever* (*Gesellschaft zur Förderung der hebräischen Sprache*) ins Leben gerufen. Es ist anzunehmen, daß die Gesellschaft den alleinigen Zweck hatte, den *HaMe'assef* herauszugeben, denn ansonsten trat sie nicht tätig in Erscheinung. Der genaue Titel der Zeitschrift lautete: »Der Sammler für das Jahr 5544 (1783/1784) enthält Gedichte und Epigramme, die von den Leuten der Gesellschaft zur Förderung der hebräischen Sprache in Königsberg gesammelt wurden« (Abb. 1). Als Herausgeber werden Isaac Euchel und Mendel Breslauer sowie Schimon und Sanwil Friedländer genannt. Letztere waren zuständig für die technischen und finanziellen Angelegenheiten, die inhaltlichen Fragen lagen in den Händen von Euchel und Breslauer. Zuvor hatten sich die Herausgeber an Moses Mendelssohn und Naphtali Herz Wessely gewandt und sie gebeten, sich an der Zeitschrift zu beteiligen. Mendelssohn und Wessely befürworteten die Herausgabe der Zeitschrift, Mendelssohn, im Gegensatz zu Wessely, unterstützte die Zeitschrift öffentlich nicht und gab nur ein paar kleine Artikel zum Druck in der Zeitschrift. Alle Artikel Mendelssohns erschienen zudem anonym. Wessely hingegen engagierte sich für die Sache der Herausgeber und antwortete auf das Schreiben der Herausgeber, in dem sie ihn baten, ihnen seine Meinung zu ihrem Konzept mitzuteilen.

Im Gegensatz zum *Kohelet Musar* war nicht eine Persönlichkeit, in jenem Falle Moses Mendelssohn, für die Zeitschrift verantwortlich, vielmehr ging der *HaMe'assef* aus den Ideen einer Gruppe junger aufgeklärter Juden hervor. Dem Projekt einen Rahmen zu geben, war daher eine grundlegende Forderung, damit die verschiedenen Interessen und Meinungen der Herausgeber das Gelingen der Zeitschrift nicht verhinderten. Der *Nachal HaBesor*, die Bekanntmachungsschrift der Herausgeber, stellt gleichzeitig das Programm des *HaMe'assef* dar. Der Leser wird darin aufgefordert, Vorschläge und Kritiken an die Herausgeber zu senden, um die Zeitschrift verbessern und an die Wünsche der Leser anpassen zu können. Die enge Verbindung zwischen Herausgebern und Lesern, die im *Nachal HaBesor* angestrebt wird, entspricht auch dem gesamten Vorgehen der Herausgeber, welche zuerst eine Art Lesegemeinschaft, die *Gesellschaft zur Förderung der hebräischen Sprache*, gegründet hatten, und erst in einem zweiten Schritt mit ihrem publizistischen Produkt an die Öffentlichkeit traten. Das tatsächliche Gelingen dieser engen Verbindung zwischen Zeitschriftenmachern und -lesern spiegelt sich in der Bezeichnung *Me'assfim* wieder, die sowohl die Herausgeber und Autoren als auch die Leser umfaßte.

Die Gründung der *Gesellschaft der Förderer der Hebräischen Sprache* am 12. Dezember 1782 kann also als das geistige Geburtsdatum der Zeitschrift angesehen werden. Zudem zeigt dieses frühe Datum, daß die Herausgeber die Idee und wohl auch das Grundkonzept einer Zeitschrift noch vor Erscheinen der *Berlinischen Monatsschrift* und somit unabhängig von ihr hatten. Zum Vergleich zwischen beiden Zeitschriften aber später.

Die Niederschrift des *Nachal HaBesor* wurde am 15. April 1783 beendet und trägt die Unterschriften von Isaac Euchel, Mendel Breslauer, Sanwil und Schimon Friedländer. Es ist anzunehmen, daß die Arbeiten daran im Hause David Friedländers stattfanden, in dem Euchel als Hauslehrer angestellt war, und daß auch der finanzielle Unterstützer David Friedländer aktiv an der Diskussion beteiligt war. Vor der Veröffentlichung hatten die Herausgeber, wie bereits erwähnt, ein Konzept des Vorworts an Naphtali Herz Wessely mit der Bitte geschickt, er möge ihnen seine Vorschläge und Kritiken zu ihrem Programm nennen und ihnen zugleich erlauben, einige seiner Gedichte in der Zeitschrift abdrucken zu dürfen. Es ist nicht unmöglich, daß das Vorwort ebenso an Moses Mendelssohn in Berlin gesandt worden war. Es fällt auf, daß der Name Mendelssohn im *Nachal HaBesor* nicht erwähnt wird, außer bei der Huldigung seiner Weisheit. Da Mendelssohn bis zu seinem Tode in engem und freundschaftlichem Kontakt zu den Herausgebern stand und damit persönliche Konflikte für sein Verhalten ausscheiden, ist anzunehmen, daß er sich von dem Projekt selbst distanziert hatte.

Abb. 1: Titelkupfer des ersten Bandes der hebräischen Zeitschrift *HaMe'assef*, Königsberg 5544 (Herbst 1783)

In knappen Worten begrüßen die Herausgeber im *Nachal HaBesor* ihre zukünftige Leserschaft, die als Maskilim angesprochen werden. In fünf Teilen wird die Zeitschrift vorgestellt: 1) was ihr Inhalt ist, 2) wer die Herausgeber und Autoren sind, 3) an wen sie sich wenden will, 4) warum sie erscheinen soll und 5) wie man sie erwerben kann.

Der erste Teil wurde wiederum in fünf Teile gegliedert und stellt zuerst die verschiedenen Bereiche vor, welchen sich die Zeitschrift widmen will. An erster Stelle wird die Rubrik »Gedichte der heiligen Sprache« genannt. Vor allem soll der *HaMe'assef* jene Gedichte, die bislang noch nicht gedruckt worden sind bzw. noch geschrieben werden, dem Lesepublikum zugänglich gemacht werden. Bereits hier vernimmt man eine Kritik an der damaligen Veröffentlichungspraxis, in der nur religiöse Schriften verlegt wurden;

die Zeitschrift bietet sich den Maskilim als Podium an. Ebenso verweisen die Herausgeber auf Wesselys Worte, der davor warnte, unzüchtigen und der Religion lästernden Gedanken in der Zeitschrift Platz zu geben.

An zweiter Stelle folgt die Rubrik »Schriften«[8], die wiederum viergeteilt ist und a.) die allgemeine Sprachwissenschaft mit besonderer Berücksichtigung der hebräischen Sprache zum Inhalt haben soll. b.) sollen schwierige Verse der Bibel kommentiert werden, wobei man u. a. eine philologische Herangehensweise fordert. Zudem sollen alle verfügbaren Mittel und Quellen bei der Ausarbeitung einer solchen Interpretation genutzt werden, was wiederum eine ›versteckte‹ Kritik an der traditionellen Vorgehensweise der Rabbiner darstellt, die sich in ihren Interpretationen hauptsächlich auf den Talmud stützten. Nicht zuletzt soll dem Leser eine Hilfestellung bei der Übersetzung der Worte der Propheten in andere Sprachen gegeben werden. c.) sollen die klaren und nützlichen Schriften, die sich mit Ethik und Wissenschaften beschäftigen und die aufgeklärten Juden zu geben würdig sind, bekannt gemacht werden. Und zwar sowohl jene von den jüdischen als auch von den nichtjüdischen Weisen. d.) sollen dem Leser Hilfestellungen gegeben werden, damit er die talmudische Literatur besser verstehen kann. Von den Grundlagen ausgehend, will und soll man in die Tiefen der talmudischen Literatur eindringen und nicht wie in der klassisch rabbinischen Praxis Dinge besprechen, deren Fundamente zuvor noch gar nicht behandelt worden sind. D. h., der Leser soll sich selbst die Voraussetzungen für seine Studien schaffen und sich nicht allein auf fremde Autoritäten und vorgegebene Antworten verlassen. Auf diesen Pfaden folgend, soll zur gesamten moralischen Erziehung übergegangen werden, ebenso zur physischen Bildung, denn diese sei ein wichtiger Grundstein für die moralische.

Die dritte Rubrik ist der »Geschichte der Großen Israels«[9] gewidmet. Anhand von Biographien der großen Männer des Judentums soll eine neue Seite in der Geschichtsschreibung des jüdischen Volkes aufgeschlagen werden. Neben den Weisen der Religion will man erstmals auch Persönlichkeiten vorstellen, die sich um das jüdische Volk äußerst verdient gemacht haben. Diese Biographien sollen die Persönlichkeiten, verwoben in die allgemeine Geschichte, darstellen und damit erstmals die jüdische Geschichte als einen Teil der allgemeinen Geschichte der Völker verständlich machen. Dieser Ansatz widerspricht der bis dahin im Judentum bevorzugten Ansicht, daß die Geschichte Israels allein von seinem Gott abhängig ist. Auch diese Rubrik war geeignet, das Mißfallen der Traditionalisten zu erregen.

In der vierten Rubrik werden die »Neuigkeiten« genannt, die die Resultate der Wissenschaft und Völkerverständigung zum Inhalt haben und die es wert sind, bekannt gemacht zu werden. Vor allem soll der in fremden Sprachen Unkundige Gelegenheit bekommen, Neuigkeiten aus der Welt außerhalb des traditionellen Judentums zu erfahren. Selbstverständlich gehören in diese Rubrik ebenso Nachrichten aus der Welt der Nichtjuden.

---

8 Deutsch in hebräischen Lettern werden diese Schriften als ›Aufsätze/Abhandlungen‹ genauer definiert.

9 Deutsch in hebräischen Lettern wird diese Rubrik als ›Biographia der Großen unserer Nation‹ genauer definiert.

Die letzte Rubrik gilt der Ankündigung neuer Bücher, gleich welcher Sprache, und den Rezensionen von Büchern. Damit hoffte man das Blickfeld der Juden zu erweitern und ihnen die Welt der nichtjüdischen Kultur näherzubringen.

Insgesamt kann man sagen, daß dieses Programm geeignet war, den Zorn der Rabbiner zu erregen. Schon die Konzeptionen der Rubriken zeigen die große Distanz der Herausgeber zur jüdischen Orthodoxie. Der *Nachal HaBesor* macht deutlich, daß die Herausgeber das Judentum nicht mehr aus der Perspektive der Orthodoxie betrachteten, sondern daß sie die Perspektive des aufklärerischen, nichtjüdischen Europa eingenommen hatten. Gleichzeitig war den Herausgebern bewußt, daß sie einen spezifisch jüdischen Standpunkt einzunehmen hatten, wenn sie die Wurzeln des Judentums ergründen und darauf ein neues aufbauen wollten. Vielleicht kann man es als Glück für das Judentum bezeichnen, daß zwischen den Bewahrern des Judentums, d. h. den Rabbinern, und den Reformern keine Einigung in den grundlegenden Fragen erzielt wurde. Denn die Masse der jüdischen Bevölkerung war zur Zeit des *HaMe'assef* noch weit davon entfernt, sich der Welt von einem eigenen jüdischen Standpunkt aus zu öffnen. Die Rabbiner haben, das wird oft übersehen, einiges dazu beigetragen, daß manche Grundfeste des Judentums nicht vorschnell aufgegeben wurde. Die Reformer wiederum haben zu einem nicht geringen Teil erst das Überleben des Judentums in den stürmischen Zeiten des 18. und 19. Jahrhunderts ermöglicht, indem sie versuchten, das Judentum zu seinen Wurzeln zurückzuführen, und dadurch neue Entwicklungswege innerhalb des Judentums eröffneten.

In der Konzeption des *HaMe'assef* findet man eine große Nähe zu der *Berlinischen Monatsschrift*. Ein Vergleich der inhaltlichen Schwerpunkte dieser beiden bedeutenden Zeitschriften der Aufklärung zeigt eine große Übereinstimmung in der Wahl der Themenbereiche. Tabelle 2 soll diesen Sachverhalt unterstreichen.

Die Ähnlichkeiten in der Wahl der Themenbereiche sind auffallend, ebenso die Unterschiede, die sich daraus ergeben, daß die Me'assfim eine doppelte Aufklärung zu propagieren hatten. Zum einen, und das zeigt sich in den Übereinstimmungen, wollen die Me'assfim die Leser mit den literarischen und vor allem wissenschaftlichen Schriften der europäischen Länder bekannt machen, also mit der allgemeinen Aufklärung. Zum anderen sollen die Leser für eine jüdische Aufklärung gewonnen werden, d. h., sie sollen sich mit den eigenen jüdischen Quellen und Traditionen auseinandersetzen und daraus Schlußfolgerungen für das zeitgenössische Judentum ziehen, die, nach der Meinung der Me'assfim, zu einer Reform führen können und müssen. Das ist die spezifisch jüdische Aufklärung. Im Gegensatz zu den Herausgebern der *Berlinischen Monatsschrift* konnten die Herausgeber des *HaMe'assef* nicht mit der Unterstützung politisch einflußreicher Persönlichkeiten rechnen. Sie hatten keinen Einfluß auf die Entscheidungsträger im Judentum. Punkt für Punkt stellt dieses Konzept einen Angriff auf die alleinige Interpretationsmacht der Rabbiner dar. Folglich muß man davon ausgehen, daß der zweite Aspekt, die spezifisch jüdische Aufklärung, die bestimmende Kraft bildete. Wenn man bedenkt, daß die Herausgeber erstmals das Konzept einer hebräischsprachigen Zeitschrift überhaupt entworfen haben, dann folgt aus der Intention einer modernen Zeitschrift fast zwangsläufig die Gegnerschaft zu den Rabbinern.

HaMe'assef	Berlinische Monatsschrift
A) Gedichte der Heiligen Sprache	
B) Aufsätze und Abhandlungen:	1) Nachrichten aus dem gesamten Reiche der Wissenschaften.
1) zur Sprachwissenschaft	5) Beiträge zur Ausbildung und Kenntnis deutscher Sprache und Literatur in älteren und neueren Zeiten.
2) zur Exegese der heiligen Texte	
3) Quellen der Weisen des jüdischen und der anderen Völker.	6) Übersetzungen wichtiger, noch zu wenig genutzter Meisterstücke des Altertums.
4) zu Ethik, Pädagogik und Anthropologie	3) Beobachtungen über alles, was den Menschen betrifft und uns weiter in der Kenntnis unserer selbst und unserer Brüder bringen kann.
C) Geschichte der Großen des jüdischen Volkes	4) Biographische Nachrichten von merkwürdigen, vorzüglich noch nicht nach Verdienst bekannten Menschen.
D) Nachrichten	2) Beschreibungen von Völkern und deren Sitten und Einrichtungen, zum liebsten aus den uns nähern Ländern.
E) Rezensionen	7) Auszüge aus seltenen merkwürdigen Schriften des Auslands.

Tabelle 2

Im zweiten Teil des *Nachal HaBesor* werden dem Leser die Verantwortlichen für die Zeitschrift bekanntgegeben, nämlich die Gruppe der Aufgeklärten, die sich zu jener *Gesellschaft der Förderer der hebräischen Sprache* zusammengefunden haben. Allesamt waren sie Kenner der Wissenschaften und Sprachen und ebenso bewandert in den Schriften des Judentums, wobei auffällt, daß der Talmud nicht erwähnt wird. Sie rufen ihre zukünftigen Leser auf, Gruppen zu bilden, in welchen sie gemeinsam lesen und diskutieren sollen, um sich so ihr eigenes Urteil bilden zu können. Man fordert sie auf, selbst aktiv an der Zeitschrift teilzunehmen, indem sie den Herausgebern in Briefen ihre Meinungen mitteilen, die besten Zuschriften sollen dann in der Zeitschrift abgedruckt werden. Dieser zweite Teil enthält auch einen Briefwechsel zwischen der *Gesellschaft der Förderer der hebräischen Sprache* und Naphtali Herz Wessely. Im Brief der Herausgeber, der im *Nachal HaBesor* abgedruckt und im Namen der Gesellschaft unterschrieben wurde, wird Wessely das Konzept der Zeitschrift bekanntgemacht, und aufgefordert, mitzuarbeiten und Artikel bzw. Gedichte für den Druck beizutragen. Da sich im ebenso im *Nachal HaBesor* abgedruckten Antwortschreiben Wesselys allein die Anrede in der 2. Pers. Sing. findet, ist es möglich, daß sich dieses Schreiben Wesselys auf einen anderen Brief bezieht, als auf jenen im *Nachal HaBesor* publizierten, der im Namen der Gesellschaft sprach. Dies ist Indiz für die Annahme, daß auch Mendelssohn ein Brief der Herausgeber erreicht haben könnte bzw. daß im Brief an Wessely ein solches Ersuchen erwähnt worden war, dieser Sachverhalt nun aber nicht an die Öffentlichkeit gelangen sollte. Sicherlich hätten die Herausgeber gern die Versicherung nicht nur Wesselys, sondern auch Mendelssohns für ihr Projekt gehabt, und beide als respektable Personen, die hinter der Zeitschrift stehen und sich für sie verbürgen, gesehen.

Wessely stimmt in seinem Antwortschreiben der Konzeption der Zeitschrift zu, sieht aber abzusehende Konflikte mit den Rabbinern voraus und sucht diese zu mildern. Wesselys Hauptinteresse gilt der hebräischen Sprache und der Dichtkunst – allesamt Bereiche, die der ersten Rubrik der Zeitschrift angehören. Im Gegensatz zu seinem aufklärerischen Werk *Worte des Friedens und der Wahrheit* klingen die Worte in seinem Antwortschreiben sehr moderat.

Wer der zukünftige Leser der Zeitschrift sein soll, so betonen die Herausgeber im dritten Teil, sei bereits aus ihrer Konzeption ersichtlich geworden. Es sei nicht der Leser, der eine Meinung vorgesetzt bekommen will, sondern derjenige, der sich selbst diese bildet und bilden will.[10]

Im vierten Teil beteuern die Herausgeber nicht nur die Uneigennützigkeit ihres Unternehmens, vielmehr offenbaren sie hier das Ziel ihrer Zeitschrift, wenn auch nur indirekt. Ob der Mensch arm oder reich sei, es verlange ihn doch immer nach Wissen. Dem Reichen sei es möglich, sich und seine Kinder zu bilden, dem Armen bliebe nur der Cheder[11]. Das Ziel der Herausgeber sei es, die Juden aufzuklären, zu bilden und von der Abhängigkeit von den Rabbinern zu lösen. Der Kreis der Aufklärer im Judentum soll vergrößert werden, um den Rabbinern eine größere Kraft entgegensetzen zu können. Von Seiten der Rabbiner wurde eine solche Absicht natürlich nicht als uneigennützig betrachtet. Man sollte bedenken, daß in der Auseinandersetzung zwischen Orthodoxie und Aufklärern immer auch Faktoren eine Rolle spielten, die nur indirekt mit der Bildung und Erziehung des Volkes in Zusammenhang gestellt werden können. Oft scheiterten Versuche, traditionelle jüdische Gesetze, die oft allein wirtschaftliche Belange berührten, zu reformieren, am Widerstand der Orthodoxie, welche die Mehrzahl der armen Juden vertrat und hinter sich wußte. Diese Mehrheitsverhältnisse zugunsten der wohlhabenden jüdischen Schicht zu ändern, war ein unausgesprochenes und vielleicht ein nicht bewußt gewordenes Ziel der Herausgeber.

Im letzten Teil erfährt der Leser, wer für die Herausgabe des *HaMe'assef* verantwortlich sein wird: Die *Gesellschaft der Förderer der hebräischen Sprache* sei es, die man am 12. De-

---

10   1783 veröffentlichte Kant in der *Berlinischen Monatsschrift* seinen Artikel »Beantwortung der Frage: Was ist Aufklärung?«, worin er die Unmündigkeit des Menschen auf sein Unvermögen, sich seines eigenen Verstandes zu bedienen, zurückführt: »›Sapere aude! Habe Mut, dich deines *eigenen* Verstandes zu bedienen!‹ ist also der Wahlspruch der Aufklärung.«

11   Cheder: religiös ausgerichtete Schule, die dem Erlernen des Hebräischen und der klassischen Texte dient.

zember 1782 gegründet habe. Die Anzahl und die Namen der Gründungsmitglieder werden nicht genannt. Es sind ihrer aber mindestens vier, denn diese werden als den Vorsitz führend bekanntgegeben. Zwei von ihnen, Euchel und Breslauer, werden sich um die Herausgabe und die Leserbriefe kümmern, die zur Veröffentlichung anstehen. Die beiden anderen, Sanwil und Schimon Friedländer sollen die Publikationen und Finanzen der Gesellschaft überwachen.

Schließlich wird die Zeitschrift *HaMe'assef* offiziell angekündigt, und zwar mit monatlicher Erscheinungsweise, so wie es Wessely in seinem Antwortschreiben im Unterschied zur Absicht der Herausgeber, die einen wöchentlichen Rhythmus ins Auge gefaßt hatten, empfahl. Trotz der Fülle an Themen stünde den Herausgebern derzeit leider nichts weiter zur Veröffentlichung bereit als eben die Artikel dieser ersten Ausgabe. Sogleich weisen die Herausgeber auf die schlechte finanzielle Lage der Zeitschrift hin, die sich noch dadurch verschlimmern würde, daß sie keinen hebräischen Schriftsetzer hätten und sich an die christlichen wenden müßten, die den Preis heraufsetzten. Einen farbigen Teil wollen die Herausgeber jeden zweiten Monat der Zeitschrift hinzufügen, der die Namen der Abonnenten aufführen soll. Die Herausgeber hofften auch dadurch, zusätzliche Abonnenten zu gewinnen, denn jedem Juden war es eine Ehre, in einem Druckerzeugnis namentlich aufgeführt zu sein. Der Preis der Zeitschrift solle zwei Reichsthaler betragen, keinen Luidor im Monat, und sie würde bis Berlin, Wilna und Breslau kostenlos geliefert. Mit den Worten der Hoffnung, daß die Zeitschrift genügend Leser haben werde, endet der *Nachal HaBesor*.

Zur Gruppe der Me'assfim zählten etwa 200 Juden, Mitarbeiter und Unterstützter der Zeitschrift eingeschlossen. Von diesen 200 lebten etwa zwei Drittel in Deutschland. Die wichtigsten Städte, in denen die Abonnenten lebten, waren: Berlin, Königsberg, Frankfurt an der Oder, Breslau, Hamburg, Dessau, Hannover, Mainz, Kassel, Fürth, Frankfurt am Main, Kopenhagen, Prag, Wien, Metz, Straßburg, Amsterdam, Sokolov, Wilna.

II.

Nach diesem Einblick in den Inhalt der Zeitschrift lohnt es sich, über den Vergleich zwischen *Berlinischer Monatsschrift* und dem *HaMe'assef*, den man in der Forschungsliteratur beispielsweise bei Zamariyon[12] und Shoham[13] findet, hinauszugehen. Allein die *Berlinische Monatsschrift*, deren Qualität aus der Masse der deutschen Zeitschriften deutlich herausragte, mit de *HaMe'assef* zu vergleichen, ist nicht angemessen. Herausgeber und Lesepublikum beider Zeitschriften wichen, was Bildungsgrad und soziale Stellung anbetrifft, zu sehr voneinander ab. Daher kann es hilfreich sein, wenn man den *HaMe'assef* auch mit weiteren, heute oft unbekannten Zeitschriften vergleicht. Für den Zeitraum von 1750 bis 1800 wurde vom *Göttinger Zeitschriftenindex*[14] repräsentatives Datenmaterial (70.000 Artikel aus 160 Zeitschriften) in Hinsicht auf die thematischen Schwerpunkte ausgewertet (Tabelle 3).

---

12 Zemach Zamariyon: *HaMe'assef* [hebr.]. Tel Aviv 1988, 34 f.
13 Chaim Shoham: *Inspired by German Enligthenment* [hebr.]. Tel Aviv 1996, 33.
14 Bödeker: »Zeitschriften« (= Anm. 3), 221.

Thematischer Schwerpunkt	Aufsätze	Prozentualer Anteil
Naturwissenschaften	9517	23,4
Gesellschaft	6405	15,7
Medizin	3644	9,0
Schöne Künste und Wissenschaften	3617	8,9
Wirtschaft	3553	8,5
Theologie und Religion	3072	7,5
Politik	2906	7,1
Recht, Jurisprudenz	2441	6,0
Philosophie	2294	5,6
Erziehung und Unterricht	1719	4,2
Geschichte	1629	4,0

Tabelle 3

Vergleicht man die in Tabelle 3 dargelegte Verteilung der Themen mit den Rubriken des *HaMe'assef*, so zeigt sich, daß für das Judentum relevante Themenbereiche wesentlich häufiger auftreten. Gemessen an den im *Nachal HaBesor* genannten Rubriken der ersten drei Jahrgänge des *HaMe'assef*, ergibt sich folgende Verteilung: Gedichte: 37, Schriften: 34, Geschichte der Großen Israels: 13, Neuigkeiten: 8 und Neue Bücher/Rezensionen: 27. Insgesamt sind das 119 von 185 Beiträgen der ersten drei Jahrgänge. Demnach entfallen 31% auf Gedichte, 29% auf Artikel, 11% auf die Geschichte der Großen, ca. 7% auf Neuigkeiten und 23% auf Bücher/Rezensionen. Allein der Anteil der Artikel zur Geschichte ist etwa dreimal so groß wie in den deutschen Zeitschriften. Der Inhalt der Rubrik Gedichte entspricht den Schwerpunkten Schöne Künste und Wissenschaften, Theologie und Religion sowie Erziehung und Unterricht in den deutschen Zeitschriften, die dort zusammen nur 20,6% ausmachen, also nur zwei Drittel im Vergleich zum *HaMe'assef*. Die jüdische Aufklärung hatte ihre Position in der allgemeinen Aufklärung und vor allem in der jüdischen Gesellschaft erst noch zu bestimmen, daher legte sie großen Wert auf die Vermittlung der eigenen Quellen, die vornehmlich in der Geschichte, Religion und Sprache ihre Wurzeln haben. Die *Berlinische Monatsschrift* war wesentlich aktueller als der *HaMe'assef*, da sie ein Lesepublikum ansprach, das mit der europäischen Aufklärung schon länger vertraut war. Der Rückgriff auf die Ergebnisse der europäischen Renaissance und des Humanismus bot für die jüdischen Aufklärer nur bedingt einen Anknüpfungspunkt. Europa sah sich als Bewahrerin und Produkt der griechisch-römischen Welt, das Judentum spielte bei den christlichen Aufklärern meist nur insofern eine Rolle, da man es als vom Christentum abgelöst betrachtete. Die Maskilim allerdings suchten einen Platz zwischen Judentum und europäischer Geschichte bzw. in ihr, sie waren Teilhaber der beiden Stränge der Geschichte. Nicht zuletzt deswegen popularisierten die Me'assfim die jüdische Philosophie des Mittelalters, in der sie einen letzten Versuch einer Versöhnung zwischen Judentum und griechischem Denken sahen.

Beim Vergleich des *HaMe'assef* mit der *Berlinischen Monatsschrift* muß man auch die unterschiedlichen Lebensläufe der verantwortlichen Personen berücksichtigen. Die Herausgeber der *Berlinischen Monatsschrift* waren angesehene Persönlichkeiten, z. B. entstammte Johann Erich Biester (1749-1816, war ab 1777 der Privatsekretär von Zedlitz, dieser war wiederum de facto Kulturminister in Preußen) einer angesehenen Händlerfamilie Lübecks und hatten gute Kontakte zu den staatlichen Institutionen Preußens. Die Ideen der Aufklärung hatten dort bereits das Bürgertum und die Bürokratie erreicht und beeinflußt, im Judentum hingegen blieben die Aufklärer und die Aufklärung der Allgemeinheit verdächtig. Die Herausgeber des *HaMe'assef* waren mittellose junge Lehrer, Euchel war bei der Gründung der Zeitschrift 27 und Breslauer 23 Jahre alt. In der jüdischen Gesellschaft genossen sie nur die Achtung der wenigen gebildeten Juden.

Die Wiederbelebung der hebräischen Sprache und der große Raum, der ihr in der Zeitschrift gegeben wurde, hatte, wie bereits erwähnt, mehrere Aspekte. Die hebräische Sprache war ein Zeichen der nationalen Eigenständigkeit des Judentums und von der jüdischen Religion nicht zu trennen. Sie stand in den Augen der Herausgeber indirekt für das gesamte Judentum und bot ihnen eine Stütze in der Auseinandersetzung sowohl mit dem traditionellen Judentum als auch zur Abgrenzung der jüdischen von der allgemeinen europäischen Aufklärung. Das rabbinische Judentum wurde von der Mehrzahl der jüdischen Aufklärer als ein illegitimer Nachfolger des biblischen Judentums angesehen, daher vermied man ihre Sprache. Gegenüber der christlichen Aufklärung versuchte man, durch die hebräische Sprache dessen Schriften, die Wurzeln des Judentums, als unabhängig von Christentum und griechisch-römischer Tradition darzustellen. Wenn die Me'assfim versuchten, die Erkenntnisse der Aufklärung bereits in den Heiligen Schriften zu entdecken, dann sollten diese Erkenntnisse nicht nur zur Legitimation vor den Rabbinern dienen, auch die eigene Tradition sollte hervorgehoben werden. Ebenso bemühten sich die Autoren der Zeitschrift, dem Leser Grammatik und Sprachgefühl zu vermitteln, Dinge, die ihm auch beim Erlernen von Sprachen hilfreich sein sollten.

Schon bald, 1785, mußte der *HaMe'assef* wegen finanzieller Schwierigkeiten sein Erscheinen einstellen und der vierte Jahrgang erschien erst wieder 5548 (1787/88), nun aber in Berlin. Jetzt wird die *Gesellschaft der Gerechten für die Vielen* als Herausgeber der Zeitschrift genannt. Deren eigentliches Anliegen war es, den Druck der hebräischen Bücher der *Gesellschaft der jüdischen Freischule* (*Chevrat Chinuch Ne'arim*)[15] in der *Orientalischen Buchdruckerei*[16] in Berlin zu unterstützen. 1786 wurde sie durch die Initiative Isaac Satanows[17] ins Leben gerufen und von David Friedländer und Isaac Daniel Itzig geleitet. Moses Mendelssohn wurde noch kurz vor seinem Tod Mitglied der Gesellschaft. Gegen den Willen Euchels fusionierte sie 1787 mit der *Gesellschaft der Förderer der hebräischen Sprache* zur *Gesellschaft zur Beförderung des Guten und Edlen* – sie hatte in Berlin und Königsberg, den Zentren der jüdischen Aufklärung in Deutschland, ihre zwei Hauptnie-

---

15 Die jüdische *Freischule* wurde 1778 von David Friedländer, Isaac Daniel Itzig und Naphtali Herz Wessely gegründet. Den jüdischen Schülern sollte weltliche Bildung vermittelt werden, die sie in den traditionellen, von den Rabbinern überwachten Schulen nicht bekamen.
16 Die *Orientalische Buchhandlung* und eine Druckerei wurden 1783 gegründet. Sie hatte zum Ziel, die Ideen der Aufklärung in der jüdischen Gesellschaft bekannt zu machen.
17 Dazu Nehama Rezler-Berson: »Isaac Satanow. An Epitome of an Era«. In: *Leo Baeck Institute Year Book* 25 (1980), 81-99.

derlassungen – und wurde zu einer Art Dachorganisation der *Maskilim*. Ihr erstes Ziel war die Verbreitung der Ideen der Haskala, demgegenüber war das Ziel der *Gesellschaft der Förderer der hebräischen Sprache* noch auf die Erneuerung der hebräischen Sprache gerichtet gewesen. Durch die Änderung der Zielrichtung der herausgebenden Gesellschaft, kann es möglich gewesen sein, daß sich Abonnenten, die sich hauptsächlich für die hebräische Sprache interessierten und nicht unbedingt den Ideen der Haskala anhingen, von der Zeitschrift abwendeten. Dies mag die Befürchtung Euchels und der Grund gewesen sein, der ihn gegen die Fusion der beiden Gesellschaften stimmen ließ. Nun stand der Kampf gegen die Traditionalisten, die Gegner der Haskala, im Vordergrund. Damit entfernten sich die Me'assfim von jenen Vorsätzen, denen sie sich in ihrem programmatischen Vorwort *Nachal HaBesor* verschrieben hatten. 1789/90 (5550) wurde der Zeitschrift als Zugabe beispielsweise das *Toleranzpatent* des Kaisers Joseph II. von 1781 (in deutscher Sprache) hinzugefügt. Die Jahrgänge 1787-1790 umfaßten bereits etwa 200 Seiten pro Ausgabe.

Seit 1790 waren Joel Löwe, auch bekannt unter dem Namen Joel Brill (1762-1802), und Aaron Halle-Wolfssohn die Herausgeber der Zeitschrift. Unter ihrer Leitung erschien die Zeitschrift zwischen 1794 und 1797 nur unregelmäßig. Zwischen 1790 und 1794 hatte der *HaMe'assef* sein Erscheinen ganz eingestellt. Die Ursache war wiederum der chronische Geldmangel, der immer wieder durch das Fehlen von Abonnenten hervorgerufen wurde. Erst 1796/97 (5537) erschien wieder ein vollständiger Jahrgang, der siebte, der die Erträge der drei Jahre 1790 bis 1794 zusammenfaßte. Es sollte für lange Zeit der letzte Jahrgang sein. Einer der Gründe für das schnelle Ende der neuerlichen Ausgabe des *HaMe'assefs* war der Artikel »Ein Gespräch im Lande der Lebenden« von Aaron Halle-Wolfssohn, der sich vor allem gegen die frühe Beerdigung der Toten richtete. Schon Moses Mendelssohn vertrat den Standpunkt, daß die Beerdigung am Tage des Todes, der Möglichkeit eines Scheintotes wegen, ein unseliger Brauch sei. Als Begründung gab er an, daß über diesen Brauch im Talmud nichts berichtet wird und er wohl erst im zeitgenössischen Judentum eingeführt worden sei.[18] Auch Marcus Herz hatte in zwei Sendschreiben 1787 und 1788 die frühe Beerdigung als schädliches Vorurteil bezeichnet, die von der Orthodoxie aufrechterhalten werde. Der Artikel Halle-Wolfssohns, der zugleich im Namen Joel Löwes erschienen war, führte zu scharfen Protesten der Rabbiner. Die Kritik an der frühen Beerdigung und damit an den Rabbinern war nicht neu, neu war die Art und Weise der Kritik. Halle-Wolfssohn versuchte in seinem Artikel gar nicht, Argumente gegen die frühe Beerdigung anzuführen, er schüttete statt dessen Spott und Hohn über die Rabbiner. Das erregte den starken Protest der Rabbiner und ihre Kritik richtete sich im folgenden auch gegen den *HaMe'assef* im ganzen. Für den *HaMe'assef* fanden sich nun nicht mehr genügend Leser, auch nicht die 200, die zu finden und an die Zeitschrift zu binden sich Halle-Wolfssohn zum Ziel gesetzt hatte.

---

18 Vgl. den Briefwechsel zwischen Moses Mendelssohn und Jakob Emden; abgedr. in: Moses Mendelssohn: *Gesammelte Schriften. Jubiläumsausabe*. Berlin bzw. Stuttgart, Bad Cannstadt 1929 ff., hier: Bd. 16, 154-159. Im folgenden zit. mit der Sigle: JubA. Vgl. Daniel Krochmalnik: »Scheintod und Emanzipation. Der Beerdigungsstreit in seinem historischen Kontext«. In: *Trumah* 6 (1997), 107-149.

1808 (5569) wurde der *HaMe'assef*, auch bekannt als *HaMe'assef HeChadasch* (*Der Neue Sammler*), wiederbelebt. Sein vollständiger Titel lautete: »Der sammelt eine Reihe von verständigen Worten, die hebräische Gedichte und Sprüche, Briefe der Weisheit und des Wissens, Erläuterungen zur Heiligen Schrift, Geschichte unseres Volkes Israel und andere nützliche Dinge und Neuigkeiten enthalten, die alle Vierteljahre zu Heften zusammengefaßt wurden vom Verein der Liebhaber der hebräischen Sprache«. Der Ton der Zeitschrift war wieder moderater geworden, wie man schon dem Titel der neuen Zeitschrift entnehmen kann. Das Augenmerk der Zeitschrift liegt nun wieder auf der hebräischen Sprache und der Vermittlung von spezifisch jüdischem Wissen, sicher auch, um neuerlichen Streit mit den Rabbinern zu vermeiden. Darüber hinaus vertraten aber auch mehrere jüdische Aufklärer, darunter Naphtali Herz Wessely, die Meinung, daß die Maskilim in ihrer Kritik am zeitgenössischen Judentum zu weit gegangen waren, und daß nun viele junge Juden die traditionelle jüdische Moral ablehnten, ohne eine neue an ihre Stelle zu setzen. In nur einer Generation der jüdischen Aufklärung hatte sich, zum Schrecken der Maskilim, im Judentum neben der Aufklärung selbst auch die Schein- bzw. Halbbildung der Juden verstärkt. Schalom Hakohen (1772-1845)[19], dem neuen Herausgeber, war es ein großer Wunsch gewesen, die Zeitschrift wieder erscheinen zu lassen und damit diesen Tendenzen entgegenzuwirken. In einem Brief an sein großes Vorbild Isaac Euchel bat er diesen, er möge den *HaMe'assef* aufs neue herausgeben und bot ihm seine Mitarbeit an. Die ablehnende Antwort Isaac Euchels konnte Hakohen nicht befriedigen, aber auch nicht von seinem Projekt abhalten. Euchel konstatierte, daß in Deutschland das Interesse für die hebräische Sprache und für die judaistische Wissenschaft zurückgegangen sei. Er lehnte das Angebot Hakohens ab. Als Herausgeber wurde nun eine *Berliner Literaturgesellschaft* angegeben. Gedruckt wurde der achte Jahresband in der Druckerei *Gesellschaft der jüdischen Freischule* in Berlin. Die folgenden Jahrgänge wurden in Breslau, Altona und Dessau herausgegeben. 1809 (5570) erschien das endgültig letzte Heft des *HaMe'assef*.

Ein großer Verehrer des *HaMe'assef*, Raphael J. Fürstenthal, gab 1829 noch einmal eine Ausgabe heraus, die nun den Titel *Der Sammler für das Jahr 1828/29* trug. Sie enthielt Artikel in hebräischer und deutscher Sprache, einige Gedichte und Nachdrucke aus dem *HaMe'assef*. Sein kurzlebiges Erscheinen bekräftigte einmal mehr den Untergang des *HaMe'assef*. Meir Letteris, der erste Biograph Isaac Euchels, gab 1865 einen Neudruck des ersten Jahrganges des *HaMe'assef* heraus, bereichert durch viele Zugaben.

II.

Einige bemerkenswerte Schriften und Autoren des *HaMe'assef* sollen hier stellvertretend für die vielen genannt und gewürdigt werden und einen Eindruck von der Vielseitigkeit des Schaffens der Me'assfim geben. Dem Mitbegründer und langjährigen Herausgeber

---

19 Schalom Hakohen wurde in Polen geboren, lernte Deutsch und studierte die neue hebräische Literatur. Er las u. a. den *HaMe'assef*. 1789 ging er nach Berlin, wo er an der jüdischen Schule *Chinuch Ne'arim* unterrichtete. Siehe dazu Israel Zinberg: *A History of Jewish Literature. Hasidim and Enlightenment (1780-1820)*. New York 1976, Bd. 9, 206-211.

Isaac Euchel (1756-1804), der als der eigentliche Kopf des *HaMe'assef* gilt, möchte ich besondere Aufmerksamkeit schenken. Geboren in Kopenhagen, ging er bereits mit 12 Jahren nach Berlin, um dort seine religiöse Ausbildung zu vervollständigen. Mit 17 Jahren nahm er eine Stelle als Hauslehrer in Westfalen an und widmete sich in seiner Freizeit den Sprachen und Wissenschaften. 1778 siedelte er nach Königsberg über, wo er als Hauslehrer eine Anstellung fand. Von 1782-1786 studierte er an der Königsberger Universität Albertina die morgenländischen Sprachen, bei Kant Philosophie und Anthropologie. 1786 unterstützte Kant in seiner Funktion als Dekan eine Anstellung Euchels als Dozent für die morgenländischen Sprachen an der Universität, letztlich aber wurde Euchel wegen seines Judeseins die Anstellung an der Universität verweigert. Von Beginn an setzte er sich für die Bildung der Jugend ein, veröffentlichte bereits 1781 einen Traktat über die Erziehung. 1782 veröffentlichte er seine Übersetzung eines Teils des *Prediger Salomos*. Obwohl Euchels Hebräisch ein wenig schwer und phrasenreich ist, kann man Euchel als den Erneuerer der hebräischen Prosa bezeichnen, so wie Wessely der Erneuerer der hebräischen Poesie genannt wird. Bereits in der ersten Ausgabe des *HaMe'assef* publizierte er eine kurze Darstellung der kantischen Philosophie, in welcher er vor allem auf deren Nutzen für die Wissenschaften hinweist und eine neue jüdische Geschichtsschreibung im Geiste der Aufklärung fordert. Aus seiner Feder stammt ebenso die erste Biographie Mendelssohns, die in vier Teilen im *HaMe'assef* der Jahre 1787-1788 erschien und 1788 als Buch herausgegeben wurde.[20] Die im Original über 120 Seiten lange Biographie versucht, sowohl Mendelssohn mittels einer kritisch-historischen Darstellung zu beschreiben als auch in traditioneller Art und Weise zu zeigen, daß Gott alle Wege Mendelssohns lenkte. Das Hauptinteresse Euchels gilt vor allem dem Mensch Moses Mendelssohn, der der Jugend als Vorbild gezeigt wird, wie er sich unter den Verhältnissen seiner Zeit entwickelte und behaupten mußte. Mendelssohn wird als einer der großen Weisen sowohl des Judentums als auch Europas gewürdigt, der gleichzeitig in der Tradition der Weisen der Tora und der mittelalterlichen Philosophen steht. Euchel nutzt dabei die Biographie immer wieder, um auch seine eigenen Meinungen zu verbreiten, wobei er vorgibt, die Meinung Mendelssohns wiederzugeben. Einige deutschsprachige Werke Mendelssohn machte Euchel dem hebräischsprachigen Publikum erstmals bekannt, Mendelssohns *Jerusalem* übersetzte er in Auszügen in der Mendelssohn-Biographie. In der Darstellung der Lavater-Kontroverse unterstreicht Euchel, neben Mendelssohns Tugend und Größe, seine Treue zum Judentum. Gleichzeitig zeigt er, daß Mendelssohn auch unter den Nichtjuden geschätzt wurde und in dieser Auseinandersetzung das Judentum würdig vertreten hat. Die Mendelssohn-Biographie Euchels hat viel zur Verbereitung seiner Werke und dem Ansehen Mendelssohns unter den Juden Osteuropas beigetragen. Mendelssohn soll dem Leser als Vorbild eines gebildeten und religiösen Juden dienen, der sein Judentum wahrt und sich der Welt öffnet.

Der 1789/90 erschienene Briefroman *Die Briefe des Meschulam Ben Uriah Haeschtemoi* ist einer der besten Beiträge des *HaMe'assef*. Nach dem Vorbild der *Persischen Briefe* (1721,

---

20 Die von Reuven Michael stammende deutsche Übersetzung dieser Mendelssohn-Biographie findet sich in: Mendelssohn: JubA, Bd. 23. Bearb. Michael Albrecht. Stuttgart 1998, 102-257.

dt. 1760) von Montesquieu schildert Euchel die Reise eines Juden aus Aleppo nach Europa.[21] In Euchels Briefroman finden sich nicht wenige satirische Bemerkungen – entgegen der Mahnung Wesselys und des eigenen im *Nachal HaBesor* vertretenen Anspruchs. Euchels Romanheld Meschulam berichtet darin von den Gebräuchen und Sitten der Juden Spaniens und Italiens. Er gibt einen Einblick in die Lebensweise der spanischen Marranen, beschreibt die Geschichte des spanischen Judentums und erklärt, wie es dazu kam, daß diese Juden äußerlich dem Christentum angehören, innerlich aber Juden geblieben sind. Euchel zollt den Marranen Anerkennung, weil sie in Wissenschaft und Sprachen bewandert wären, gleichzeitig aber gottesfürchtig seien und sich in ihren Umgangsformen nicht von denen der Christen unterscheiden würden. Bei Gelegenheit eines Besuches einer katholischen Messe fragt sich der Romanheld z. B., ob die Ähnlichkeiten verschiedener Bräuche im Christen- und Judentum daher rührten, daß die Juden seit langer Zeit unter den Christen wohnten und sich deren Bräuche angeeignet haben. Seinen Brieffreund bitte er, er möge ihm mitteilen, ob sich zu jenen Gebräuchen im Talmud ein Verweis ausfindig machen ließe. Euchel verwendet hier häufig die direkte Anrede in der zweiten Person, so als spräche der Romanheld zum Leser. Er wird also aufgefordert, die eigene Tradition kritisch zu betrachten und zu erforschen. Hinter solchen Befragungen der eigenen Geschichte steckt weit mehr, als die zwanglosen Fragestellungen vermuten lassen. Denn, sollte sich herausstellen, daß die Juden Bräuche von den Christen übernommen haben, das zeigt Euchel indirekt, so stünde nicht nur das spanische Judentum, sondern das Judentum überhaupt auf dem Prüfstand. Interessant ist Euchels Argumentation, daß den Juden von jeher der Zorn der Christen nicht ihres Judentums wegen getroffen habe, sondern weil sie sich über die Christen erhoben hätten, weil sie zu Reichtum gelangt und hochmütig geworden wären. Euchel versucht, rationale Gründe in den historischen Schriften zu entdecken, welche die Vertreibungen der Juden erklären können. Damit negiert er die traditionelle jüdische Geschichtsauffassung, gemäß der die Juden außerhalb der historischen Zeit leben und infolgedessen nur ihrem Gott unterworfen sind. Euchel macht keinen Unterschied zwischen der allgemeinen und der Geschichte der Juden. Seine Akteure der Geschichte sind die Völker und Individuen, nicht Gott. Diese Warnung vor dem Hochmut richtete sich zugleich an die zu Reichtum gelangten Juden seiner Zeit.

Euchel schildert die fremden Sitten der Juden in Spanien und Italien ohne Vorurteile. So berichtet Meschulam davon, daß Männer und Frauen gemeinsam beieinandersitzen, ohne die gebührende Achtung zu verlieren. Das Studium der Geschichte, welchem Meschulam auf seiner Reise nachgeht, wird von Euchel besonders gelobt und herausgestellt. Er beschreibt auf anschauliche Weise die gegensätzlichen Meinungen im Judentum, wenn er Briefe des Großvaters und Vaters Meschulam in den Roman einflicht. Der Großvater steht hier stellvertretend für die Traditionalisten, welche allein in der althergebrachten Weise leben und den Kontakt zu den Christen meiden. Allein die religiösen Werte würden den Menschen glücklich machen, mahnt der Großvater Meschulam. Der Vater

---

21 Siehe dazu Moshe Pelli: »The Beginning of the Epistolary Genre in Hebrew Enlightenment Literature in Germany. The Alleged Affinity between Lettres Persanes and Igrot Meshulam«. In: *Leo Baeck Institute Year Book* 24 (1979), 83-103.

spricht als aufgeklärter Jude, der Meschulam bei seiner Reise unterstützt und sich um seine umfassende Bildung und Erziehung gesorgt hat. Die mahnenden Worte des Großvaters, die bei der Lektüre des Romans immer nachklingen, verdeutlichen dem Leser auf anschauliche Weise den gewaltigen Kontrast der Lebensauffassungen zwischen dem ›alten‹ und ›neuen‹ Judentum. Die Weltfremdheit der Traditionalisten wird darüber hinaus lächerlich gemacht. Trotzdem wird der Großvater mit warmherzigen Worten geschildert. Bereits 1797 hatte Euchel keine verständnisvollen Worte mehr für die allein nach traditionellen Vorstellungen lebenden Juden, wie seine Komödie *Reb Chenoch oder wos thut me dermit* zeigt. Darin spielt Euchel bereits mit den verschiedenen Sprachen und Dialekten, die Regieanweisungen wurden jedoch in Jiddisch geschrieben. In dieser Komödie werden neben den Traditionalisten auch jene verspottet, die Euchel ihrer Scheinbildung wegen verachtete. Sie gilt als die erste jiddische Komödie überhaupt und obwohl Euchel mit dieser Komödie die jiddische Sprache verächtlich machen wollte, übte sie doch großen Einfluß auf die jiddischsprachige Welt aus.

Mehrere Briefe und Artikel veröffentlichte Euchel im *HaMe'assef* zu den Themen Erziehung und Bildung und zur Beerdigungsdebatte, die über alle Jahre des Bestehens der Zeitschrift geführt worden war. In der Frage der Beerdigung konnte mit den Rabbinern nicht nur keine Einigung erzielt werden, man muß sich auch fragen, ob hinter der Diskussion nicht ein weiterer Versuch stand, die rabbinischen Autoritäten herauszufordern und zu untergraben. Auf der Seite der Gegner der frühen Beerdigung sollten die modernen Wissenschaften, auf der Seite ihrer Befürworter dagegen die starre Tradition und die Unwissenheit erkennbar werden.

Während Euchel eher zu den moderaten Mitarbeitern des *HaMe'assef* zu rechnen ist, dem die Erneuerung der hebräischen Sprache sehr am Herzen lag, war Halle-Wolfssohn der schärfste Kritiker der Orthodoxie. Er bekämpfte die jüdische Orthodoxie mit allen Mittel, so forderte er beispielsweise die Einrichtung einer Regierungskommission, die für die Zensur des Talmud und der Midraschliteratur zuständig sein sollte. Seine Artikel sprechen eine polemische und herausfordernde Sprache.[22] Vor allem der siebte, vorerst letzte Jahrgang zeichnete sich durch eine Auswahl aggressiver Artikel aus, die wahrscheinlich durch die Fürsprache Halle-Wolfssohns aufgenommen wurden. Es ist anzunehmen, daß dieser kampflustige Jahrgang mitverantwortlich für das vorläufige Ende des *HaMe'assef* war. Seine Ansichten, vor allem seine scharfen Kritiken, entsprachen sicher nicht den Ansichten der meisten Me'assfim, denn im *HaMe'assef Hechadasch* (*Der neue Sammler*) wirkte Halle-Wolfssohn nicht mehr mit. Halle-Wolfssohn veröffentlichte in der Zeitschrift populärwissenschaftliche Artikel, die sich den Problemen der Philologie, der Naturwissenschaften und der Religion widmeten. Berühmtheit erlangte, wie bereits erwähnt, seine Satire »Gespräch im Lande der Lebenden«, die im Kontext der Beerdigungsdebatte zu sehen ist. Die Satire gibt eine fiktive Diskussion zwischen Mendelssohn,

---

22 Ein Beispiel seines Spottes findet man in dem wieder zugänglichen Stück: Aaron Halle-Wolfssohn: *Leichtsinn und Frömmelei. Ein Familiengemälde in drei Aufzügen.* Transkribierter Neudruck der in hebräischen Lettern gesetzten Ausgabe Breslau 1796. Mit einem Nachwort. Hg. Gunnar Och, Jutta Strauss. St. Ingbert 1995 (= *Kleines Archiv des achtzehnten Jahrhunderts*, 22).

Maimonides und einem polnischen Rabbiner wieder, die sich im Paradies treffen. Nicht nur der Rabbiner wird der Lächerlichkeit preisgegeben, auch der Talmud und die Kabbala werden kritisiert und verspottet. Dabei bezieht sich Halle-Wolfssohn auf die Schriften Mendelssohns, die er radikalisiert, um seine eigenen radikalen Thesen zu verbreiten. Diese Satire hat die Wut der Traditionalisten gegen den *HaMe'assef* im allgemeinen und gegen Halle-Wolfssohn im besonderen provoziert.

Unter den Autoren des *HaMe'assef* findet sich auch Salomo Maimon (1753-1800), der als Verehrer Moses Maimonides, wie sein selbstgewählter Name verrät, 1788 Auszüge aus seinem Kommentar zu Maimonides' *Führer der Verirrten* unter dem Namen *Giv'at Hamore* (*Hügel des Lehrers*) herausgab. Maimon zeigte in den wenigen Artikeln, die er im *HaMe'assef* veröffentlichte, daß er ein großer Stilist des Hebräischen ist. Er war ein brillanter Autor, der ein tiefes talmudisches Wissen sein Eigen nennen konnte. In seiner Autobiographie äußerte er sich abschätzig über die Mitarbeiter am *HaMe'assef*: »Sie haben den Talmud (in dem Grade und nach der Art, wie sie es verlangen) nicht studiert. Mendelssohn war einigermaßen von dieser Seite geachtet, weil er in der Tat ein guter Talmudist war.«[23]

Maimons Beurteilung der Autoren des *HaMe'assef* hilft zu verstehen, warum viele gegen die Orthodoxie gerichtete Artikel oft in sehr polemischem und wenig fundiertem Ton geschrieben wurden. Darüber hinaus wird verständlich, daß die Rabbiner zur Geringschätzung und Verachtung des *HaMe'assef* nicht wenig Grund hatten.

Leider lassen sich viele Autoren der Zeitschrift heute nicht mehr namentlich identifizieren, da nicht alle Artikel den Namen des Autors tragen. Folgende Autoren sollen ferner, stellvertretend für die vielen genannt sein: Joel Brill (1762-1802) veröffentlichte Artikel zur Grammatik und Kommentare, berühmt wurde er jedoch durch seine Fabeln, die er dafür lobte, daß man durch sie Dinge aussprechen könne, ohne dabei Namen nennen zu müssen. Jehuda-Löb Ben Seev (1764-1811) wurde vor allem durch seine philologischen Schriften bekannt, Gabriel Berger (Lebensdaten nicht bekannt) schrieb nach dem Vorbild Wesselys biblische Geschichten. David Franko Mendes (1713-1792), der Poet und Gelehrte aus Amsterdam, veröffentlichte neben Sprichwörtern und lyrischen Erzählungen vier Biographien, darunter eine über Manasse Ben Israel (1604-1657), der sich für die Wiederansiedlung von Juden in England eingesetzt hatte[24]. Mordechai Gumpel[25], auch als Schnaber Levison bekannt (gest. 1797), war Mediziner und Leibarzt des schwedischen Königs und bereicherte die Zeitschrift durch medizinische Abhandlungen und versuchte, den wissenschaftlichen Nachweis zu erbringen, daß zwischen Naturwissenschaft und Religion kein Gegensatz besteht. Salomo Levisohn (1789-1822) schrieb philologische Abhandlungen zur hebräischen und aramäischen Sprache, von Baruch Lindau (1759-1849) wurden einige Kapitel seines naturwissenschaftlichen Lehrbuches

---

23 Salomon Maimon: *Lebensgeschichte. Von ihm selbst geschrieben*. Hg. Octavia Winkler. Berlin 1988, 195.
24 Siehe dazu Jan Melkmann: *David Franko Mendes. A Hebrew Poet*. Jerusalem, Amsterdam 1951.
25 Siehe dazu Heinz Mosche Graupe: »Mordechai Gumpel (Levison)«. In: *Leo Baeck Institute Bulletin* 5 (1962), H. 17-20, 1-12; ders.: »Mordechai Shnaber-Levison. The Life, Works and Thought of a Haskalah Outsider«. In: *Leo Baeck Year Book* 41 (1996), 3-20.

in hebräischer Sprache im *HaMe'assef* veröffentlicht. Ebenso schrieb Isaac Satanow, der zu den wenigen Verteidigern des Hebräisch der Mischna unter den Mitarbeitern gehörte, für die Zeitschrift. Neben den bereits erwähnten Autoren gehören noch Simon Baras (die Identität ist bis heute ungeklärt), David Caro, Wolf Dessau, Moses Ensheim, David Friedrichsfeld, Joseph Haltern, Wolf Heidenheim, Herz Homberg, David Ottensosser, Moses Philippsohn, Joseph Troplowitz, Joseph Wizenhausen, Sabbatia-Joseph Wolf (der Freund und erste Biograph Salomon Maimons) und viele andere zu den Mitarbeitern am *HaMe'assef*.

Die Themenbreite des *HaMe'assef* ist so weitgefächert, wie unterschiedlich die Autoren und ihre Ansichten selbst waren. Die Artikel in *HaMe'assef* beschäftigten sich mit den Naturwissenschaften, mit Kosmologie, Biologie, Meteorologie, Anthropologie und dergleichen mehr oder versuchten darüber hinaus, den Ruhm der ethischen Werte zu verbreiten, zu denen sich der (jüdische) Mensch in der Aufklärung emporheben sollte. Daneben finden sich auch Lobpreisungen auf Friedrich den Großen und Joseph II. Übersetzungen von Texten aus anderen Sprachen, vor allem aus dem Deutschen, aber auch aus dem Französischen und Englischen, sollten dem Leser die Möglichkeit geben, einen Einblick in die Welt der europäischen Aufklärung zu bekommen und ihn darüber hinaus ermutigen, andere Sprachen zu erlernen. Zu den übersetzten Autoren zählen: Addison, Bürger, Gellert, Hagedorn, Klopstock, Ossian, Pope, Ramler, Schiller, Young und andere.

Insgesamt kann man festhalten, daß der *HaMe'assef* bemüht war, eine Verbindung zwischen Judentum und Aufklärung zu schaffen. Unterdessen strebten die Autoren – mit wenigen Ausnahmen – nicht den Konflikt mit der Orthodoxie an, sondern waren bemüht, das ganze Volk zu bilden und zu erziehen und dadurch der Vernunft zu ihrem Recht zu verhelfen. In den Anfangsjahren des *HaMe'assef* wurde das rabbinische Judentum von den Autoren noch als ein falscher Entwicklungsweg innerhalb der jüdischen Geschichte betrachtet. Von diesem Irrweg abzugehen war ihr Ziel, dazu drangen sie in die Geschichte des Judentums ein und nutzten die Erkenntnisse, die ihnen die aufgeklärte europäische Wissenschaft bot, um aus dieser gewonnenen Perspektive ein neues ›altes‹ Judentum auferstehen zu lassen. In den späteren Jahrgängen wurde der Ton in der Auseinandersetzung mit den Rabbinern immer heftiger und polemischer. Ein Grund für die Radikalisierung der Zeitschrift liegt sicher auch darin, daß der *HaMe'assef* nicht den von den Autoren gewünschten Einfluß auf die jüdische Gesellschaft hatte. Die deutschen aufklärerischen Zeitschriften, das sahen die Me'assfim ja, hatten einen großen Einfluß auf die deutsche Gesellschaft. Der *HaMe'assef* hingegen hatte kaum zu einer Veränderung der jüdischen Gesellschaft beigetragen, vielmehr wurden die negativen Auswirkungen einer zu schnellen Aufklärung deutlich. Das zeigte sich darin, daß die jüdische Tradition kritisiert worden war, ohne wirklich eine neue an ihrer Statt zu etablieren. Zu einer produktiven Auseinandersetzung mit der Orthodoxie, die man zu Beginn der Zeitschrift noch gesucht hatte, war es nie gekommen. So setzte sich in den Artikeln immer mehr eine bloße Verdammung der Orthodoxie durch. Die enge Verbindung zwischen dem Versuch der Erneuerung der hebräischen Sprache und dem Willen um Aufklärung der Juden war der hauptsächliche Grund für das Scheitern der Zeitschrift. Die deutschen Juden akkulturierten sich seit Beginn des 19. Jahrhunderts zusehends an die deutsche Gesellschaft und bedienten sich nicht nur der deutschen Sprache, sondern sie beherrschten in der

Mehrzahl das Hebräische nicht mehr. Diejenigen, die des Hebräischen noch mächtig waren, lebten in Osteuropa unter dem Einfluß der Orthodoxie und lehnten die Ausrichtung der Zeitschrift ab. Für ein hebräischsprachiges Periodikum blieb kein Platz mehr.

Die Tradition des *HaMe'assef*, die Verbindung von Erneuerung der hebräischen Sprache und Vermittlung aufklärerischen Wissens, wurde erst nach dem Ende der Zeitschrift in Polen und Rußland aufgegriffen und führt auf diesen Wegen zur heutigen hebräischen Presse. In Deutschland verschwand mit dem *HaMe'assef* für lange Zeit auch das breitere Interesse für die hebräische Sprache, das, abgesehen von religiösen Kreisen, nur in der ›Wissenschaft des Judentums‹ aufrecht erhalten wurde.

Literatur

Ajzensztajn, Andrea: *Geschichte der jüdischen Gemeinschaft in Königsberg im ausgehenden 18. und frühen 19. Jahrhundert.* Universität Hamburg. unveröff. Magisterarbeit. Hamburg 1993.

Barzilay, Isaac: »The Ideology of the Berlin Haskala«. In: *Proceedings of the American Academy for Jewish Reasearch* 25 (1956), 1-36.

Bernfeld, Simon: *Dor Tahapuchot* [hebr.]. Warschau 1914.

Breuer, Edward: »(Re)creating Traditions of Language and Texts: The Haskala an Cultural Continuity«. In: *Modern Judaism* 16 (1996), 161-183.

Eisenstein-Barzilay, Isaac: »The Treatment of the Jewish Religion in the Literature of the Berlin Haskala«. In: *Proceedings of the American Academy for Jewish Reasearch* 24 (1955), 39-68.

Erik, Max: *Di Komedies fun der Berliner Aufklärung* [jidd.]. Kiew 1933.

Erik, Max: *Etjudn tzu der gesichte fun der haskole 1789-1881* [jidd.]. Minsk: Meluche-farlag fun Waisrusland, Natzsekter 1934.

Feiner, Shmuel: »Isaac Euchel – Ha»Jasam« schel Tnuat HaHaskala BeGermania« [hebr.]. In: *Zion* 52 (1987), 427-468.

Feiner, Shmuel: *Haskala and History. The Emergence of a Modern Jewish Awareness of the Past* [hebr.]. Jerusalem: The Zalman Shazar Center for Jewish History 1995.

Feiner, Shmuel: »Mendelsohn and ›Mendelsohn's Disciples‹. A Re-examination«. In: *Leo Baeck Institute Year Book* 40 (1995), 133-167.

Frankel, Jonathan; Zipperstein, Steven Jeffrey (Hg.): *Assimilation and Community. The Jews in Nineteenth-Century Europe.* Cambridge 1992.

Geiger, Ludwig: *Geschichte der Juden in Berlin.* Berlin 1871.

Grab, Walter (Hg.): *Deutsche Aufklärung und Emanzipation.* Tel Aviv 1980.

Gründer, Karlfried (Hg.): *Aufklärung und Haskala in jüdischer und nichtjüdischer Sicht.* Heidelberg 1990.

Hinske, Norbert (Hg.): *Was ist Aufklärung? Beiträge aus der Berlinischen Monatsschrift.* 4., erw. Aufl. Darmstadt 1990.

Kantor, Jehuda Leib: *Dor Hame'assfim. Sefer Hame'asef* [hebr.]. Warschau 1887.

Katz, Jacob: *Aus dem Ghetto in die bürgerliche Gesellschaft. Jüdische Emanzipation 1770-1870.* Frankfurt am Main 1986.

Lowenstein, Steven: *The Mechanics of Change. Essay in the Social History of German Jewry.* Atlanta GA 1992.

Meisl, Josef: *Haskala. Die Aufklärungsbewegung unter den Juden in Rußland.* Berlin 1919.

Möller, Horst: *Vernunft und Kritik. Deutsche Aufklärung im 17. und 18. Jahrhundert.* Frankfurt am Main 1986.

Neiman, Morris: *A Century of Modern Hebrew Literary Criticism (1784-1884)*. New York 1983.
Pelli, Moshe: *The Age of Haskala*. Leiden 1979.
Pelli, Moshe: »Demuto schel Moshe Mendelson kefi sche'hi mischtakefet bereschita schel Sifrut ha-Haskala haIwrit beGermania. HaMeasef, 18-18« [hebr.]. In: *Divrei HaKongres ha'olami hachamischi leMadaei HaJahadut*. Jerusalem 1972, 269-282.
Pelli, Moshe: »The Attitude of the First Maskilim in Germany towards the Talmud«. In: *Leo Baeck Institute Year Book* 27 (1982), 243-260.
Pelli, Moshe: *BeMaavqe temura. Iyyunim baHaskala haIvrit beGermania* [hebr.]. Tel Aviv: Mifalim Universitaiyyim le Hozaa La-Or 1988.
Pelli, Moshe: Kinds of Genre in Haskalah Literature: Types and Topics (hebr.) HaKibbutz HaMenchad 1999.
Sorkin, David: *The Transformation of German Jewry, 1780-1840*. Oxford 1990.
Sorkin, David: »The Impact of Emancipation on German Jewry: a Reconsideration«. In: Frankel, Jonathan; Zipperstein, Steven Jeffrey (Hg.): *Assimilation and Community. The Jews in Nineteenth-Century Europe*. Cambridge 1992, 177-198.
Sorkin, David: *Moses Mendelssohn and the Religious Enlightenment*. London 1996.
Stern-Taeubler, Selma: »The First Generation of Emancipated Jews«. In: *Leo Baeck Institute Year Book* 15 (1970), 34-59.
Tsamriyon, Tsemach: *Die hebräische Presse in Europa. Ein Spiegel der Geistesgeschichte des Judentums*. Haifa: Selbstverlag 1976.
Tsamriyon, Tsemah: *HaMeassef. Katav Ha'et hamoderni harischon Be'ivrit* [hebr.]. Tel Aviv: University Publishing Projekts 1988.
Volkov, Shulamit: *Die Juden in Deutschland 1780-1918*. München 1994.
Waxman, Meyer: *A History of Jewish Literature. From the Middle of the Eighteenth Century to 1880*. New York 1936.
Weber, Peter (Hg.): *Berlinische Monatsschrift (1783-1796)*. Hg. Friedrich Gedike, Johann Erich Biester. Auswahl. Leipzig 1985.
Weinryb, Bernard Dov: »Enlightenment and German-Jewish Haskala«. In: *Studies on Voltaire and the Eighteenth Century* 27 (1963), 1817-1847.
Wessely, Naphtali Herz: *Worte der Wahrheit und des Friedens an die gesammte jüdische Nation: vorzügl. an diejenigen, so unter d. Schutze d. glorreichen u. großmächtigen Kaysers Joseph II. wohnen*. Berlin 1782.
Zinberg, Israel: *A History of Jewish Literature*. Vol. 8: *The Berlin Haskala*. New York 1976.
Zinberg, Israel: *A History of Jewish Literature*. Vol. 9: *Hasidism and Enlightenment (1780-1820)*. New York 1976.

Andreas Kennecke, Tel Aviv/Berlin

Schöne Literatur im Umfeld der Haskala

As a part of an effort to reform speech, the Haskalah made an effort to realize a revivification and renewal of Hebrew poetry. The Psalms were considered models, as well as the sayings of Solomon and the Book of Job, that is to say, biblical texts were used as recipes that could be considered, in harmony with Christian scholars like Herder and Robert Lowth, as »monuments of sublime poetry.« There were in addition belletristic attempts in the German language, for which Jewish authors were responsible, who – if not members of the close circle of the Haskalah – were at least sympathetic to its ideas. Lyric and drama proved to be privileged forms of this effort. The authors, who more or less clearly claimed a moral and didactic prerogative, were exponents of the Enlightenment and were, as such, emulated.

Conformément à ses velléités de réforme linguistique, la Haskala s'efforca de revivifier et de renouveler la poésie hébraïque. Les psaumes, les proverbes de Salomon et le livre de Job servirent de références, des textes bibliques donc que l'on accueillait, dans la lignée d'érudits chrétiens tels que Herder ou Robert Lowth, comme des »monuments de la plus sublime poésie«. A côté de cela, on assistait également à des essais littéraires en langue allemande, signés par des auteurs juifs qui, s'ils n'appartenaient pas directement au cercle resserré de la Haskala, manifestaient néanmoins de la sympathie pour ses idées. Les genres de prédilection étaient la poésie et le drame. Les auteurs que l'on cherche à imiter sont des représentants importants des Lumières aux ambitions didacto-moralistes plus ou moins marquées.

Naftali Herz Wessely, ein enger Freund und Mitstreiter Moses Mendelssohns, veröffentlichte im Jahre 1782 eine aufsehenerregende Flugschrift, die sich an die »gesammte jüdische Nation« und insbesondere an die österreichischen Juden wandte. Den unmittelbaren Anlaß bot das Toleranzedikt Josephs II., das den Juden des Kaiserreichs rechtliche Vergünstigungen gewährte, ihnen andererseits aber auch einschneidende Veränderungen im Bereich des religiösen Kultus und der Erziehung abverlangte. So sollten Schulen gegründet werden, um jüdischen Kindern die Landessprache und überhaupt säkulares Wissen zu vermitteln. Wessely tritt nun als entschiedener Befürworter dieser Erziehungsreform auf und bemüht sich, ihre Grundsätze gegen die Einwände traditionell gesinnter Glaubensgenossen zu verteidigen. Als zentrales Argument führt er die Rückschrittlichkeit der eigenen Nation ins Feld, ihren Mangel an Aufklärung, Kultur und Bildung, der sich nicht zuletzt auch in unverzeihlicher Ignoranz gegenüber Poesie und Dichtkunst manifestiere. Die bemerkenswerte Passage sei hier in vollem Umfang zitiert, da sie exemplarisch verdeutlichen kann, wie hoch der Stellenwert ist, welcher der schönen Literatur im Bildungskonzept der Haskala zukommt: »Die Macht der Beredsamkeit und Poesie ist bekannt. Ihre Gewalt auf die Seelen der Menschen, war von jeher ausserordentlich groß. Sie äußerte ihre Wirkung auf ein ganzes Volk mit nicht minderm Erfolg, als auf das Herz eines Einzelnen. Poesie, mit Gesang begleitet, erregt die angenehmsten Empfindungen der Andacht, des Mitleids, der Freude u.s.w. Sittensprüche, und überhaupt moralische Regeln, prägen sich desto fester in das Gemüth, wenn sie in poetischer Form, oder auch nur in gebundner Rede, vorgetragen werden. Die Psalmen, das Buch Hiob, die Sprüche Salomons, sind kostbare Denkmäler der erhabensten Poesie. Auch die heil. Schrift hat Gesänge aufzuweisen, die an großen Gedanken, erhabnen Lehren, und Energie des Ausdrucks, nach dem Zeugniß fremder Dichter, den Homer, Pindar und Horaz übertreffen. / Der große Werth der Dichtkunst ist auch so entschieden, daß zu allen Zeiten, Dichter und Redner jederzeit allgemein geliebt und hochgeachtet wurden. Nur wir haben diese Wissenschaft vernachläßiget. In Jahrhunderten ist weder in Deutschland, noch in Pohlen, ein Dichter von unsrer Nation mit Ruhm hervorgegangen. Dies alles sind die Folgen einer vernachläßigten Erziehung, wo der Lehrer keine Sprache hat, und die Seele des Knaben nothwendig einschrumpfen, und gefühllos werden muß.«[1] Die Behauptung, daß der bislang vorherrschende Typus des jüdischen Lehrers »keine Sprache« besitze, ist als Kritik an den zumeist aus Polen gebürtigen Erziehern zu verstehen, die in ihrem Talmudunterricht das Jiddische benutzten, nach Wesselys Überzeugung ein häßliches Kauderwelsch, »das eines gesitteten Menschen Ohr auf das härteste beleidigt.«[2] Damit dieses Idiom verdrängt werde und das Hochdeutsche unter den Juden stärkere Verbreitung finde, regt Wessely an, Mendelssohns Bibelübersetzung in den jüdischen Schulen einzuführen.[3] Zugleich setzt er sich für das reine biblische Hebräisch ein, das von besagten Erziehern nicht weniger stark vernachlässigt worden sei.[4] In welcher der beiden Sprachen sollte sich nun aber die zu erneuernde jüdische Literatur artikulieren? Die Flugschrift äußert sich nicht explizit zu dieser Frage. Dennoch ist anzunehmen, daß Wessely das Hebräische favorisierte, da er die Vorzüge dieser Sprache überschwenglich lobt und genuin ästhetische Merkmale wie die »Kühnheit ihrer Bilder« oder den »Reichthum der Metaphern« akzentuiert.[5] Als weiteres Indiz kann das oben zitierte Bibelverständnis gelten, denn folgt man diesem, so sind die »Gesänge« der Heiligen Schrift, die als »kostbare Denkmäler erhabenster Poesie« bezeichnet werden, für das Judentum ein schlechthin zur Nachfolge verpflichtendes Erbe.

Eine ähnliche, d. h. unter ästhetischen Prämissen stehende Wertschätzung des Hebräischen und der Bibel findet sich in Herders Schrift *Vom Geist der Ebräischen Poesie*, deren erster Teil 1782 erscheint, im selben Jahr wie Wesselys Flugschrift. Eine direkte Beeinflussung Wesselys von dieser Seite her wäre demnach vorstellbar, doch gibt es auch noch andere Schriften, die als Referenztexte in Betracht kommen. Man denke dabei vor allem an Robert Lowths Vorlesungen »Über die heilige Poesie der Hebräer« (*De Sacra Poesi Hebraeorum*), die 1753 veröffentlicht wurden und in England wie in Deutschland überhaupt erst den Anstoß gaben, die Bibel als Werk der schönen Literatur zu entdecken.[6] Ein besonders dankbarer Leser Lowths war der junge Moses Mendelssohn. Er widmete den Vorlesungen in der *Bibliothek der schönen Wissenschaften und der freien Künste* eine ausführliche Rezension, deren positiver Tenor bereits den einleitenden Bemerkungen zu entnehmen ist, die Lowths Bemühungen als Akt einer längst fälligen Wiedergutmachung feiern. So viele Köpfe hätten sich schon mit der heiligen Schrift befaßt, doch habe man es bislang versäumt, sie uns als »Quelle der Schönheit zu zeigen«. Und weiter: »Man liest

---

1 [Naftali Herz Wessely:] *Worte der Wahrheit und des Friedens an die gesammte jüdische Nation. Vorzüglich an diejenigen, so unter dem Schutze des glorreichen und großmächtigen Kaisers Josephs des Zweyten wohnen. Aus dem Hebräischen nach der Berliner Ausgabe*. Wien 1782, 37 f.
2 Ebd., 17.
3 Ebd., 33.
4 Ebd., 12 und 32.
5 Ebd., 34.
6 Vgl. Dieter Gutzen: *Poesie der Bibel. Beobachtungen zu ihrer Entdeckung und ihrer Interpretation im 18. Jahrhundert*. Phil. Diss. Bonn 1972.

den Homer, Virgil und die übrigen Schriften der Alten; man zergliedert alle Schönheiten, die darin enthalten sind, [...] aber selten bekümmert man sich um die Regeln der Kunst, nach welchen jene göttlichen Dichter unter den alten Hebräern die erhabensten Empfindungen in uns rege machen, und unmittelbar den Weg nach unserm Herzen zu treffen wissen.«[7] Mit dieser Bewunderung der althebräischen Sprache und Literatur ging nun aber auch schon der Gedanke an ihre Erneuerung einher. Denn nur ein Jahr später, also 1758, veröffentlichte Mendelssohn unter dem Titel *Kohelet Mussar* (»Moral-Prediger«) eine hebräische Wochenschrift, welche den jüdischen Adressaten die Vernachlässigung ihrer »heiligen Zunge« vorhielt und die Überzeugung aussprach, daß das biblische Hebräisch sehr wohl ein adäquates literarisches Ausdrucksmittel für die Gegenwart zu sein vermöge.[8] Die Poesie war davon nicht ausgenommen, im Gegenteil. Mendelssohn glaubte sogar, wegen seines Bilderreichtums tauge das klassische Hebräisch zur poetischen Rede weitaus besser als zur diskursiven. Um dies nun aber auch zu demonstrieren, übersetzte er für den ›Prediger‹ den Anfang von Youngs *Night Thoughts* ins Hebräische[9], ein, bedenkt man die artifizielle Verssprache des Originals, höchst anspruchsvolles Exempel, das als frühes, wenn nicht sogar erstes Zeugnis hebräischer Haskala-Dichtung zu gelten hat.

Mendelssohn hat aber auch den umgekehrten Weg eingeschlagen, indem er die poetischen Qualitäten des biblischen Hebräisch im Medium der deutschen Sprache sichtbar zu machen versuchte. Besondere Beachtung verdient dabei seine Übertragung der Psalmen, eine Arbeit, die ihn, in immer wieder neuen Anläufen, über viele Jahre hinweg beschäftigte und selbst mit der 1783 erfolgenden Buchveröffentlichung noch nicht zu ihrem endgültigen Abschluß gelangte.[10] Mit allen ihm bekannten Psalmenübersetzungen war Mendelssohn unzufrieden, da die Texte seines Erachtens aufgrund »mystische[r] Deuteleien« häufig verfälscht seien und auch dort, wo »zufälligerweise« der Sinn getroffen werde, »das occidentalische Reimgebäude das Eigenthümliche der hebräischen Dichtkunst« verderbe.[11] Dagegen stand nun aber der von ihm selbst erhobene Anspruch, »die Psalmen als Poesie« zu verstehen[12] und die »Schönheit und Erhabenheit«[13] ihres ästhetischen Sinngehaltes Lesern, die des Hebräischen unkundig sind, in einer adäquaten Form zu vermitteln. Von Interesse sind in diesem Zusammenhang auch die von Johann Wilhelm Meil stammenden Kupferstichillustrationen, die die Psalmenausgabe von 1783 begleiten. Die Titelvignette (Abb. 1)[14] zeigt König David, nach traditionellem Verständnis

---

7 Moses Mendelssohn: *Gesammelte Schriften. Jubiläumsausabe*. Berlin bzw. Stuttgart, Bad Cannstadt 1929 ff., Bd. 4, 20 f. Im folgenden zit. mit der Sigle: JubA.
8 Mendelssohn: JubA, Bd. 14, 3-7; vgl. hierzu auch Alexander Altmann: *Moses Mendelssohn. A Biographical Study*. London 1973, 87 ff.
9 Mendelssohn: JubA, Bd. 14, 19 f. bzw. 289-296, wo das englische Original und eine von Mendelssohn vermutlich auch herangezogene deutsche Übersetzung abgedruckt sind.
10 Vgl. Werner Weinbergs Einleitung zu Mendelssohns Psalmenübersetzung in: JubA, Bd. 10,1, lxff.
11 Brief Mendelssohns an Johann David Michaelis, 12. Nov. 1770; JubA, Bd. 12,1, 233 f.
12 Ebd.
13 Brief Mendelssohns an Avigdor Levi, 22. April 1784; JubA, Bd. 19, 292.
14 Als Faksimile, JubA, Bd. 10,1, 1.

Abb. 1: *Die Psalmen*.
Übers. Moses Mendelssohn.
Berlin: Mauer 1783, Titelblatt.

Abb. 2: *Die Psalmen*.
Übers. Moses Mendelssohn. Berlin:
Mauer 1783, Schlußvignette auf S. 354.

Verfasser der Psalmen, der kniend die Harfe schlägt. Als Attribute sind Krone, Szepter und Schriftrolle zu erkennen. Die Schlußvignette (Abb. 2)[15] läßt sich auf den 137. Psalm beziehen: eine allegorische Figur, die offenbar das jüdische Volk darstellen soll, sitzt an den »Flüssen Babels« und weint über »Zions Fall«.[16] Die Harfe hängt im Geäst der Weide, ein unübersehbares Zeichen dafür, daß Dichter und Dichtkunst im Exil verstummt sind. Wir sehen demnach die hebräische Poesie auf ihrem stolzesten Gipfel und im Zustand ihrer tiefsten Erniedrigung, was wiederum den Schluß nahelegt, daß hier auch ›in effigie‹ für Mendelssohns Anliegen einer Wiedererweckung und Erneuerung der jüdischen Dichtkunst geworben werden soll.

Als Dichter blieb Moses Mendelssohn weitgehend reproduktiv, seine originäre Produktion beschränkte sich auf wenige Gelegenheitsgedichte.[17] Dafür gab es andere Vertreter der Haskala, die sich in der postulierten Rolle des jüdischen Nationaldichters versuchten. Der bedeutendste unter ihnen ist der schon oben zitierte Naftali Herz Wessely, der für seine Dichtung, die er ausschließlich in Hebräisch verfaßte, den Titel eines »father of modern Hebrew poetry« zugesprochen bekam.[18] Als Wesselys Hauptwerk gelten die »Lieder der Herrlichkeit« (*Schire Tiferet*), auch ›Moseide‹ genannt, ein hebräisches

---

15 *Die Psalmen.* Uebersetzt von Moses Mendelssohn. Berlin 1783, 354; in der JubA ist die Vignette nicht reproduziert.
16 JubA, Bd. 10,1, 212.
17 Vgl. das immer noch lesenswerte Kapitel »Der Künstler und Dichter« in: M[eyer] Kayserling: *Moses Mendelssohn. Sein Leben und Wirken.* 2. Aufl. Leipzig 1888, 63 ff.
18 Joseph Klausner: *A History of Modern Hebrew Literature (1785-1930).* Westport 1932, 8.

Versepos, das die Schicksale des israelitischen Volkes von der Sklaverei in Ägypten bis zur Gesetzgebung am Berge Sinai beschreibt. Die ersten fünf Bücher erschienen zwischen 1789 und 1792, das sechste und letzte Buch folgte 1829, von Wesselys Sohn Salomo aus dem Nachlaß des Vaters ediert. Das Werk ist in reinem biblischen Hebräisch geschrieben und bedient sich, wie viele weitere, in der Nachfolge Wesselys stehende neuhebräische Dichtungen, des gereimten Alexandriners.[19] Die in der Sekundärliteratur mehrfach wiederholte Behauptung, daß die ›Moseide‹ durch Klopstocks *Messias* beeinflußt sei und diesen im Grunde nachahme[20], muß meines Erachtens stark relativiert werden, da ihr rhapsodischer Ton weit weniger expressiv ist und von einer didaktisch-erbaulichen Tendenz überformt wird. Im übrigen hat sich Wessely selbst indirekt von Klopstock distanziert. In der Vorrede zur deutschen Ausgabe seiner ›Moseide‹ betont er, wie sehr diese sich von anderen Versepen, »die auch biblische Erzählungen zum Stoff haben«, unterscheide. Sein Werk sei »eigentlich ein Lehrgedicht, das zugleich die Schrift erklärt«, während jene Epen allenthalben Erfundenes enthielten, das von der biblischen Überlieferung nicht gedeckt werde, und »blos zur Belustigung des Lesers« tauge.[21] Diesem Ansatz zufolge hat die Poesie eine rein dienende Funktion. Sie soll die Heilsbotschaft auf anrührende Weise vermitteln oder moralische Lehren, die der Schrift abgewonnen werden können, einprägsam explizieren. Und wenn Wessely sich überhaupt dichterische Freiheiten gestattet, so geschieht dies erklärtermaßen nur, um Lücken in der Überlieferung zu schließen oder scheinbar unverständliche Verhaltensweisen biblischer Gestalten zu motivieren.[22]

Um wenigstens einen ungefähren Eindruck vom Charakter dieser Poesie zu vermitteln, sei hier in zeitgenössischer Übersetzung der Schluß des Proömiums zitiert, der sich den jüdischen Glaubensgenossen des Narrators in appellativer Form zuwendet:

> Auf nun, ihr Irrenden, vom Ost zum West!
> Ihr meine Brüder alle, wo ihr lebt,
> Verehrt die Thaten Gottes! Ihm schalle Völkerruhm!
> Denn nun beginn' ich meinen Sang von den Orakeln unsers Gottes,
> Vom Schicksal, das einst unsre Väter traf,
> Seit Josephs Tod, und nach dem Tode seiner Zeitgenossen.[23]

Der Übersetzer dieser Verse ist der Theologe Wilhelm Friedrich Hufnagel, der, nachdem er zuvor schon eine Ode Wesselys ins Deutsche übertragen hatte, zu dieser Aufgabe vom Autor selbst ermuntert worden war.[24] Über einen in der *Berlinischen Monatsschrift* publi-

---

19 Vgl. den Artikel »Hebrew Prosody«. In: *Encyclopaedia Judaica*. Bd. 13. Jerusalem 1972, 1225.
20 Klausner: *Hebrew Literature* (= Anm. 18), 7; Eisig Silberschlag: *From renaissance to renaissance*. Bd. 1: *Hebrew literature from 1452-1970*. New York 1973, 85.
21 *Die Moseide in 18 Gesängen*. Uebersetzt nach dem hebräischen Original von Hartwig Wessely, mit neuen teutschen Anmerkungen des Verfassers. Heft 1. Berlin 1795, VIII.
22 Vgl hierzu auch die »Vorrede nach dem Hebräischen«, ebd., XXIVff.
23 Ebd., 9.
24 Ebd., IVf. Zu dieser Ode und ihrer Übersetzung vgl. Meir Gilon: »Eine hebräische Ode im Spiegel der zeitgenössischen Dichtung und der Aufklärungstheologie«. In: *Bulletin des Leo Baeck Instituts* 80 (1988), 41-81.

zierten Subskriptionsaufruf sollte das von verschiedenen Gelehrten betreute Unternehmen finanziell abgesichert werden.[25] Die Resonanz muß recht positiv gewesen sein, denn das im ersten Heft abgedruckte Pränumerantenverzeichnis nennt immerhin über 120 Namen.[26] Die meisten stammen aus Berlin und Hamburg, ungefähr 50 lassen sich eindeutig als jüdisch identifizieren. Von der *Moseide in achtzehn Gesängen* sind die ersten vier Gesänge ins Deutsche übersetzt worden, der erste, wie gesagt, übertragen von Hufnagel, der zweite in der Übersetzung des bekannten Neologen Johann Joachim Spalding, der dritte und vierte Gesang von einem unbekannten »jungen Mann«.[27] Wessely hat diese deutsche Übersetzung autorisiert, eingeleitet und auch noch kommentiert. Weshalb das Unternehmen abgebrochen wurde, entzieht sich unserer Kenntnis.

Einige von Wesselys Poemen erschienen im »Sammler« (*HaMe'assef*), der bekannten, von Isaac Euchel 1782 begründeten Haskala-Zeitschrift, die, von den deutschen Beilagen einmal abgesehen, in Hebräisch verfaßt war und auch ganz programmatisch für die Erneuerung dieser Sprache eintrat. Der Raum, den die poetischen Beiträge in diesem Organ einnahmen, war erstaunlich groß. Man übersetzte Verse Albrecht von Hallers, verfaßte Elogen auf Zeitgenossen wie Joseph II. oder Moses Mendelssohn und versuchte, Idyllen in der Manier eines Salomon Geßner zu schreiben. Die zumeist jüngeren Autoren sahen dabei in Wessely ihr großes Vorbild. Sie verehrten ihn als Autorität in Fragen des hebräischen Stils und sagten ihm mit Emphase nach, daß er die an den »Weiden Babels aufgehängten Harfen abgenommen und ihnen neue Lieder entlockt« habe.[28] Wegen mangelnder Publikumsresonanz mußte der »Sammler« im Jahr 1797 sein Erscheinen allerdings einstellen.[29] Die zunehmend radikalere Tendenz des Blattes hatte konservativ gesinnte Leser offenbar verschreckt. Überdies gelang es der Zeitschrift kaum mehr, die eigentliche Zielgruppe, d. h. das aufgeklärte und in Distanz zur Orthodoxie lebende Judentum, zu erreichen, da dieses sich schon so stark akkulturiert hatte, daß es deutsche Texte eindeutig präferierte.[30]

Natürlich existierte neben den hier behandelten Exempeln hebräischer Dichtung auch längst schon eine deutschsprachige Belletristik aus jüdischer Feder, die sich in unterschiedlichen Gattungen ausprägte. Ihre Autoren gehörten in der Regel nicht zum engeren Kreis der Haskala, dennoch ist es sinnvoll, sie in unsere Betrachtung einzubeziehen, da sie mit den Ideen der Maskilim sympathisierten und allein schon durch den Umstand, daß sie deutsch dichteten, ihren Willen zur Akkulturation und Anspruch auf Emanzipation unter Beweis stellten.

---

25 »Ankündigung der Moseide des Herrn Wessely in deutscher Sprache«. In: *Berlinische Monatsschrift* 23 (1794), 93-102.

26 *Moseide* (= Anm. 21), unpag., [117-120].

27 *Moseide* (= Anm. 21), IV, VII.

28 Zit. nach Heinrich Grätz: *Geschichte der Juden von der ältesten Zeit bis auf die Gegenwart.* 11 Bde. 2., verb. Aufl. Leipzig o.J., Bd. 11, 123.

29 Vgl. Michael A. Meyer: *The origins of the modern Jew. Jewish identity and european culture 1749-1824.* Detroit 1967, 117 f.

30 Zu diesem Aspekt vgl. Verf.: »Jüdische Leser und jüdisches Lesepublikum im 18. Jahrhundert. Ein Beitrag zur Akkulturationsgeschichte des deutschen Judentums«. In: *Menora. Jahrbuch für deutsch-jüdische Geschichte* 2 (1991), 298-336.

Als Lyriker profilierte sich Isachar Falkensohn Behr[31], ein aus Polen gebürtiger Jude, der in Berlin mit Hilfe Moses Mendelssohns säkulare Bildung erwarb und nach Separatveröffentlichung einzelner Gedichte 1772 eine selbständige Publikation vorlegte, die bald schon von Goethe rezensierten *Gedichte von einem polnischen Juden*. Der Band, der Lieder und Oden enthält, orientiert sich ganz an zeitgenössischen Vorbildern, an Gleim, Ramler und der Karschin. Ein eigener Ton ist nicht zu erkennen, ja nicht einmal die Themen sind originell. Es herrscht der Geist der Anakreontik, wie schon an den Titeln abzulesen ist: »Der Betrogene Alte«, »An eine spröde Schöne«, »Rosalinde wird versöhnt«, »An Amor« etc. Wüßte man nicht, daß ihr Verfasser Jude ist, aus den meisten Gedichten ließe es sich nicht ersehen. Es gibt freilich auch einige Ausnahmen, unter ihnen eine an Moses Mendelssohn adressierte Ode, die in zahlreichen Strophen den »ewigen Ruhm« des Philosophen besingt.[32] Seine mangelnde Originalität hat Behr selbst eingestanden: »Mir ist kein neues Lied gelungen«[33], heißt es in der Vorrede, die zugleich Kunstrichter und Leser um Nachsicht bittet. Man darf dies freilich nicht nur als Bescheidenheitstopos lesen, denn Behr ist mit seinem Epigonentum durchaus zufrieden, da er der christlichen Umwelt vor allem seine Fähigkeit zur Anpassung beweisen möchte – und das nicht nur poetisch. Das lyrische Selbstporträt, das ebenfalls in der Vorrede steht, ist trotz seines unernsten Tons das Schlüsselgedicht der Sammlung. Es konfrontiert die finstere Imago des Ostjuden, die Behr wohl nicht zu Unrecht in den Köpfen seiner »Leserinnen« vermutet, mit der lichten Erscheinung des kultivierten Assimilanten:

> Ihr Zärtlichen   Voll Sehnsucht blickt
> kein falsches Bild!   Mein Augenpaar,
> Ihr müßt mich sehn,   Und Puder schmückt
> Ich bin nicht wild   Mein Lockenhaar!
> Vielleicht gar schön!   [...][34]

Ungefähr zur selben Zeit wie Behr muß auch der Breslauer Jude Moses Ephraim Kuh mit der Ausarbeitung deutscher Gedichte begonnen haben.[35] Ihre Herausgabe verzögerte sich allerdings erheblich, da Kuh befürchtete, von der Literaturkritik an den Pranger gestellt zu werden. Eine erste, von Ramler überarbeitete Auswahl erschien schließlich zwischen 1784 und 1786 in Dohms *Deutschem Museum*. 1792, zwei Jahre nach Kuhs Tod, folgte eine zweibändige Ausgabe seiner *Hinterlassenen Gedichte*, die neben Übersetzungen nach dem Martial Lieder, Fabeln und Sinngedichte enthält. Die meisten Texte sind scherzhafter Art, ein empfindsamer oder gar erhabener Ton wird nur ausnahmsweise angeschlagen. Kuhs Vorliebe gilt dem witzig-satirischen Epigramm, womit er Martial ebenso nacheifert wie Lessing oder Abraham Gotthelf Kästner. Die zeitgenössischen Kritiker sahen darin

---

31 Zum folgenden vgl. Verf.: *Imago judaica. Juden und Judentum im Spiegel der deutschen Literatur 1750-1812*. Würzburg 1995, 229 ff.
32 *Gedichte von einem polnischen Juden*. Mietau und Leipzig 1772, 69.
33 Ebd., 10.
34 Ebd., 11f.
35 Zum folgenden vgl. wieder Verf.: *Imago judaica* (= Anm. 31), 233 ff.

auch Kuhs eigentliche Begabung, Moses Mendelssohn ausgenommen, der dem Autor riet, künftig »die mahlerische und lehrende Dichtung« zu bevorzugen.[36]

Die jüdische Thematik spielt bei Kuh eine untergeordnete Rolle, doch ist sie immerhin stärker ausgeprägt als im Falle Behrs. Zunächst finden sich Gedichte, die zeigen, daß ihr Autor bei aller Distanz zur Orthodoxie die Verbindung mit jüdischen Traditionen wahrte. Hierzu gehören aus dem Hebräischen übersetzte Spruchweisheiten, aber auch ein Epigramm wie »Der Hebräer«, das an das gemeinsame biblische Erbe von Christen und Juden erinnert:

> Wie vieles lernt man von Franzosen!
> Von Heiden hört man immer kosen,
> Vom Epikteth, vom Sokrates;
> Und hält's für etwas läppisches,
> Spricht man von Salomon und Mosen.[37]

Ein anderes Epigramm, das sich augenscheinlich Rousseaus Zivilisationskritik verpflichtet weiß, übt mit einer gattungstypischen Pointe Kritik an beiden Religionsgemeinschaften:

> *Das gute Volk*
> Dieß Volk ist recht nach Gottes Bilde;
> Ist gegen arme Brüder milde,
> Heilt Kranke, fordert keinen Lohn –
> Wie heißt die seltne Nation?
> Sind's Juden? Christen? – Es sind Wilde![38]

Wenn Kuh dann aber doch einmal seine neutrale Warte verläßt, um für die eigene Nation Partei zu ergreifen, dann kann der genaue Blick des Dichters seiner Satire eine erstaunliche Treffsicherheit verleihen. Als Beispiel sei das folgende Gedicht zitiert, das Kuhs persönliche Erfahrungen mit dem erniedrigenden Institut des Leibzolls reflektiert. Man beachte dabei besonders die versteckte Pointe der Schlußzeile, wo boshafterweise Christ auf Atheist gereimt wird:

> *Der Zöllner in E. und der reisende Jude*
> Z. Du Jude, mußt drei Thaler Zoll erlegen.
> J. Drei Thaler? so viel Geld? mein Herr weswegen?
> Z. Das fragst du noch? weil du ein Jude bist.
> Wärst du ein Türk, ein Heid, ein Atheist,

---

36 Brief vom 25. Dez. 1781; zit. nach M[eyer] Kayserling: *Der Dichter Ephraim Kuh. Ein Beitrag zur Geschichte der deutschen Literatur.* Berlin 1864, 29; von der JubA wurde dieser Brief nicht berücksichtigt.
37 *Deutsches Museum*, April 1785; zit. nach Hans Rothert: *Ephraim Moses Kuh.* Phil. Diss. München 1927, 24.
38 Moses Ephraim Kuh: *Hinterlassene Gedichte.* 2 Bde. Zürich 1792, Bd. 1, 158.

So würden wir nicht einen Deut begehren;
Als einen Juden müssen wir dich scheren.
J. Hier ist das Geld! – Lehrt euch das euer Christ?[39]

Daß sich das aufgeklärte Judentum in der zweiten Hälfte des 18. Jahrhunderts rasch und rückhaltlos der deutschsprachigen Literatur zuwandte, zeigt sich nicht zuletzt auch im Bereich des Theaters. In Berlin und Wien gab es eine beträchtliche Anzahl jüdischer Besucher unter dem Theaterpublikum[40], und mitunter beteiligten sich jüdische Intellektuelle sogar am Geschäft der Theaterkritik. Ein frühes Zeugnis dieser Art stammt aus der Feder des jungen Marcus Herz, der an einer jüdischen Bühnenfigur Anstoß nahm, welche auf der Berliner Bühne zu sehen war.[41] Herz monierte die karikierende Form der Darstellung, die er als »Demüthigung« der jüdischen »Nation« begriff,[42] und hielt ihr den modernen Typus des akkulturierten Juden entgegen, den er in der Figur des edlen und gebildeten Reisenden aus Lessings Lustspiel *Die Juden* exemplarisch verkörpert sah.[43] Ähnlich selbstbewußt agierte der Wiener Jude Benedikt David Arnstein, ein Neffe der bekannten Salonnière Fanny von Arnstein, der judenfeindliche Invektiven in einer Inszenierung des Wiener Burgtheaters zum Anlaß nahm, um sich über die »Intoleranz« der »Comödienschreiber« und Schauspieler zu empören.[44]

Arnstein hat sich im übrigen selbst als Dramatiker versucht und diverse Stücke im empfindsamen Zeitgeschmack verfaßt. Der Thematik nach sind für uns freilich nur seine *Jüdischen Familienszenen* interessant, sein Erstlingswerk, das 1782 aus Anlaß des josefinischen Toleranzpatentes in Wien erschienen ist.[45] Die Handlung ist denkbar schlicht: Ein junger Jude eilt zu seinem Vater, um ihm das Toleranzpatent zu überreichen. Dieser liest voller Rührung den Text und erklärt spontan die Einwilligung zur Heirat seines Sohnes, die er bislang mit Rücksicht auf die elende Lage der Juden verweigert hatte. Die Geliebte des Sohnes und deren Vater treten hinzu, man umarmt sich und stimmt das Loblied auf den menschenfreundlichen Monarchen an, der der jüdischen Nation die »Fesseln«[46]

---

39 Ebd., Bd. 1, 187.
40 Vgl. Arno Paul: »Die Formierung des jüdischen Theaterpublikums in Berlin im späten 18. Jahrhundert. Eine quellenkritische Studie«. In: *Theatralia Judaica. Emanzipation und Antisemitismus als Momente der Theatergeschichte. Von der Lessing-Zeit bis zur Shoah*. Hg. Hans-Peter Bayerdörfer. Tübingen 1992 (= *Theatron*, 7), 64-84.
41 [Marcus Herz:] *Freymüthiges Kaffegespräch zwoer jüdischen Zuschauerinnen über den Juden Pinkus oder über den Geschmack eines gewissen Parterrs*. o. O. 1771; zit. nach Verf.: »›Freimüthiges Kaffegespräch zwoer jüdischen Zuschauerinnen über den Juden Pinkus‹. Eine Theaterkritik von Marcus Herz«. In: *Lessing Yearbook* 20 (1988), 61-86.
42 Zit. nach ebd., 77.
43 Zit. nach ebd., 78 f.
44 B[enedikt] D[avid] Arnstein: »Schreiben an Herrn Kratter«. In: *Österreichische Monatsschrift*. Bd. 3. Prag, Wien 1793, 109-117, hier: 117.
45 *Einige jüdische Familienszenen, bey Erblickung des Patents über die Freyheiten welche die Juden in den kaiserlichen Staaten erhalten haben. Von einem jüdischen Jüngling, Namens Arenhof*. Wien 1782.
46 Ebd., 8.

gelöst und ihre »Sklaverey«⁴⁷ geendigt habe. Neben der panegyrischen Tendenz des Stückes ist vor allem sein moralisch-didaktischer Anspruch bemerkenswert. Die dramatis personae fungieren als Sprachrohre, die den Glaubensgenossen des Autors dessen Kritik an der jüdischen Orthodoxie und entschiedene Bejahung eines säkularen Bildungskonzeptes in appellativer Form zu vermitteln haben: »Setzet euch in dem wichtigen Punkte der Erziehung, wovon das Wohl und die Glückseligkeit eurer Kinder abhängt, über alle Vorurtheile hinaus [...]. Laßt euren Kindern schon in ihrer zarten Jugend guten Grund zur Gelehrsamkeit beibringen, und seyd nicht wie viele Aeltern damit zufrieden, wenn sie gleich einer Zauberlaterne auf die Wand Bildchen malen, die die Augen täuschen.«⁴⁸

Neben Arnstein gab es noch weitere jüdische Schriftsteller, die sich auf das Feld des Dramas wagten. So hat der Berliner Kaufmann und Bankier Benjamin Veitel Ephraim eine rührselige Komödie verfaßt, deren Handlung unverkennbar dem *Vicar of Wakefield* von Goldsmith nachgebildet ist.⁴⁹ Das Stück wurde 1776 in Berlin uraufgeführt und konnte noch im selben Jahr im Druck erscheinen. Als wesentlich bedeutsamer erweist sich freilich ein ganz anders geartetes Drama: das in hebräischen Lettern gedruckte Lustspiel *Leichtsinn und Frömmelei*, das der als Lehrer an der jüdischen Wilhelmsschule in Breslau beschäftigte Aaron Halle-Wolfssohn 1796 publizierte.⁵⁰

Wolfssohn gehörte zu den profiliertesten Vertretern der Haskala. Er beteiligte sich an der Kommentierung von Mendelssohns Bibelübersetzung und war zunächst Beiträger, dann von 1794 bis 1797 sogar Herausgeber der Zeitschrift *HaMe'assef*. Sein in ideologischer Hinsicht radikalstes Werk ist die hebräische Satire *Sicha ba'Arez haChajim* (»Unterhaltung im Lande der Lebenden«),⁵¹ ein nach bekanntem literarischen Muster arrangiertes Totengespräch zwischen dem jüdischen Philosophen Maimonides, einem orthodoxen Rabbiner und Moses Mendelssohn. Der Rabbi wendet sich gegen Mendelssohns Bibelübersetzung ebenso wie gegen das wissenschaftliche Studium des Hebräischen, die beiden großen Philosophen zeigen den borniertn Charakter dieses Standpunktes auf und überhäufen ihr Gegenüber mit Hohn und Spott. Das, was hier zumindest in Ansätzen zu erkennen ist, nämlich eine Literarisierung des innerjüdischen Zwistes zwischen Aufklärung und jüdischer Orthodoxie, hat Wolfssohn mit *Leichtsinn und Frömmelei* konsequent fortgesetzt. Die sprachliche Modellierung des Stücks korrespondiert dabei genau den sprachreformerischen Vorstellungen der Haskala: Denn der Held spricht ein tadelloses Deutsch, während die mehr oder minder negativ gezeichneten Figuren das Jiddische benutzen und das Maß ihrer Unbildung durch die Stärke ihres Akzentes offenbaren. Doch vergegenwär-

---

47 Ebd., 15.
48 Ebd., 11f.
49 [Benjamin Veitel Ephraim:] *Worthy, ein Drama in fünf Aufzügen*. Danzig 1776; vgl. hierzu Verf.: *Imago judaica* (= Anm. 31), 237 ff.
50 Aaron Halle-Wolfssohn: *Leichtsinn und Frömmelei. Ein Familiengemälde in drei Aufzügen*. Transkribierter Neudruck der in hebräischen Lettern gesetzten Ausgabe Breslau 1796. Mit einem Nachwort. Hg. Gunnar Och, Jutta Strauss. St. Ingbert 1995 (= *Kleines Archiv des achtzehnten Jahrhunderts*, 22).
51 In: *HaMe'assef* 7 (1794-1797), 54-67, 120-153, 203-228 und 279-298.

tigen wir uns zunächst die Handlung, die – wie ausdrücklich vermerkt wird – »in das letzte Jahrzehnd deß 18ten Jahrhundertß« gehört.[52]

Die meisten Szenen spielen im Hause Reb Chanauchs, eines reichen orthodox gesinnten Juden, der Reb Jaußefcheh, einen polnischen Rabbiner, bei sich beherbergt und diesem seine Tochter Jettchen vermählen möchte. Der Rabbi geriert sich als frommer und strenggläubiger Mann, in Wahrheit handelt es sich jedoch um einen religiösen Heuchler mit unsittlichem Lebenswandel. Entsprechend groß ist der Widerwille, den das ›neumodische‹ und halbgebildete Jettchen ihm gegenüber empfindet. Als der Vater auf der Heirat insistiert, flieht sie aus dem Elternhaus mit Hilfe eines Offiziers, der ihre Notlage prompt ausnutzt. Jettchen wird ihrer Wertsachen beraubt und ins Bordell verbracht. Es kommt aber nicht zum Schlimmsten, da Markuß, der verständige Onkel, einschreitet und sie befreit. Bei dieser Gelegenheit wird auch gleich der lächerliche Rabbi entlarvt, der sich als regelmäßiger Bordellbesucher erweist. Am Ende zeichnet sich eine Verbindung zwischen Jettchen und Markuß ab, und der durch Schaden klug gewordene Reb Chanauch gelangt zur Einsicht, daß die ›Neumodischen‹ den religiösen Heuchlern doch bei weitem vorzuziehen seien.

Diese Fabel gleicht in ihrem Umriß und so manchem Detail Molières *Tartuffe*. Man wird aber auch an einige deutsche Stücke des 18. Jahrhunderts erinnert, die das Thema der Heuchelei aufgreifen wie z. B. *Die Pietisterey im Fischbeinrocke* (1736) aus der Feder der Gottschedin oder Gellerts *Betschwester* (1745). Diesen Stücken, sog. sächsischen Typenkomödien, ist Wolfssohns Drama aber auch insofern verwandt, als es seine Personen zu Typen stilisiert, das Lächerliche ans Lasterhafte bindet und ein Tugendparadigma ausbildet, mit dem die Rezipienten sich identifizieren sollen.

Im Hinblick auf die thematisierten sozialen Konflikte ist die Hierarchisierung des Personals aufschlußreich. Wolfssohn unterscheidet vier Klassen, die deutlich voneinander abgegrenzt sind. Reb Chanauch repräsentiert dabei den rabbinischen Orthodoxen, der ein gutes Herz besitzt, aber auch darunter leidet, daß sein Verstand nicht aufgeklärt wurde. Seiner unbestrittenen Frömmigkeit sind die borniete Ablehnung alles Neumodischen und eine an Fatalismus grenzende Gottergebenheit inhärent. Seine Sprache – ein ausgeprägtes Jiddisch – zeigt Bildungsdefizite an. Jettchen wiederum ist ganz der im Titel annoncierte Leichtsinn. Aus ihr droht eine Halb- oder Pseudoaufgeklärte zu werden, ein Typus, den die Haskala-Literatur im Namen wahrer Aufklärung und damit wohl auch zur Steigerung der eigenen Glaubwürdigkeit immer wieder verdammt. Jettchens Fehler – Koketterie, modische Politur, Bildungsdünkel – spiegeln sich in ihrer Sprache, einem zwar hochdeutschen, aber gespreizten und altklugen Idiom. Reb Jaußefcheh, der Dritte im Bunde, entspricht dem besonders gefährlichen Typus des ›Pharisäers‹ und Heuchlers. Wolfssohn bietet denn auch alle Mittel auf, um ihn bloßzustellen. Das beginnt bei den Bühnenanweisungen, die den Gang des Rabbis als »kriechend und schleichend« bezeichnen,[53] setzt sich fort in Beschimpfungen wie »Ertzbetrügr«[54] oder »Pollack«[55] und gipfelt

---

52 Wolfssohn: *Leichtsinn* (= Anm. 50), 8.
53 Ebd., 16.
54 Ebd., 13.
55 Ebd., 43.

schließlich in der Darstellung des »chosid im Hurenhaus«[56] mit dem skandalisierenden Detail der für Liebesdienste verpfändeten Gebetsriemen. Auch sprachlich ist die Figur herausgehoben, da bei ihr der jiddische Jargon am stärksten profiliert wird. Das genaue Gegenbild des polnischen Rabbi gibt Jettchens Onkel Markuß ab, der die Klasse der wahrhaft gebildeten und aufgeklärten Juden vorstellt. Im Habitus hat er sich der christlichen Umwelt weitgehend angeglichen, er trägt einen Zopf und spricht ein glänzend stilisiertes Deutsch. Bei aller Weltgewandtheit steht aber auch die moralische Integrität von Markuß außer Frage, hilft er doch der bedrängten Familie uneigennützig und spontan. Der Autor identifiziert sich weitgehend mit der Figur und benutzt sie als Sprachrohr, wie vor allem am Ende des Spiels zu erkennen ist, wo Markuß über die Ursachen von Jettchens Unglück nachdenkt und das fabula docet formulieren darf. Diese Idealisierung hat dem Charakter allerdings geschadet, ganz gegen Wolfssohns Intention ist er blaß und blutleer geblieben.

Insgesamt gesehen vermag das Stück aber durchaus zu überzeugen; es besitzt eine geschickte Dramaturgie, beweist Sinn für situative Komik und gibt sein Milieu realistisch und detailgetreu wieder. Da die oben genannten Typenkomödien zumindest für diesen letztgenannten Aspekt als Vorbilder nicht in Betracht kommen, darf wohl auf zeitgenösssische Einflüsse der Sturm-und-Drang-Dramatik geschlossen werden. Von ihr könnte Wolfssohn auch das häufig benutzte Stilmittel des elliptischen Sprechens abgeschaut und den Umgang mit unterschiedlichen Idiomen erlernt haben. Die Haltung gegenüber dem Jiddischen verrät ohnehin eine merkwürdige Ambivalenz, da die deutlich spürbare Lust am Gebrauch dieser Sprache ihre ideologisch begründete Ablehnung unterläuft.

Ein anonymer Rezensent hat Wolfssohns Komödie in der *Litterarischen Beilage zu den Schlesischen Provinzialblättern* angezeigt. Er rühmt den Witz des Stückes und ist überzeugt, daß es »für den unbefangenen Leser aus dieser [sc. der jüdischen] Nation ein ungemeines Interesse haben« müsse.[57] Diese Reaktion ist nicht untypisch für die literarische Öffentlichkeit der Zeit. Sobald ein jüdischer Dichter auftritt, wird ihn die aufgeklärte Kritik bereitwillig loben und als »besonderes Phänomen auf unserem Parnasse«[58] willkommen heißen. Ästhetische Aspekte sind dabei freilich zweitrangig, was zählt, ist vor allem der Akt der Emanzipation, der sich, so die Überzeugung, schon in der puren Existenz des betreffenden poetischen Werks manifestiert. Daß eine solche Kritik unbefriedigend bleibt und mitunter auch herablassend wirkt, hat schon Moses Mendelssohn erkannt, als er in einer den Gedichten der Karschin gewidmeten Rezension die Herkunft des Autors schlicht für irrelevant erklärte: »Ein König, ein Frauenzimmer, ein Jude, was thut dies zur Sache? Wer die Ehrbegierde hat, Schriftsteller zu seyn, muß alle Nebenbetrachtungen bei Seite gesetzt, als Schriftsteller beurtheilt werden.«[59] Vereinzelt waren

---

56 Ebd., 47.
57 *Litterarische Beilage zu den Schlesischen Provinzialblättern* 1796, 156.
58 So der *Almanach der deutschen Musen auf das Jahr 1773* über Falkensohn-Behr; zit. nach: Daniel Jacoby: »Der Verfasser der Gedichte eines polnischen Juden«. In: *Euphorion* 7 (1900), 238-246, hier: 241.
59 JubA, Bd. 5,1, 578.

aber auch noch ganz andere Stimmen zu hören. So hat z. B. ein Kritiker des schon oben erwähnten Dramas *Worthy* von Benjamin Veitel Ephraim die angeblich dominante Geld-Metaphorik angeprangert und im Hinblick auf derartig »widernatürliche«, »asiatische Floskeln« angeregt, die jüdische Nation möge das Stück auf die Bühne bringen, »wenn sie zu Jerusalem wieder einziehen sollte«.[60] Dieser unvermutete Ton offenbart intolerante Züge des Toleranzzeitalters und antizipiert bereits eine perfide Form der Literaturkritik, die im 19. Jahrhundert den Umgang mit Autoren jüdischer Herkunft wie Heine oder Börne maßgeblich bestimmen sollte.

Gunnar Och, Erlangen

---

60 *Berlinisches litterarisches Wochenblatt* 1776, Heft 1, 260 f.

Mendelssohn's Modernity: Questions of Social and Aesthetic Taste

In seinen 1755-1761 geschriebenen ästhetischen Schriften zeigt sich Mendelssohn als Philosoph und Kritiker, nicht als bekennender Jude. Die Verzweigungen seiner innovativen ästhetischen Theorie, besonders derjenigen über die vermischten Empfindungen, legen dennoch eine ungewöhnliche Parallele zwischen zwei im 18. Jahrhundert geführten Debatten nahe: der Debatte zum Schönen und der zur Judenfrage. Verändert sich die Bedeutung von Mendelssohns Ästhetik, wenn sie mit damals gängigen Vorstellungen über Juden und das Judentum in Verbindung gebracht wird? Dieser Aufsatz untersucht den Inhalt von Mendelssohns Ästhetik und zeigt die Beziehung zu den Rahmenbedingungen auf, unter denen sie geschrieben wurde. Auf diese Weise deutet dieser Beitrag die politische Einstellung eines Juden an, der sich sowohl mit der philosophischen Definition von ›Was heißt Schönheit?‹ als auch mit der sozialen Definition von ›Wer ist gesellschaftlich akzeptabel?‹ auseinandergesetzt hat.

Dans ses ouvrages sur l'esthétique, rédigés entre 1755 et 1761, Mendelssohn se présente comme philosophe et critique, sans confesser son judaïsme. Les ramifications de sa théorie innovatrice de l'esthétique – tout particulièrement celles concernant les sensations mélangées – évoquent néanmoins un parallèle insolite entre deux discours tenus au XVIIIe siècle: le débat sur le Beau et la question juive. L'esthétique de Mendelssohn est-elle soumise à des variations d'appréciation selon qu'on la met ou non en rapport avec les poncifs de l'époque sur les Juifs et le judaïsme? Cet article analyse le contenu de l'esthétique de Mendelssohn en la replaçant dans son contexte historique. Ce faisant, il met en relief le point de vue politique d'un Juif qui s'est intéressé non seulement à définir de façon philosophique ce qu'est le Beau mais aussi à circonscrire l'acceptabilité sociale.

The story is so well known as to be found in the very kitschy *Chicken Soup for the Soul*. Ugly, short, hunch-backed Moses Mendelssohn fell in love with cute, pert, somewhat taller Fromet Guggenheim and asked for her hand in marriage. Fromet, on the other hand, still had doubts; his great personality aside, he wasn't exactly tall, dark, and handsome. Mendelssohn, sensing her reticence and understanding its source, spoke privately to Fromet, telling her the story of the angels in Heaven who, while making future *shidduchs*, discussed the fate of a sweet girl, destined to be physically deformed. The soul of her *b'shert* overheard the talk and volunteered to take on the deformity himself. Fromet, who was nobody's fool herself, heard the message through the metaphor and agreed to the match. After all, beauty *is* only skin-deep. Or, isn't it?

Born in the Dessau *shtetl* in 1729, Moses ben Menachem Mendel walked to Berlin an adolescent and died there, some forty-three years later, an icon. His arrival, completely unheralded, and his success, utterly unprecedented, irrevocably changed the landscape of Jewish intellectual and cultural history. By the end of his life, Mendelssohn's popularity and reputation had reached beyond the social barriers of both Ashkenazi and Prussian societies – Mendelssohn was the Jew who symbolized the tolerance of his age and the welcoming possibilities of the *Aufklärung*. More than once however Mendelssohn's commitment to the project of the Enlightenment was called into question by his fealty to rabbinic Judaism. The complexity of Mendelssohn's double identity as Jew and *Aufklärer* deepens upon closer study. Indeed, his participation in an overwhelmingly non-Jewish world is made more interesting when compared to his adherence to the faith of his ancestors. Mendelssohn offers us an unusual window through which to explore the collision of modernity and Judaism.

Nowhere is this more evident, or more ironic, than in his aesthetics, written in the middle of the 1750s and republished twice during his maturity. Though Mendelssohn is more philosopher than outspoken religionist in his aesthetics, the ramifications of his innovative theory, particularly of the mixed sentiment, suggest a parallel between the eighteenth-century study of the Beautiful and the debate regarding the emancipation of the Jews. More specifically, the question of the Beautiful begs a question about the Ugly. What are the social implications of Mendelssohn's aesthetics when they are situated next to his statements about the Jewish community itself? Do they take on new meaning when they are contextualized within the larger non-Jewish appraisal of Jews and Judaism? And how does such a comparison highlight the problems associated with the assimilation of a science of taste and beauty into a discourse on tolerance and humanism? This paper examines the content of those writings and the context in which they were offered. As such it will hint at the political implications of the disparity engendered by a Jew who contributed to both the philosophical definition of *what* is beautiful and the social definition of *who* is acceptable.

The story begins with the rise of the aesthetic in the eighteenth-century. It was indeed a science of beauty, the creation of a *Wissenschaft* that dealt with the concept of the Beautiful and a moral content that was linked implicitly with a perfection of form. Accordingly, early aesthetics had two main concerns: the identification, organization, and analysis of sensory perceptions of beauty, and the cataloguing and judgment of the variety of characteristics found in objects in nature and/or works of art. The more internal variety an object possessed, the more sensory perception it engendered, and therefore, the more pleasure it afforded the perceiving mind. Perfection of form, that is, uniformity of exterior expression, was judged, along with the multiplicity of internal particulars, to be more or less beautiful depending on the success of the relationship between outer form (the whole) and inner content (the particulars). The perfection, and thus the beauty, of an object were realized as a result of both the variety and the quality of particulars organized into a harmonious whole.

Questions of perception and sentiment, of art form and taste, had been published throughout Europe long before the publication of Baumgarten's *Aesthetica* in 1750. While it is difficult to offer an official genealogy, we can point to early empirical investigations of the relationship between beauty, perfection and virtue to help to qualify the emerging field as a distinct science, different in kind from religion, metaphysics, and logic. Religious fracturing and in-fighting in Europe in general, and Restoration England in particular, gave rise to an increasing rage for order and calls for discerning truth claims based on a rational, empirical method.[1] Political and religious insecurities, together with

---

1 For a historical overview of the rise of the aesthetic in England, see Michael McKeon, »Politics of Discourse and the Rise of the Aesthetic in Seventeenth-Century England«, in: *The Literature and History of Seventeenth-Century England*, ed. Kevin Sharpe, Steven N. Zwicker, Berkeley 1987, 35-51; Douglas Patey, »The Eighteenth Century Invents the Canon«, in: *Modern Language Studies*, 18 (1988), 17-37; Michael Prince, »The Eighteenth-Century Beauty Contest«, in: *Modern Language Quarterly*, 55 (1994), 251-279; and the introduction and first chapter of Michael Prince, *Philosophical Dialogue in the British Enlightenment: Theology, Aesthetics, and the Novel*,

increasing interest in scientific methods of inquiry (that is, based on inductive reasoning), augmented the desire to clarify the relationship of particular parts to an organizing whole as a means to circumvent divisive and de-individualizing methods of claiming truth. At the same time, interest in non-religious forms of traditional religious forums – art, literature, beauty, perfection – afforded new possibilities for identifying an order engendered by not specifically religious representations of morality and beauty (both physical and spiritual). That is to say, the central concern of the new aesthetics, the concept of the Beautiful, was born of a motivation to define an ordered whole containing an inner harmony, a perfection which could be and was represented in works of art or objects in nature.

With the advent of aesthetics, one could argue that material perfection became an elaborate secular analogy by which to understand and represent the divine; one could discuss a relationship between particulars and their whole while keeping in mind the corresponding relationships of humanity and nature to the divine Creator of both. In other words, that which represented regularity and order in the world was only a smaller version of that which *created* the universal ideas of regularity and order; a representation that still maintained the inherent good of the Creator. Such an inquiry was not meant to question the supremacy of God, but rather to proffer alternative methods for describing and understanding the divine and the manifestations of the divine in nature. Aesthetics can be seen as an extension of the philosophical optimism granted by a firm belief in natural religion, the tenets of which (belief in God, God's Providence, and the immortality of the soul) allowed for a commonality of belief (a whole) among disparate religions (particulars). It certainly did so for Mendelssohn, who was able to participate in a debate about the Beautiful without the benefit of a counterpart category in Jewish philosophy. For a Jew, aesthetics is tricky business. But with God as the ever-present moral perfection, all art forms and discussions of perfection were modeled after the presumed perfection of God and the beauty of God's ultimate art form, Nature. The question of the Beautiful then was really a question of morality inherent in form, the investigation really an investigation committed to an ethics of virtue and the pursuit of the Good.

In the process of philosophically divorcing religion from civil authority, it became necessary to endow morality and virtue with autonomous authority in order to safeguard the continuance of society's pursuit of the Good. In British aesthetics in particular, by which Mendelssohn was highly influenced, moral philosophers described a system in which real virtue had nothing to do with the religious symbols and symbolization of reward and punishment, but rather was a manifestation of the Good, a nonspecific (but still highly

---

Cambridge 1996. For a general overview of Enlightenment aesthetics throughout Europe see Ernst Cassirer, *The Philosophy of the Enlightenment*, Princeton 1951; and Frederick Copleston, *A History of Philosophy*, Vol. VI, Garden City NJ 1985. For the history of German aesthetics, see Lewis White Beck, *Early German Philosophy: Kant and His Predecessors*, Cambridge 1969; Paul Guyer, *Kant and the Experience of Freedom: Essays on Aesthetics and Morality*, Cambridge 1993, esp. chap. 2; and John Zammito, *The Genesis of Kant's Critique of Judgment*, Chicago 1992. For an interesting analysis of the rise and repercussions of the aesthetic from a Marxist point of view, see Terry Eagleton, *The Ideology of the Aesthetic*, Oxford 1990.

christianized) rendering of moral principles and humanistic concerns.[2] This is particularly true for the neo-Platonist Shaftesbury, whose dialogue *The Moralists* was the model on which Mendelssohn based the first of his philosophical works. Shaftesbury understood beauty to be the refined form of perfect knowledge; it infuses the purely physical with specific elements of morality through its perfection. By making beauty and truth synonymous, perfection of form becomes linked to an inner perfection that is both moral and good and is accessed through rational thinking and intellectual reflection. What is created – and what attracts Mendelssohn – is the connection of beauty to knowledge (i.e., both sensual perception and intellectual reflection) which leads to a morality that participates on the physical and mental levels. The link between beauty and truth rests on the synthesis of parts that are regarded as necessary in the natural design of the world. Their unity orchestrates the various particulars of the natural world into a generalized whole, bigger than the sum of the parts. The contemplation of the relationship of those parts to that whole supports the idea of the existence of a positive grand ordering principle and promotes an ensuing morality which exists outside the confines of specific religion. Shaftesbury's rendering of the argument from design uses the aesthetic as the positive analogue between the perfection and unity in the design of the world and the virtue of the divine designer.

Mendelssohn is attracted to Shaftesbury's fusion of beauty and virtue because of its emphasis on God's preeminence as both artist and creator; by adding a stronger emphasis on intellectual reflection and mental acuity, Mendelssohn is able to construct his link between the pursuit of perfection and the pursuit of the Good.[3] But as much as he was influenced by Shaftesbury (as well as by John Locke and Edmund Burke), Mendelssohn clearly comes out of the Leibnizian/Wolffian tradition that reigned near supreme during the first half of the eighteenth-century. Leibnizian optimism (this »the most perfect of all worlds«) and Wolffian rationalism posited the Good as an organizing principle of the natural world and proved the existence of ›clear‹, ›distinct‹, and ›indistinct concepts‹. These Wolffian categories provided Mendelssohn with the means to analyze the perception of

---

2 See in particular, Edmund Burke, *A Philosophical Enquiry into the Origin of our Ideas of the Sublime and the Beautiful*; Francis Hutcheson, *Inquiry into the Original of our Ideas of Beauty and Virtue*; John Locke, *Essay Concerning Human Understanding*; and Shaftesbury, Anthony Ashley Cooper, The Third Earl of, *Characteristics of Men, Manners, Opinions, Times*.

3 »Das Gute ist […] nicht nur ein Element der Vollkommenheit in dem Gegenstand; sondern es vermehrt auch, als Vorstellung betrachtet, die bejahenden Merkmale des denkenden Wesens, und muß in beiden Betrachtungen Wohlgefallen erregen.« *Rhapsodie, oder Zusätze zu den Briefen über die Empfindungen*, in: Moses Mendelssohn, *Gesammelte Schriften. Jubiläumsausgabe*, ed. Alexander Altmann, et al., Vol. 1, Stuttgart-Bad Cannstatt 1972, 386. From here referred to as: JubA. It should be noted that any discussion of Mendelssohn's aesthetics suggests also a theory of Mendelssohn's ethics, but my approach here only touches slightly on Mendelssohn's specific use of the connection between the categories of the Good and the Beautiful. The lacuna in Mendelssohn studies regarding his ethics has been challenged by a recent study by Michael Albrecht, »Überlegungen zu einer Entwicklungsgeschichte der Ethik Mendelssohns«, in: *Moses Mendelssohn und die Kreise seiner Wirksamkeit*, ed. Michael Albrecht, Eva J. Engel, Norbert Hinske, Tübingen 1994, 43-60.

both ›distinct‹ and ›indistinct‹ ideas as combinable elements of perfection offering heightened intellectual and emotional responses to beauty and morality. They are also especially important for Mendelssohn's concept of language, which emphasizes the relationship between the use of reason and ›pure‹ portrayals of speech. The perfection of language's form is illustrated through its grammatical system which shows both its regularity and an inherent connection to morality through the success of its metaphors in representing truth and beauty.[4]

The conflation of beauty and truth implicit in Shaftesbury's work found resonance in the work of Johann Joachim Spalding, whose highly popular book, *Thoughts on the Destiny of Man* (*Betrachtungen über die Bestimmung des Menschen*), was published in 1748. Spalding, anticipating Baumgarten's analysis of the pleasure generated by contemplating the Beautiful, described the positive sensations invoked in the soul while pursuing the Good. By following beauty through its manifestation to its original source, the divine, humanity was able to delight continually in the pursuit of the supreme, universal perfection. Spalding's theory of the union of beauty and morality provides the framework for Mendelssohn's own understanding that the pursuit of one necessarily included the pursuit of the other.

Mendelssohn introduced several new concepts into aesthetics, most notably here, an emphasis on intellectual reflection and a theory of mixed sentiments. The most concise accounts of Mendelssohn's aesthetics are found in his long essays, *Letters on the Sentiments* (*Briefe über die Empfindungen*), published in 1755, and *Rhapsody, or Additions to the Letters on the Sentiments* (*Rhapsodie, oder Zusätze zu den Briefen über die Empfindungen*), published six years later. Two shorter essays, *On the Main Principles on the Fine Arts and Sciences* (*Über die Hauptgrundsätze der schönen Künste und Wissenschaften*) and *On the Sublime and the Naïve in the Fine Sciences* (*Über das Erhabene und Naive in den schönen Wissenschaften*), were written in the summer of 1757 and published separately in the *Bibliothek* in 1757 and 1758. All four essays – along with several others – were published in a single volume collected in 1761 and republished in 1771.[5]

---

4 This is especially true for Hebrew and German considered by Mendelssohn to be highly mature and fine languages. In contrast, he considered Yiddish to be a mixture of the two languages, appropriate for common discourse but unacceptable for official uses. Cf. Edward Breuer, *The Limits of Enlightenment: Jews, Germans, and the Eighteenth-Century Study of Scripture*, Cambridge 1996, esp. 156-158. For a more in-depth study of Mendelssohn's language theory, see Leah Hochman, »Sign, Art, Ritual: Moses Mendelssohn On Language and Religion«, unpublished Ph.D. dissertation, Boston University 1999.

5 I am using here Mendelssohn's articles as they appeared in the final edition, collected and republished in Vol. I of JubA. Mendelssohn's notion of the mixed sentiment (vermischte Empfindungen), discussed below, changed somewhat from one edition to the next. In its first rendering, found in Mendelssohn's *Betrachtungen über das Erhabene und das Naive in den schönen Wissenschaften* (1758), Mendelssohn emphasized the sublimity of objects and characteristics. Thirteen years and Edmund Burke's *Enquiry* later, Mendelssohn's Sublime takes into consideration the ability of the Sublime to overwhelm the sensations, making the Sublime a supra-perceptive experience. This allows Mendelssohn to expand on the concept of the mixed sentiment as able to include both positively and negatively overwhelming traits. Carsten Zelle has pointed out that this

In *Letters*, Mendelssohn develops his concept of the beautiful and makes clear the relationship of beauty to knowledge and knowledge to ethics. In *Rhapsody* and *Main Principles*, he focuses on the material form of art and its role in the beauty-knowledge-ethics triad. He also introduces the idea of the perfection of mixed forms, which leads to his theory of the mixed sentiment (»vermischte Empfindung«). The mixed feeling consists of a combination of sentiments »composed of love for an object and discontent at its misfortune« and is therefore both positive and negative.[6] Mixed feelings occur when an object is pitiful or dangerous, or causes negative emotions like fear or horror, but is depicted in a beautiful way, that is, when an object that is not beautiful in itself is perfectly represented. In this way, Mendelssohn can consider the mixed sentiment as an important element in assessing the multiplicity of perfection. Something ugly or tragic can be construed beautifully and can be experienced as a direct result of the perfection of form separate from the perception of it as an object. The non-beautiful object is redeemed, in effect, by its portrayal; a perfect portrait can reflect back onto the object a measure of greater beauty through representation. (And what better example is there than the film *Titanic*, which depicts the demise of hundreds of people so beautifully that it sends hundreds of other people to the theatre to see it again and again.)

Because both the art *and* its representation can separately cause pleasure (or evoke a combination of emotions including pleasure), the mixed sentiment is the effect of a variety of sensations caused by non-perfect objects rendered beautiful by artistic talent. An object can engender its own perfection based on the psychological experience it produces in the subject. A tragedy, for example, can be construed beautifully and can be experienced as a direct result of the perfection of form separate from the perception of it as an object of pity, sadness, or disgust. In effect, Mendelssohn's aesthetics endows both art and the artefact with autonomy, and extricates art from the intricacies of specific religious and metaphysical categories, thereby advancing the separation of beauty and truth from the confines of religion. But it is not only the object itself that has autonomy in Mendelssohn's system; indeed, Mendelssohn empowers the individual to have authority over their own subjective perception of beauty and perfection, thus authorizing the individual to make judgments without reference to specific hierarchical strictures or guidelines.

Thus, Mendelssohn's aesthetic is subject oriented but remains connected to morality through rational thought, the perfection of form, and a continual contemplation of the

---

development in Mendelssohn's theory of the Sublime is a result of the late eighteenth-century advancement of aesthetic theory in general, and of the idea of ambivalent feelings (i. e., »joy of grief«) in particular. I thank him and Christoph Schulte for pointing out the differences and developments in Mendelssohn's theory to me. Daniel Dahlstrom recently translated the 1771 collection as part of the Cambridge Texts in the History of Philosophy series. Cf. Moses Mendelssohn, *Philosophical Writings*, ed. and trans. Daniel Dahlstrom, Cambridge1997. Most English references are taken from this translation unless otherwise noted. German references are taken from the JubA.

6 Mendelssohn, *Rhapsodie*, in: *Philosophical Writings* (= note 5), 141-142 (»Das Mitleiden z. B. ist eine vermischte Empfindung, die aus der Liebe zu einem Gegenstande, und aus der Unlust über dessen Unglück zusammengesetzt ist.« JubA, Vol. 1, 395).

relation of the part to the whole. By releasing the idea of beauty (that is, the idea of beauty as a product of art) from the constraints of specific stringent guidelines, Mendelssohn makes room for the flip side of beauty, that is, for representations of objects and actions that are perfect in and of themselves but do not inspire perfect psychological and sensual perception. More succinctly, by analyzing the positive sentiments associated with viewing the perfect representation of a non-perfect thing, Mendelssohn includes the category of the Ugly as part of aesthetic appreciation, rather than as its opposite. The Ugly then can be beautiful in its representation, even as it is repulsive in its natural state. A representation of an object that is »evil or imperfect« conveys a mixed emotion because it »conveys something« else with its negativity, and »the unpleasantness of the object is lessened by the artful representation and pleasantness is, as it were, elevated.«[7] The pleasurable mix of pleasantness and unpleasantness balances on the representation of the object and the object itself; the more skill the artist has and uses in rendering the object beautiful, the more the soul is aroused and the mind is affected, which in turn increases the pleasure of the perception. The inclusion of non-perfect categories allows an object of beauty to consist of anything that can be represented to the senses perfectly regardless of its actual appearance; a shipwreck can be portrayed perfectly by capturing the power of the sea, the despair of the sailors, and the majesty of a great ship sinking. A positive rendering of something ugly can, in Mendelssohn's system, still be considered morally positive, based on the connection between truth and beauty. Therefore the heroism of those drowning inspires perfect moral feeling.

It is in every respect that Mendelssohn understands moral beauty to be connected to moral law. As Altmann has noted, »Mendelssohn was one of the first to state that the true, the good, and the beautiful constitute the essence of humanism.«[8] The individual ability to judge the beautiful is related specifically through the aesthetic to the ability to judge the moral good. Altmann has further pointed out that for Mendelssohn, »Reason and *bon-sens* [taste] operate according to similar rules [...]. It is our reason that makes us distinguish between truth and error, good and evil, the beautiful and the ugly. In addition, we possess *bon-sens*, sentiment and taste which also present us with an immediate awareness of the true, the good, and the beautiful, though not with the distinctness of a logical demonstration. While our taste must guide our reason in judging the beautiful, in matters of morality our *bon-sens* is subordinate to reason.«[9]

There exists, however, an implicit irony in a notion of taste which guides our reason in the judgment of the beautiful but remains subordinate to reason in terms of morality. On

---

7   Mendelssohn, »Ueber die Hauptgrundsätze der schönen Künste und Wissenschaften«, in: *Philosophical Writings* (= note 5), 173 (daß, »das Böse und Unvollkommene in dem Gegenstande selbst eine vermischte Empfindung errege, die auch etwas Angenehmes mit sich führet, daß aber dieser geringe Grad der Lust von der Unlust unterdrückt wird, und von empfindsamern Gemüthern, die gar leicht sympathisiren, kaum bemerkt werden kann.« JubA, Vol. 1, 431).
8   Alexander Altmann, »Moses Mendelssohn on Education and the Image of Man«, in: *Studies in Jewish Thought: An Anthology of German Jewish Scholarship*, ed. Alfred Jospe, Detroit 1981, 399.
9   Ibid., 397.

one hand, the aesthetic was discussed in terms of perfection and uniformity; aesthetics was an elaborate analogy between what was considered pure and pleasing in the physical world and Perfection as an element of the divine. On the other hand, doubts about the viability of Jewish emancipation were supported by stereotypes of Jewish pettiness and dishonesty, that is, on physical and social unpleasantness associated with the Jews. Here let me reintroduce the ›social movement‹ toward Jewish civil liberties.[10] What could seem like two separate eighteenth-century conversations finds a counterpart in the ethical component of the aesthetic. The question of Jewish ›acceptance‹ was framed on the right by specific charges that Jews were immoral, and therefore were unfit to carry the proud mantle of Prussian citizenship, and on the left by the theory that Jews could be ›improved‹ through education.[11] If outer beauty denotes inner goodness, and the inclusion of the Ugly in the philosophical equation complicates the notion of ›true‹ virtue, what are we to do then with the immoral? In the words of the aesthetic: can virtue be represented by a mixed sentiment? In the words of the Emancipation debate: can Jews be ›redeemed‹, that is, can they represent the Good? The polemic that erupted in favor and against the *bürgerliche Verbesserung der Juden* was a discourse rife with anti-Jewish social, physical, and theological prejudices. The clash between these two very different notions of ›taste‹ (one [philosophical] ›what is Beauty‹; the other [social] ›what is not beautiful‹) can be understood as a discourse on whether the Jews can be ›beautified‹. Mendelssohn's collaboration in both projects reveals the irony of a Jew defining taste and beauty for a society that accepts him as a person and rejects him as a citizen, an irony that is further complicated by the discussion of the Ugly as potentially perfect and the idea that Jews were immoral.

To make the point clearer, let us turn briefly to two of Mendelssohn's later essays, his ›Preface‹ to Menasseh ben Israel's *Vindication of Judaism*, published in 1782, and his answer to the question ›What is Enlightenment?‹, published two years later. In both Mendelssohn attempts to redefine the question differently: instead of a moral concern he makes the issue a humanitarian one.

Mendelssohn wrote the long introduction to Menasseh ben Israel's tract in response to Christian Wilhelm von Dohm's treatise *On the Civil Improvement of the Jews* (*Über die bürgerliche Verbesserung der Juden*), published in 1781 as a full-scale argument promoting Jewish civil liberties. Israel had written the *Vindication* as a means of ›proving‹ Jewish worth in an effort to receive permission to resettle in England. Mendelssohn had the text translated into German and published as his contribution to the open debate about the viability of Jews as productive citizens. Dohm's essay, which sparked the public debate, proffered the argument that it was in the best interests of the state to educate its members on the tenets of Judaism (so as to remove prejudices born of ignorance) and to educate the Jews on the morals that exist outside their religion (so as to »further the refinement of their

---

10 Cf. Jacob Katz, »The Term ›Jewish Emancipation‹: Its Origin and Historical Impact«, in: *Studies in Nineteenth-Century Jewish Intellectual History*, ed. Alexander Altmann, Cambridge 1964, 1-25.
11 Mendelssohn himself prefered the word *Aufnahme* (›acceptance‹) to Dohm's *Verbesserung* (›improvement‹). Cf. Katz (= note 10), 15.

sentiments«).¹² He promoted, in effect, an aestheticization of the Jews – a refinement of content and form to create a more aesthetically, that is, a more socially pleasing Jew.

Although Mendelssohn approved of and agreed with the tone of Dohm's treatise, he was less willing to separate to agree that Jews needed to be ›improved‹, as it were, and set out in the ›Preface‹ to proffer his own opinion, as well as to counter anti-Semitic voices Dohm's essay provoked.¹³ His argument is divided into two parts: one half treats the liabilities the Jews found in society; the other specifically discusses the right of the individual, as an individual, to freedom of thought and faith.¹⁴ To the allegations that Jews could not be improved, that the very nature of their social make-up makes them both inadequate and unworthy of civil liberties, Mendelssohn responds in a very progressive way. Pointing to the many elements that designate a thriving and productive economy, Mendelssohn argues that citizens on every level of economic activity maintain its health and productivity: »Not only *making something* but *doing something* also is called *producing*.«¹⁵ Indeed, he continues, »the well-being of a country at large, as well as of every individual in it, requires many things both sensual and intellectual, many goods both material and spiritual; and he who, more or less directly or indirectly, contributes towards them, cannot be called a mere consumer; he does not eat his bread for nothing; he produces something in return.«¹⁶ He is arguing for the *ex-post facto* conferment of Jewish acceptance. Already productive citizens, Jews contribute to the well being of the overall society. The political body of citizens is held together by interaction on all levels, including the economic one.¹⁷

---

12 Christian Wilhelm von Dohm, »Concerning the Civil Improvement of the Jews«; quoted in: *The Jew in the Modern World*, ed. Paul Mendes-Flohr, Jehuda Reinharz, first edition, Oxford 1980, 28 (»[…] die Verfeinerung ihrer Empfindungen beförderte.« Christian Wilhelm Dohm, *Ueber die bürgerliche Verbesserung der Juden*, Berlin, Stettin 1781, 27).

13 It had been Mendelssohn who asked Dohm to write the treatise in the first place. Prompted by a frantic plea for assistance from the beleaguered Jewish community in Alsace, Mendelssohn broached the topic to Dohm, who readily agreed. Cf. Alexander Altmann, *Moses Mendelssohn: An Intellectual Biography*, London 1973, 463 ff.

14 In this case, Mendelssohn used the civil sanctioning of excommunication as the stick to beat the horse.

15 Mendelssohn, »Preface to Menasseh ben Israel's *Vindiciæ Judæorum*«, in: Mendelssohn, *Jerusalem: A Treatise on Ecclesiastical Authority and Judaism*, trans. Maurice Samuels, London 1838, 95 (»Nicht bloß Machen, sondern auch Thun heißt hervorbringen.« JubA, Vol. 8, 13).

16 Mendelssohn, »Preface« (= note 15), 96, Mendelssohn's emphasis (»Zur Glückseligkeit des Staates, so wie der einzelnen Menschen, gehören mancherly sinnliche und übersinnliche Dinge, körperliche und geistige Güter, und wer zu deren Hervorbringung oder Vervollkommnung, auf irgend eine mehr, oder minder entfernte, mittelbare oder unmittelbare Weise etwas beyträgt, der ist kein bloßer Verzehrer zu nennen; der ißt sein Brod nicht umsonst; sondern hat dafür hervorgebracht.« JubA, Vol. 8, 14).

17 Mendelssohn discusses the relationship of the individual to the state in much greater detail in the first section of his *Jerusalem*. Cf., JubA, Vol. 13. For extensive notes detailing Mendelssohn's use of and/or disagreement with Locke, Hobbes, Rousseau, and Bayle (among others) see Alexander Altmann, »Commentary«, in: Mendelssohn, *Jerusalem, Or On Religious Power and Judaism*, trans. Alan Arkush, Hanover NH 1983.

This spotlight on the individual analyzes the body politic as a complex system of individuals working together in one large society. It models his earlier emphasis on the personal and subjective appreciation of art, that is, the endowment of each individual with the autonomy to intellectually reflect and sensuously intuit the perfection of objects, representations, and artistry. It also plays with the metaphor of parts to a whole, making each individual a necessary particular in the organizing principle of the state. Mendelssohn's assertion that the production of something valuable by each member of the larger society, which he explicitly defines as valuable to all other members, signifies his understanding of the importance, worth, authority, and power of the individual *as* an individual. It is this deep-rooted belief of Mendelssohn's that allows him to advance a theory based on the economic integrity of each individual, i.e., of equality divorced from religious concerns. The entry of Jews into society should have nothing to do with their Jewishness, rather, it must have everything to do with their humanity and their worth as people.

But Mendelssohn is ever conscious of his goal to refute those who were fundamentally opposed to the granting of civil rights to the Jews. In 1755, Mendelssohn had been stunned by Johann David Michaelis' anti-Semitic review of Lessing's play *Die Juden*, a one-act drama in which a Jewish protagonist saves a Christian merchant from a band of thieves. The Christian, upon discovering his hero's ›true‹ identity exclaims, »Oh, how commendable the Jews would be, if they were all like you.« To which the Jew responds, »And how worthy of love the Christians, if they all possessed your qualities!«[18] The review charged that the Jewish character was an impossibly positive portrayal of an imaginary creature; the enjoyment of the play itself was diminished because the reviewer knew that no such righteous Jew could truly exist.[19] Michaelis' opinion did not change over the years, despite the scholarly and even friendly relationship he shared with Mendelssohn.[20] Thus in his review of Dohm's appeal for the civil improvement of the Jews three decades later, he responded with a similar sentiment: »Jews«, he claimed, »could not be trusted to be virtuous or truthful or even patriotic«. In fact, he elaborated in an quasi algebraic argument, Jews are »twenty-five times as harmful or more than the other inhabitants of

---

18 Quoted from Lessing, *Die Juden*, in: *The Jew in the Modern World* (= note 12), 56 (DER BARON: »O wie achtungswürdig wären die Juden, wenn sie alle Ihnen glichen!« DER REISENDE: »Und wie liebenswürdig die Christen, wenn sie alle Ihre Eigenschaften besäßen!« Gotthold Ephraim Lessing, *Die Juden*, in: *Werke*, ed. Herbert G. Göpfert, Vol. I, München 1970, 375-412, 22. Auftritt, 414).
19 Cf. Altmann, *Mendelssohn* (= note 13), 40 ff.
20 »Michaelis' Response to Dohm«, in: *The Jew in the Modern World* (= note 12), 36 (»Herr D[ohm] kann schwerlich wissen, wie genau wir hier übereinstimmen, und daß ich eben bis vor 30 Jahren an einer Stelle, die ich selbst nicht einmahl wieder auffinden kann, in den Göttingschen gelehrten Anzeigen gesagt habe. Ich will meine Meinung sagen, wie ich sie damals hatte, und noch jetzt habe.« Johann David Michaelis, *Hr. Ritter Michaelis Beurtheilung. Ueber die bürgerliche Verbesserung der Juden von Christian Wilhelm Dohm*, in: Christian Wilhelm Dohm, *Ueber die bürgerliche Verbesserung der Juden*. Zweyter Theil, Berlin, Stettin 1783, 33-34).

Germany.«[21] The moral character of all Jews was necessarily impugned, based on their history, their theology, and their social make-up, said Michaelis; Mendelssohn was merely the exception that proved the rule.[22]

Michaelis' voice was not the only such one against the Jews. Voltaire also wrote on the moral culpability of the Jewish nation. Dohm himself had admitted the negative moral character of the Jews – albeit forced on them by prejudice and want of opportunity.[23]

---

21 »Michaelis' Response to Dohm«, ibid., 36 (»Daß die Juden lasterhafter sind als, wenigstens wir Deutschen, zeiget sich am stärksten aus den Diebes=Inquisitions=Acten. Vielleicht die Hälfte der zu den Diebesbanden gehörigen, oder doch um sie wissenden, sind Juden, und schwerlich machen die Juden den fünfundzwanzigsten Theil der Einwohner Deutschlands aus: giebt nun dieser 1/25 Theil eben so viel Spitzbuben, als die ganze deutsche Nation aufstellen kann, oder gar noch mehr, so folgt, daß die Juden, wenigstens in Absicht auf dis Laster, das wir für das niedrigste halten, 25 oder noch mehr mal lasterhafter sind, als andere Einwohner Deutschlands.« idid., 34).

22 In terms of Mendelssohn's aesthetic theory, Michaelis' review is a double-edged sword. While it manages to disparage Jews as inherently immoral and existentially unable to act ethically (or at the very least, altruistically), it also works against the theory that art is able to represent the unpleasant as representationally good. It bears recalling that the separation of the subject from the art form, that is, that the knowledge of the existing *distance* between the purveyor and the object allows pleasure in viewing unpleasant, disagreeable, or tragic events. In effect, Michaelis is not able to separate himself, indeed, he enacts the very opposite of Mendelssohn's theory – he could not enjoy Lessing's play and cannot endorse Dohm's essay, because he cannot acknowledge the depiction of the Good Jew even as a fantasy. Had he, he would have dealt Mendelssohn another blow: the morally upright Jew is a pure fiction. Mendelssohn's ›revenge‹, as it were, had already appeared in *Rhapsodie*: »We have seen that a certain refinement is required to abandon oneself to the illusion and to relinquish consciousness of the present to it as long as it is pleasurable.« (»Wir haben gesehen, daß eine gewisse Fertigkeit dazu erfodert wird, sich der Täuschung zu überlassen, und ihr zum Besten dem Bewußtseyn des Gegenwärtigen zu entsagen [...].«) And later, »There is an infantile taste which is offended by the imitation of something unpleasant if the expression is strong and sketches the object in a lively way. To satisfy this sort of taste, the objective side of the representation would have to be weakened too much, that is to say, the illusion itself would have to be frustrated. By this means the play would lose its charm and become tasteless.« 138-139 (»Es giebt einen verzärtelten Geschmack, den auch die Nachahmung des Unangenehmen beleidiget, wenn der Ausdruck stark ist, und das Objeckt lebhaft schildert. Diesen zu befriedigen müßte das Objektive zu sehr geschwächt, das heißt, die Täuschung selbst verhindert werden; wodurch das Schauspiel seinen Reiz verlieren, und unschmackhaft werden würde.« JubA, Vol. 1, 391-392).

23 Cf. Christian Wilhelm von Dohm, »Concerning the Civil Improvement of the Jews«, in: *The Jew in the Modern World* (= note 12), 29 (»Ich kann es zugeben, daß die Juden sittlich verdorbner seyn mögen, als andere Nationen; daß sie sich einer verhältnißmäßig größern Zahl von Vergehungen schuldig machen, als die Christen; daß ihr Character im Ganzen mehr zu Wucher und Hintergehung im Handel gestimmt, ihr Religionsvorurtheil trennender und ungeselliger sey; aber ich muß hinzusetzen, daß diese einmal vorausgesetzte größere Verdorbenheit der Juden eine nothwendige und natürliche Folge der drückenden Verfassung ist, in der sie sich seit so vielen Jahrhunderten befinden.« Dohm, *Ueber die bürgerliche Verbesserung* [= note 12], 34).

Mendelssohn, understandably, meant to disabuse his contemporaries of their opinions. Thus, in the ›Preface‹, he bemoans the historical role to which Jews have been ascribed: »In former superstitious days, it was wantonly defiling sacred things: stabbing crucifixes and setting them bleeding; secretly circumsising [sic!] Christian babes, and then feasting our eyes with mangling them; using Christian blood at our Passover; poisoning wells, etc., etc.; unbelief, stubbornness, witchcraft, and all manner of diabolical doings, which were imputed to us, and for which we were despoiled of our property, driven into exile, stretched on the rack; and even put to death.«[24] The modern manifestations of those old biases mirror those qualities that had become most important and most valued by society. He goes on, »Now times are altered; those calumnies have no longer the desired effect. Now it is even superstition and ineptitude; want of moral feelings, taste, and good manners; unfitness for the arts, sciences, and useful trades, and particularly for the military and civil services, an unconquerable proneness to cheating, usury, and all nefarious practices […].«[25]

It is the charge of »want of moral feelings, taste, and good manners,« which would have seemed particularly painful to Mendelssohn. The Jews stand accused of being *tasteless*. The complex picture of the Jews, contextualized sympathetically by Dohm but understood as ever negative by Michaelis, did not allow for such reinterpretation of the ›unpleasant‹ as Mendelssohn set out to describe. And so he tried again, in an essay defining the term ›enlightenment‹.

In the essay, Mendelssohn introduces and characterizes three terms: enlightenment (Aufklärung), culture (Kultur), and education (Bildung). Their interrelation is the method by which humanity seeks and serves to better its social conditions; *Bildung* is broken down into like quantities of culture and enlightenment.[26] Together they promote social

---

24 Mendelssohn, »Preface« (= note 15), 82 (»In jenen abergläubischen Zeiten waren es Heiligthümer, die wir aus Muthwillen schänden; Crucifixe, die wir durchstechen, und blutenmachen; Kinder, die wir heimlich beschneiden, und zur Augenweide zerfetzen; Christenblut, das wir zur Osterfeyer brauchen; Brunnen, die wir vergiften u.s.w. Unglaube, Verstocktheit, geheime Künste und Teufeleyen, die uns vorgeworfen, um derent willen wir gemartert, unseres Vermögens beraubt, ins Elend gejagt, wo nicht gar hingerichtet worden sind.« JubA, Vol. 8, 6).

25 Mendelssohn, »Preface« (= note 15), 82 (»Itzt haben die Zeiten sich geändert; diese Verläumdungen machen den erwünschten Eindruck nicht mehr. Itzt ist es gerade Aberglaube und Dumheit, die uns vorgerückt werden; Mangel an moralischem Gefühle, Geschmack und feine Sitten; Unfähigkeit zu Künsten, Wissenschaften und nützliche Gewerbe, hauptsächlich zu Diensten des Krieges und des Staates; unüberwindliche Neigung zu Betrug, Wucher und Gesetzlosigkeit […].« JubA, Vol. 8, 6).

26 Moses Mendelssohn, »Ueber die Frage: Was heisst Aufklärung?« Originally published in: *Berlinische Monatsschrift* 4 (1784). Reprinted in: *Was ist Aufklärung? Beiträge aus der Berlinischen Monatsschrift*, ed. Norbert Hinske, Darmstadt 1981, and JubA, Vol. 6, 1, 115-119. I am using here both James Schmidt's translation, found in: *What is Enlightenment: Eighteenth-Century Answers and Twentieth-Century Questions*, ed. James Schmidt, Berkeley 1996, 53-57, and Dahlstrom's translation, found in *Philosophical Writings* (= note 5), 313-317. Page numbers refer to Schmidt and JubA (»Bildung zerfällt in Kultur und Aufklärung.« JubA, Vol. 6, 1, 115).

progress; their intertwining creates opportunities for the removal of prejudices, the progress of reason, and the arrival of morality. In other words, culture and enlightenment provide the means through which education is achieved. Culture is practical; it establishes social mores and social conduct through refinement, beauty and goodness, which is to say, the same moral virtue connected to the aesthetic through the neo-Platonic conflation of the Good with the Beautiful. The development of social art forms leads to increasing degrees of cultural finesse, »just as a piece of land is said to be more cultured and cultivated, the more it is brought, thought the industry of men, to the state where it produces things that are useful to men.«[27] Culture can be cultivated and groomed, and therefore made all the more precious and valuable, i.e., more complex and pleasing, based on its combination of negative (past) and positive (present) qualities. Enlightenment, on the other hand, is a theoretical component – it is an intellectual reflection about the mechanics of life based on rational science and free inquiry. What theory is to practice then and knowledge to ethics, so enlightenment is to culture. Proper *Bildung* is as much a product of moral behavior as it is of rational thought. We sow the benefits of this *Bildung* triad through the connection of beauty to morality, that is, through the coupling of rational inquiry and aesthetics, which bring society »into harmony with the destiny of man.«[28]

The »destiny of man« is a concept appropriated from Spalding, by whom Mendelssohn was highly influenced. Mendelssohn defines man's destiny as the fruit of *Bildung*, or in Altmann's words, »a harmonious unfolding of the total human being; an enlightened mind, a righteous heart, and an acute sense for genuine beauty.«[29] In his argument, Mendelssohn divides the destiny of man into two categories: the destiny of man as *individual* and the destiny of man as *citizen*.[30] Citizenship corresponds with cultural and practical matters; each citizen's duties are related to that citizen's station and vocation in the society. Culture depends on the correlation between one's social status and the fulfillment of one's duties associated with that status. Individuality, on the other hand, corresponds with the theoretical level; the fulfillment of universal enlightenment has very little to do with one's status as a citizen in society: »The enlightenment that is concerned with man *as man* is universal, without distinction of status; the enlightenment of man *as citizen* changes according to status and vocation.«[31] Through the use of reason,

---

27 Mendelssohn, »Enlightenment« (= note 26), 54 (»[…] so wie einem Grundstükke desto mehr Kultur und Anbau zugeschrieben wird, je mehr es durch den Fleiß der Menschen in den Stand gesetzt worden, dem Menschen nützliche Dinge hervorzubringen.« JubA, Vol. 6,1, 115).
28 Mendelssohn, »Enlightenment« (= note 26), 53 (»[…] ihres Einflusses in die Bestimmung des Menschen.« JubA, Vol. 6,1, 115).
29 Altmann, »Education« (= note 8), 399.
30 Mendelssohn, »Enlightenment« (= note 26), 54, Schmidt's emphasis (»Ferner läßt sich die Bestimmung des Menschen eintheilen in: 1) Bestimmung des Menschen als Mensch, und 2) Bestimmung des Menschen als Bürger betrachtet.« JubA, Vol. 6,1, 117).
31 Mendelssohn, »Enlightenment« (= note 26), 55, Mendelssohn's emphasis (»Die Aufklärung, die den Menschen als Menschen interessirt, ist allgemein, ohne Unterschied der Stände; die Aufklärung des Menschen als Bürger betrachtet, modificirt sich nach Stand und Beruf.« JubA, Vol. 6,1, 117).

Mendelssohn goes on to say, one can distinguish the needs and duties of each citizen and the ability of a nation to greet those duties with corresponding rights; the success of the ensuing relationship illustrates the harmony of one's rights and one's duties as they relate to the moral, social good.

The irony here is implicit: Mendelssohn as philosopher-individual was vastly more accepted than Mendelssohn as Jew. His role as non-citizen of the state does not correspond with his place as intellectual. For Mendelssohn, the moral and social contract between state and citizen is maintained by each individual as individual, and is brought into line by culture and cultural roles. Therefore the *possibility* that the enlightenment of an individual could conflict with the enlightenment of a citizen is for Mendelssohn a reality. He is a man whose individual destiny as a man clearly does not correspond to his destiny as a citizen; his political instability as a Jew residing in Berlin does not allow him the luxury of challenging a sovereign ruler at whose mercy he remains in the city.[32]

The means of improving this disparity, in Mendelssohn's construct, are best realized through the pursuit of perfection in art forms, which promote both intellectual reflection and cultural improvement. Here he implicitly refers to what his aesthetics show us: the pursuit of beauty through intellectual reflection leads us to morality. The continued progress of culture must maintain a proper balance in order to attain a level of education that harmonizes the different destinies. But this culture is not just for the Jews, rather, it is for society as a whole, for those who are defined by the state, even if defined *outside* the legitimate social order. Culture is, after all, responsible for the creation and cultivation of morality not for citizens but for all individuals.

But what are we to make of the definition of Jews as morally corrupt? The indictment of Jews – as a people – as particularly wanting in moral character must have felt like a slap in Mendelssohn's face. The implication is, of course, that they are eternally ugly, or in

---

32 Mendelssohn did not receive *Schutzjuden* status until 1763. He was threatened with expulsion once, after a particularly scathing article against religion appeared in the *Litteraturbriefe*. Nicolai was also investigated and permission to publish the journal was revoked. The article has been written by Lessing, who had fled Berlin for Leipzig and remained curiously silent about the appearance of his friends before the magistrate. Cf. Marilyn K. Torbruegge, »On Lessing, Mendelssohn, and the Ruling Powers«, in: *Humanität und Dialog: Lessing und Mendelssohn in neuer Sicht: Beiträge zum Internationalen Lessing-Mendelssohn-Symposium anläßlich des 250. Geburtages von Lessing und Mendelssohn*, ed. Ehrhard Bahr, Edward P. Harris, Laurence G. Lyon, Detroit 1982, 305-318. On the relationship between Mendelssohn and Frederick the Great, see Gordon Craig, »Frederick the Great and Moses Mendelssohn: Thoughts on Jewish Emancipation«, in: *Leo Baeck Institute Yearbook* 32 (1987), 3-10. On the general situation of Jews in Frederick the Great's Prussia, see Frederick II, »The Charter Decree for the Jews of Prussia«, in: *The Jew in the Modern World* (= note 12), 20-25; Klaus Epstein, *The Genesis of German Conservatism*, Princeton 1966, esp. 220-222; Altmann, *Mendelssohn* (= note 13), esp. 30, 71-72, and 264-265; Torbruegge, »On Lessing, Mendelssohn, and the Ruling Powers«, op. cit., esp. 307-313.

aesthetic terms, must be ›beautified‹.³³ By Mendelssohn's rendering, it is society that must be redeemed, improved by the mixed sentiment of *Bildung* – a coupling of culture and enlightenment that can render the unpleasant pleasant. It is just a matter of time before the components equalize and the Jew will be accepted. Until then, they must endure the ugliness of the prejudice lodged against him. »The friend of mankind«, he counsels, »must defer to these considerations, even in the most enlightened times.«³⁴ Mendelssohn himself would willingly endure prejudice to continue with the project of enlightenment in the hope of furthering societal *Bildung*.

Mendelssohn admits his own frustration in the foreword to the 1761 collection of his *Philosophical Writings*: »I find myself in circumstances similar to Diogenes', with the difference that he, out of cynical stubbornness, did not want to serve the state, while *I cannot*. He rolled an earthen barrel with great care while I am letting little philosophical compositions be reissued.«³⁵ The diminishing of his own efforts speaks to his frank disenchantment with his role as individual without civil rights. It is this moment when the seemingly abstract discourse becomes personal. Here is the analogy between Mendelssohn's inclusion of the Ugly in his philosophical aesthetics and his push for the humanitarian inclusion of Jews as productive citizens. Just as an unpleasant object can be rendered beautiful in its representation, the physical unpleasantness, rightly or wrongly, associated with the Jews, that is, their own mixed sentiment, can be improved by including the Jews in the communal project of social *Bildung*, education. His awareness of the dissonance between his destiny of his citizenship and the destiny of his individuality was already made clear in the ›Preface‹ when he wrote: »[Jews] are still kept removed from arts, sciences, useful trades, and the professions of mankind; every avenue to improve-

---

33 An excellent, if not somewhat ironic, example of this can be found in Vol. 24 of the JubA, in which all the portraitures of Mendelssohn have been collected and described. The figure of Mendelssohn, or rather, the portrayal of Mendelssohn as art form, suggests a parallel between inner goodness and outer beauty that cannot be overlooked. Mendelssohn's ugliness is framed, usually within an oval, and set against a dark background, thus reducing his physical deformity and highlighting the features of his intellect. Mendelssohn the icon presents the opportunity for the depiction of the imperfect as perfect; the intelligence of his wide forehead, the clear-sightedness of his eyes, the moral quality of his character make him ›beautiful‹. Cf. »Einleitung«, JubA, Vol. 24, 5-10, esp. 8-10.

34 Mendelssohn, »Enlightenment« (= note 26), 55 (»Allein dem ungeachtet wird der Menschenfreund, in den aufgeklärtesten Zeiten selbst noch immer auf diese Betrachtung Rücksicht nehmen müssen.« JubA, Vol. 6,1, 118).

35 Mendelssohn, »Vorwort« to *Philosophical Writings* (= note 5), 3, my emphasis (»Ich befinde mich mit dem Diogenes in ähnlichen Umständen; mit dem Unterschiede, daß er dem Staate aus cynischem Eigensinne nicht dienen wollte; *ich nicht kann*. Er wälzte mit vieler Behutsamkeit eine irdene Tonne; ich lasse kleine philosophische Ausarbeitungen wieder auflegen.« JubA, Vol. 1, 229, my emphasis).

36 Mendelssohn, »Preface« (= note 15), 83 (»Man fährt fort, uns von allen Künsten, Wissenschaften und andern nützlichen Gewerben und Beschäftigungen der Menschen zu entfernen; versperret uns alle Wege zur nützlichen Verbesserung, und macht den Mangel an Cultur zum Grunde unserer fernern Unterdrückung.« JubA, Vol. 8, 6).

ment is still blocked up to us, and the want of refinement made a pretence for our oppression.«[36] His lament points the blame at the external exclusion of Jewish participation in the societal whole: »They tie our hands, and scold us for not making use of them.«[37] But the hope is ever present, at least for Mendelssohn, that the progress of *Bildung* will pave the cultural avenue toward further enlightenment. The role of the aesthetic then is not only a subversive metaphor for understanding the divine, but also a progressive analogy for presenting the human.

The eyes of the beholder must be improved then to make the Ugly beautiful. Time, he thinks, is on our side. Oh, would that his optimism had been right.

Leah Hochman, Boston/Berlin

---

37 Mendelssohn, »Preface« (= note 15), 83 (»Man bindet uns die Hände, und macht uns zum Vorwurfe, daß wir sie nicht gebrauchen.« JubA, Vol. 8, 6).

Die Seele

In the year 1787 David Friedländer published a booklet in Hebrew called HaNefesh (The Soul) that he wanted included in Mendelssohn's posthumously and previously unpublished works. In the same year, an anonymous ›H. J.‹ translated the article into German. An analysis of this article shows that it is not a shortened version of Mendelssohn's Phaedon. Mendelssohn did not finish HaNefesh. It is not known whether and in what ways Friedländer revised the text. It is highly probable that H. J. was a Christian, who wanted to make the writing available to a Christian audience. Despite its reference to Jewish writings, Mendelssohn's essay on the soul is not a ›Jewish‹ text, but rather offers German philosophy in the Hebrew language.

En 1787, David Friedländer fit paraître un ouvrage en hébreu portant le titre HaNefesh (L'âme) qu'il prétendait avoir trouvé dans les œuvres posthumes de Mendelssohn. La même année, l'ouvrage était traduit en allemand par un auteur inconnu aux initiales ›H.J.‹. Une analyse de cet ouvrage montre qu'il ne s'agit pas d'un résumé du Phédon de Mendelssohn. Mendelssohn n'a pas achevé HaNefesh. Il n'est pas possible de déterminer si Friedländer a travaillé sur cette œuvre ni dans quelle mesure. Le traducteur H. J. était, selon toute vraisemblance, un chrétien qui voulait rendre ce livre accessible à un public chrétien. Malgré ses références au patrimoine littéraire juif, le traité de Mendelssohn sur l'âme n'est pas un texte ›juif‹ mais propose une philosophie d'école allemande en langue hébraïque.

1787, ein Jahr nach Moses Mendelssohns Tod, erschien in Berlin eine kleine hebräische Schrift (4,15 Blatt kl. 8°) mit dem Titel *HaNefesch* (*Die Seele*) von Rabbi Moses aus Dessau, herausgegeben von David Friedländer. Die Handschrift Mendelssohns scheint verlorengegangen zu sein, der hebräische Text ist in der ›Jubiläumsausgabe‹ (im folgenden: JubA) der *Gesammelten Schriften Moses Mendelssohns* (Bd. 14, 1938, Ndr. 1972) nach dieser Erstausgabe abgedruckt worden (121-144). Die Schrift enthielt zwei Teile: der 1. Teil behandelte ohne eigene Teil-Überschrift die Unsterblichkeit der Seele (123-130), der 2. hatte die Teil-Überschrift »Untersuchung über die Verbindung der Seele mit dem Körper« (131-144). Beide Teile sind selbständige Abhandlungen. Im selben Jahr erschien vom ersten Teil dieser Schrift bei Friedrich Nicolai in Berlin und Stettin eine deutsche Übersetzung unter dem Titel: *Moses Mendelssohns kurze Abhandlung von der Unsterblichkeit der Seele aus dem Ebräischen übersetzt von H. J.* (4 S. ›Vorrede‹, 30 S. Text, 4 S. Anmerkungen, 6 S. »Stelle aus des Herrn Friedländers Vorrede, deren in der meinigen Meldung geschehen«). Daß die Schrift eigentlich aus zwei Teilen bestand, kann der deutsche Leser nur erahnen, denn am Schluß der »Stelle aus des Herrn Friedländers Vorrede« heißt es, nur für den Kenner des hebräischen Originals verständlich: »Was ferner der Herr Friedländer in seiner Vorrede saget, betrifft den dort angehängten zweyten Theil.« (Dieser zweite Teil wurde auch ins Deutsche übersetzt: *Abhandlung über das Kommerz zwischen Seele und Körper von Moses Mendelssohn. Aus dem Hebräischen übersetzt von Salomon Anschel, Kandidaten der Philosophie auf der Universität zu Bonn* [Frankfurt am Main]. Gedruckt mit Abshovischen Schriften 1788. 4 Bl., 63 S.) Ob die Übersetzung von H. J. jemals gelesen worden ist, kann nicht bewiesen werden, die Übersetzung ist jedoch so mangelhaft, daß Leo Strauss den Text für die JubA (Bd 3,1, 1932, 203-213) nicht verwenden konnte und *HaNefesch* selbst neu übersetzt hat. Über die schlechte Übersetzung von H. J. gibt es bis jetzt keine Untersuchung, sie soll jedoch im Mittelpunkt dieser Ausführung stehen, denn sie wirft Licht auf die Tätigkeit der Aufklärer in der Zeit nach Moses Mendelssohn.

Der Forschungsstand zu dem Büchlein *HaNefesch* ist von Leo Strauss in der ›Einleitung‹ zur JubA (3,1, 1932, XXXIX-XL) berichtet worden und hat sich seitdem nicht geändert: Diese »Abhandlung ist unzweifelhaft später als der Phädon entstanden. Wie Mendelssohn in einem im Herbst 1768 an Hartwig Wessely geschriebenen Brief berichtet, hatte er ursprünglich die Absicht, das Unsterblichkeitsproblem in hebräischer Sprache und in Anknüpfung an die jüdische Tradition zu behandeln und dabei auf jede Anlehnung an den Platonischen Phaidon zu verzichten: ›denn was haben wir, die Anhänger der wahren Religion, mit dem Sohn des Sophroniskus zu schaffen?‹ Nachdem er sich nun aber doch dazu entschlossen hatte, den Phädon zu schreiben [...], und er diesen Entschluß 1767 ausgeführt hatte, mochte es ihm ratsam erscheinen, den Inhalt dieser Schrift auch *den* Juden zugänglich zu machen, die ein in deutscher Sprache verfaßtes Buch nicht lesen konnten oder wollten. [...] Die hebräische Abhandlung gibt die Gedanken des Phädon in herkömmlicherer und schulmäßigerer Weise wieder.« (Seite XL)

Wer der Übersetzer H. J. war, weiß man nicht, doch er muß aus Berlin kommen, da er seine Vorrede unterzeichnet mit »Berlin, den 18ten Junius 1787.« Den hebräischen Titel der Schrift – ob er von Mendelssohn selbst oder von Friedländer kommt, kann nicht entschieden werden – hat der Übersetzer dem Untertitel (»über die Unsterblichkeit der Seele«) des *Phädon* angepaßt. Die Schrift selbst besteht aus vier Teilen: eine »Einleitung« (1-2), »Erste Abtheilung. Daß die Seele ein Geist sey.« (3-10), »Zweite Abtheilung. Daß die Seele immer fortdaure.« (11-18) und »Dritte Abtheilung. Daß die Seele ein fortdauerndes, wahres Leben genieße.« (19-30) Die ersten beiden Abteilungen sind fortlaufend in 22 Paragraphen untergliedert, die dritte Abteilung hat keine Untergliederung. Diese dritte Abteilung ist viel persönlicher formuliert als die rein sachlichen ersten 22 Paragraphen, Mendelssohn spricht jetzt oft von »ich« und »wir«. Er verweist auch auf »mein Buch über die Unsterblichkeit der Seele« (H. J.: »in meinem Phädon«).

Am Ende der »Einleitung« sagt Mendelssohn, er wolle den Satz, »daß die Seele ein Geist sey [...] durch einen unumstößlichen Beweiß fest setzen« (2). Das quod erat demonstrandum steht aber nicht am Ende der 1. Abteilung, sondern erst am Schluß der 2. Abteilung: »Dies ists, was wir beweisen wollten.« (18) Die Schrift, wie sie jetzt vorliegt, vermittelt den Eindruck eines unabgeschlossenen ›work in progress‹, die stilistische Diskrepanz zwischen den ersten beiden und der dritten Abteilung macht das sehr deutlich. Es ist auch nicht ganz ersichtlich, welcher literarischen Gattung dieser Text zuzuordnen ist: in der »Einleitung« redet Mendelssohn jemanden an (»um Dich der Wahrheit dieser Lehre zu versichern«); dieses Du wird im dritten Teil wieder aufgenommen (»Du siehst also«). Wer war der Adressat der Schrift? (H. J. vermeidet dieses Du beide Male: »man siehet also«, 23). Und warum bricht Mendelssohn die Abhandlung plötzlich und unmotiviert ab (»Doch hierüber weitläufiger zu seyn, ist hier der Ort nicht.« 30), gerade dann, wenn sie anfängt, wirklich spannend zu werden bei der Frage, ob Gott den Bösen und den Guten nach Gerechtigkeit oder nach Zufall behandelt?

Strauss schreibt, die Schrift sei für die Juden geschrieben worden, »die ein in deutscher Sprache verfaßtes Buch nicht lesen konnten oder wollten« (Seite XL). David Friedländer weiß es noch besser: »Damit nun ein der deutschen Sprache nicht mächtiger theologische

Untersuchungen liebender Mann, die Mendelssohnsche Theorie von Gott, der Seele und der Unsterblichkeit (des Phädon) kennen lernen möchte; so hat der Verfasser selbst aus seinem Werk einen Auszug in ebräischer Sprache gemacht, in welchem er seine vornehmsten Behauptungen rein, lauter, deutlich und in der faßlichsten Ordnung vorgetragen.« (unpag., Bll. 38-39 Bogensignatur C3).

Ist *HaNefesch* eine hebräische Kurzfassung des *Phädon*? Das ist dieser Traktat sicher nicht, denn inhaltlich bezieht er sich hauptsächlich auf das dritte Gespräch im *Phädon* und formal fällt auf, daß die Namen Phädon und Sokrates in dieser Schrift kein einziges Mal genannt werden! Statt dessen wird dreimal auf eine Schrift des Maimonides verwiesen (s. u.). Die Schrift ist nicht ein hebräischer »Auszug« aus dem *Phädon* für Leser, die nicht Deutsch verstanden, sondern scheint eine genuin *jüdisch-theologische* Abhandlung (was der *Phädon* nicht ist) *für Juden* zu sein, ob sie Deutsch konnten oder nicht. Dr. Immanuel Heinrich Ritter, der Biograph David Friedländers, weiß sogar noch Genaueres: »Da nun Friedländer diesen Auszug in Mendelssohns Papieren vorfand, veröffentlichte er ihn nach der Absicht des Urhebers, indem er zugleich selbst den Schülern oberer jüdischer Klassen eine geschichtliche Vorbereitung für solche Materien und für die Behandlung derselben in hebräischer Sprache zu bieten bezweckte.« (*David Friedländer, sein Leben und sein Wirken*. Berlin 1861, 69f.) Hiernach wäre der Traktat für den jüdischen Schulunterricht von Friedländer verwendet worden.

Anders verhält es sich jedoch mit der deutschen Übersetzung des unbekannten H. J. In seiner »Vorrede« (unpag., Bll. 1-3 Bogensignatur 2) schreibt er: »Folgenden Entwurf hat man dem seligen Herrn Mendelssohn zu danken. Er fand sich in ebräischer Sprache unter seinen hinterlassenen Handschriften. Sein Freund, Herr Friedländer beförderte unlängst denselben zum Druck. In der dem Entwurf beygefügten sinnreichen Vorrede sagt er: ›Der Phädon des Mendelssohn hat den deutschen Lesern hinreichend Genüge geleistet‹. Also könnte man denken, der Verfasser habe den Entwurf bloß für die Ebräer geschrieben, und die Uebersetzung desselben wäre von keinem Nutzen. / Dessen ungeachtet glaube ich keine unnütze Arbeit übernommen zu haben. Es ist wahr: diese Schrift enthält nichts, als was im Phädon steht; allein sie hat doch die Vorzüge aller mendelssohnschen Schriften, und ist für Leser bestimmt, denen der Phädon zu schwer ist; die nicht im Stande sind, die Hauptideen heraus zu heben, und durch deren Zusammensetzung sich von der Gewißheit der darin vorgetragenen Hauptwahrheiten zu überzeugen. Mir ist oft begegnet, daß ich mich bey Lesern des Phädons nach seinem Inhalt erkundiget, aber keine deutliche und hinlängliche Antwort erhalten habe; ohne allen Zweifel aus eben angeführtem Grunde. / Verschiedene Personen haben deswegen schon lange gewünscht, es möchte einer aus dem so wichtigen Buche Mendelssohns einen Auszug verfertigen, um auch schwächere Leser mit Wahrheiten von so großem Gewicht fürs ganze menschliche Geschlecht bekannt zu machen. Welch ein Glück ist es also, daß der Meister, der das große Werk aufgeführt, die Verkleinerung selbst übernommen. / Ich schmeichle mir, daß dieser Auszug manchen zur Lesung des großen Werks reizen, und zum Verstande desselben vorbereiten werde; weil sie durch den Auszug lernen, auf welche Stellen sie ihre Aufmerksamkeit vorzüglich zu richten haben. / Es war also Ueberzeugung etwas Gutes zu thun, und das Verlangen meinem Nebenmenschen nützlich zu seyn, welche mich bewogen, diese ebräische Abhandlung ins Deutsche zu übersetzen.«

Diese Vorrede sagt unmißverständlich, daß H. J. *nicht* die Meinung Friedländers teilt, *HaNefesch* sei »bloß für die Ebräer geschrieben.« H. J. übersetzt die Schrift für diejenigen, denen der »Phädon zu schwer ist«, er möchte seine Übersetzung als Vorbereitung auf die Lektüre des *Phädon* verstanden wissen. Friedländer war davon ausgegangen, daß die Schrift für Juden, die kein Deutsch konnten, geschrieben worden sei. H. J. denkt bei seinen Lesern gar nicht an Juden, sondern an philosophische Laien, die den deutschen *Phädon* gelesen, aber nicht verstanden haben. Die Leser, mit denen H. J. sich unterhalten hat und die sich einen »Auszug« wünschten, seine »Nebenmenschen«, konnten kein Hebräisch (und darum auch Friedländers Edition nicht) lesen. Sie waren *Christen*. Halten wir fest: Ursprünglich wollte Mendelssohn über die Unsterblichkeit der Seele auf Hebräisch für Juden schreiben. Dann schrieb er den *Phädon* auf Deutsch, die Mehrzahl seiner Leserschaft waren Christen. In Anlehnung an den *Phädon* schrieb er dann auch über die Unsterblichkeit der Seele auf Hebräisch für Juden, wurde aber ins Deutsche für Christen rückübersetzt. Die jüdisch-deutsche Aufklärung wurde auf diese Weise bunt.

Doch wer war der Übersetzer H. J., der mit Christen über den *Phädon* diskutiert hatte? War er Jude, war er Christ? Den ersten Satz von Mendelssohns »Einleitung« übersetzt er wie folgt: »Die Lehre von der Unsterblichkeit der Seele, so wie sie der Grund der Theologie und des Glaubens ist, zerfällt in drey Hauptabtheilungen.« (1) Diesen Satz übersetzt Leo Strauss hingegen so: »Die Lehre von der Unsterblichkeit der Seele, so wie sie ein Fundament der Thora und des Glaubens ist, zerfällt in drei Hauptstücke.« (203) Die Übersetzungen unterscheiden sich an einer Stelle wesentlich: »der Grund der Theologie« (J. H.), »Fundament der Thora« (Strauss). Da im Hebräischen »Jesode HaTorah« steht, ist die Strauss-Übersetzung korrekt. Daß Strauss korrekter übersetzt, interessiert hier nicht, allein die Tatsache, *wie* falsch H. J. »Jesode HaTorah« wiedergibt, macht stutzig. »Jesode HaTorah« nämlich war jedem nur etwas gebildeten Juden vertraut als der 1. Teil des 1. Buches (»Buch der Erkenntnis«) der *Mischne Torah* des Maimonides: »Hilkoth Jesode HaTorah« – die Aufzählungen der Grundsätze der Torah. Da Mendelssohn mit den Schriften des Maimonides gut vertraut war, wird er bewußt diesen strengen maimonideischen Anfang gewählt haben. Seine jüdischen Glaubensbrüder wußten sofort, worum es ging: um ein *genuin jüdisches* Buch (im Unterschied zum *Phädon*).

Wenn H. J. diese Anspielung nicht *verstand*, war er im Judentum nicht zu Hause. Und es ist fast nicht denkbar, daß ein Jude ›torah‹ (Lehre, Gesetz) mit ›Theologie‹ übersetzt – diese Übersetzung klingt sehr christlich. War der Übersetzer ein Christ? Oder wollte H. J. sich an seine christlichen Leser akkomodieren?

Auch die Übersetzung von §12 zeigt, daß H. J. im Judentum nicht zu Hause ist. Strauss übersetzt: »Diese einfache Substanz heisst als Substrat der Empfindung Seele (nefesch); in Hinsicht auf ihre Fähigkeit zu begehren und zu verabscheuen heisst sie Gemüt (ruach); in Ansehung dessen, daß sie Substrat der Einsicht und der begrifflichen Erkenntnis ist, heißt sie Geist (neschamah)« (206). Dahingegen übersetzt H. J.: »Dieser einfachen Substanz hat man zwar verschiedene Namen beygeleget, je nachdem sie verschiedene Eigenschaften besitzet; sie empfindet, verabscheuet, verlanget, denket und schliesset« (9). Die drei Schlüsselbegriffe *nefesch, ruach* und *neschamah* (Alexander Altmann: *Moses Mendelssohn. A biographical study.* London 1973, 182: »the three *familiar* Hebrew terms«) kommen bei H. J. gar nicht vor – konnte er mit ihnen nichts anfangen? Der babylonische

Talmud diskutiert diese Begriffe ausführlich, bei Saadia und Ibn Esra sind sie zu finden, bei Albo wie bei Maimonides, in der Kabbala wie bei Abraham Cohen Herrera, kurz: überall in der jüdischen Philosophie. Warum scheinen diese Begriffe (und ihre neuartige Verbindung in diesem Text) H. J. nicht wichtig zu sein? Kannte er sie nicht? Am Ende der 3. Abteilung übersetzt H. J. zweimal das hebräische Wort ›rachamim‹ mit ›Gnade‹ (29). Das erste Mal müßte es mit ›Barmherzigkeit‹ bzw. ›Erbarmen‹ übersetzt werden, das zweite Mal mit ›Normen‹ bzw. ›Richtlinien‹ (›middot‹) des ›Erbarmens‹ bzw. der ›Barmherzigkeit‹. Der Begriff *Gnade* klingt nicht nur christlich – der Terminus *ist christlich*. Es folgt im Text (29-30) dann der berühmte Ausspruch aus den »Sprüchen der Väter«: »Denn in Güte wird die Welt *gerichtet*« (*Pirke Aboth*, III, 19). H. J. kennt den Spruch nicht, darum macht er aus *gerichtet* ein *regieret*. Und dann kommt es ganz schlimm: Mendelssohn spricht von dem »Guten«, dem, der »Gott dient«, und dem »Gerechten« (hebr. *zaddik*). H. J. macht aus dem Diener Gottes einen »*Gottes-Verehrer*« und aus dem »Gerechten« einen »*Frommen*« (30). Wer so redet, ist ein Christ. Natürlich kann nicht mit letzter Gewißheit gesagt werden, daß H. J. ein Christ gewesen ist, doch es muß festgestellt werden, daß seine Sprache christlich ist.

In den »Anmerkungen« (31-34), die nicht von Friedländer, sondern von H. J. selbst stammen, fällt auf, daß dem Verweis Mendelssohns in §22 auf »das Buch More Nebuchim« (H. J.: »Nebochim«) nicht nachgegangen wird. Der Übersetzer charkterisiert es allein in einer Note unter dem Text als »Ein scharfsinniges theologisch-philosophisches Buch des Maimonides« (17). H.J. hätte den *Führer der Unschlüssigen* in der hebräischen Übersetzung des Ibn Tibbon lesen können, die 1742 Mendelssohns Lehrer David Fränkel in Jeßnitz hatte drucken lassen. Es handelt sich bei Maimonides um das das 12. Kapitel des III. Teils des *Führers*. Mendelssohn selbst hatte – ohne Maimonides zu erwähnen – das Problem der ›Übel in der Welt‹ abgehandelt in der Schrift »Sache Gottes oder die gerettete Vorsehung« (1784; vgl. JubA 3, 2, 219-260). H. J. war nicht weiter interessiert an diesem Problem. Nur auf die Verweise Mendelssohns auf die *Logik* des Maimonides geht H. J. ein. (Zu der *Logik* des Maimonides vgl. Jacob I. Dienstag: »Maimonides‹ Treatise on Logic. An annotated Bibliography«. In: *Areshet* 2, 1960, 7-34; zu den Drucken der *Logik* mit Mendelssohns Kommentar vgl. ders.: »Commentators, Translators and Editors of Maimonides' Treatise on Logic«. In: *Koroth* 9, 1986, No. 3-4, 269-296, bes. 282-287.) Diese war 1761 in Frankfurt an der Oder erschienen (Vgl. Michael Albrecht: *Moses Mendelssohn, 1729-1786. Das Lebenswerk eines jüdischen Denkers der deutschen Aufklärung*. Weinheim 1986, Ausstellungskataloge der Herzog-August-Bibliothek, Nr. 51, 77, Nr. 45). Mendelssohn verweist in §3 auf die *Logik* (»›Termini der Logik‹ Kapitel 11«) und im dritten Teil (»Es ist bekannt, siehe ›Termini der Logik‹ Kapitel 4 und meine Erklärung daselbst, daß [...]«). H. J. nennt die *Logik* mit ihrem hebräischen Titel »Miloth Higajon« (4 und 21) – korrekt wäre »HaHiggajon« (so auch auf dem Titel der editio princeps). §3 lautet: »Ordnung und Verhältnis gehören zur Kategorie der Relation; denn man gewinnt einen Begriff von ihnen nur vermittelst der Vergleichung eines Dinges mit einem anderen (siehe ›Termini der Logik‹ Kapitel 11)« (Übers. Strauss). In der Anmerkung b (31-32) kommentiert H. J. so: »Ein logisches Buch des Maimonides in der arabischen Sprache geschrieben, hernach von einem andern in die ebräische übersetzt, da heißet es: ›Es giebt Benennungen, deren Bedeutung man nicht verstehet, z. E. die Benennungen lang und kurz, u.d.g. Man kann sich keinen Begriff von der Länge machen, wenn man sie nicht mit einem kürzern Dinge vergleichet; und so umgekehrt, kann man nicht einsehen, daß dieses kurz sey, wenn man es nicht mit einem längern vergleichet. Dieses Verhältniß des langen mit dem kurzen u.d.g. heißet die Beziehung, ein jedes von ihnen, das Beziehende; beide zusammen: die gegenseitig beziehenden Dinge. So ist es auch mit Höhe und Tiefe, Hälfte und Ganzen; Eins und gedoppelt; vor und nach; unterschieden und das wovon es unterschieden ist; gleich und womit es gleich ist; Freund und Feind, Vater und Sohn, Herr und Knecht. Alles dieses u.d.g. heißet das Beziehende, weil man es ohne Nachdenken und Vergleichung des einen mit dem andern nicht begreiffet.«"

Um zu zeigen, wie H. J. übersetzt, sei hier eine neue (nicht publizierte) Übersetzung dieses Abschnittes der *Logik* von Torsten Loesch angeführt: »Unter dem Namen sind welche, die so klar sind, daß wenn du sie hörst, dir ihre Angelegenheiten, über die durch diesen Ausdruck unterrichtet wird, verständlich sind, ohne daß du einen Vergleich zwischen dieser Angelegenheit und einem anderen Ding benötigtest (wie wenn wir sagen, ›der Zinn‹, ›das Kupfer‹, ›die Speise‹, ›der Trank‹, ›das Stehen‹ u. ä.). Und es gibt unter den Namen welche, deren Angelegenheit, über die dieser Name unterrichtet, dir nur durch Vergleichen zwischen ihr und einem anderen Ding zugänglich wird (wie wenn wir sagen, ›das Lange‹, ›das Kurze‹, u. ä.). Der Sachverhalt dieses Langseins kommt nur nur durch seinen Vergleich mit dem, was kürzer ist, zu Bewußtsein, und man stellt sich vor, daß dies kürzer ist, sobald ein Längeres als dieses in unser Bewußtsein gelangt. / Diese Beziehung zwischen dem Langen und dem Kurzen, u.ä. nennen wir nun (12) ›die Gegeneinanderhaltung‹, und jedes einzelne von ihr ›das Gegeneinandergehaltene‹ bzw. beide zusammen ›die gegeneinandergehaltenen Dinge‹. Ebenso ist das Oben und das Unten, (13) das Halbe und das Doppelte, das Vorherige und das Spätere, (14) das Verschiedene und (15) das Gleiche, das Liebende und das Hassende, der Vater und der Sohn, der Knecht und der Herr. Denn von diesen und Ähnlichen nennen wir jedes einzelne ›das Gegeneinandergehaltene‹, da sein Sachverhalt nur durch Maß und Vergleichen zwischen ihm und einem anderen Ding zu Bewußtsein kommt, und diese Beziehung zwischen ihnen wird ›die Gegeneinanderhaltung‹ genannt.« (Torsten Loesch: *Moses Mendelssohns Kommentar zur Logik des Maimonides*. Magisterarbeit am Institut der FU Berlin, Institut für Judaistik. SoSe 1996, 127.)

Die Anmerkung c (32-34) zerfällt in zwei Teile: 1. Teil »Dort sagt unser Verfasser« (gemeint ist Mendelssohn, 32-34). 2. Teil »wie der Verfasser sagt« (gemeint ist Maimonides, 34). Beide Teile entstammen jedoch dem Kommentar Mendelssohns zum 4. Kapitel der *Logik*, denn Mendelssohn selbst zitiert in seinem Kommentar eine ganze Passage des Maimonides noch einmal. Die Übersetzung ist mehr oder weniger korrrekt. Bei dem Kommentar Mendelssohns handelt es sich um die Erklärung folgenden Satzes »Jeder Satz und jedes Urteil, dessen Prädikat zu einem Subjekt widersprechend oder entgegengesetzt ist, wird unabhängig davon, ob der Satz bejahend oder verneinend ist, ›in sich selbst‹ oder ›schlechthin unmöglich‹ genannt« (Übers. Loesch, 39).

Mendelssohns zweifacher Hinweis auf die *Logik* des Maimonides scheint auf den ersten Blick auf die religiöse Autorität des Maimonides, des größten Denkers im Judentum, zu verweisen. Aber dieser Eindruck ist eigentlich eine Täuschung, denn Maimonides behandelt an diesen Stellen rein *logische* Probleme (und ebenso Mendelssohn in seinem

Kommentar). Mendelssohn hätte genauso gut auf Wolff verweisen können. Nur weil seine Leser Wolff nicht lesen konnten, wird dieser durch Maimonides ersetzt. Mit jüdischer Philosophie hat das alles gar nichts zu tun, nur mit dem Sprachenproblem. Handelt es sich doch nicht um ein genuin jüdisches, sondern nur um ein *hebräisches Buch*?

Diese Frage kann beantwortet werden mit einem kurzen Vergleich des *HaNefesch* mit dem *Phädon*, denn dieser Vergleich zeigt, daß der Unterschied zwischen diesen beiden Schriften allein darin besteht, daß Mendelssohn im Traktat von der Seele seine *philosophische* Position weiterentwickelt hat, speziell in der 2. Abteilung (entsprechend dem 1. Dialog in *Phädon*) und in der 3. Abteilung (entsprechend dem 3. Dialog im *Phädon*). Alexander Altmann hat diese philosophischen Differenzen, die nichts mit dem Judentum zu tun haben, sorgfältig beleuchtet (Altmann: *Mendelssohn*, a.a.O., 181-184), sie brauchen darum hier nicht wiederholt zu werden.

Im Jahre 5558 (1798) (Herrmann M. Z. Meyer: *Moses Mendelssohns Bibliographie*. Berlin 1965, 63, Nr. 356, fälschlicherweise: 1787) erschien in Brünn, »gedruckt bei Joseph Rossmann, k.u.k. privilegiertem hebräisch und deutschen Buch-Drucker« (dieser Hinweis steht in Jiddisch) ein »Sefer HaNefesch [Buch (von) der Seele] von Rabbi Moses aus Dessau, genannt Mendelssohn«, mit dem hebräischen Untertitel »Zum Druckhaus gebracht durch seinen Schüler Rabbi David Friedländer in Berlin im Jahre 5547 und der Sinn dieses Buches ist geschrieben in seinem Vorwort, das er geschrieben hat zur Ehre seines Lehrers.« Auf dem hebräischen Titelblatt steht auch auf Deutsch: »Nebst einer deutschen Übersetzung von Herrn Friedländer.« Neben dem deutschen Text »von Herrn Friedländer« enthält das Büchlein auch den hebräischen Text von Mendelssohn (in Raschi-Type). Es beginnt mit einer »Vorrede«, die zwar von Friedländer stammt, aber wörtlich mit dem übereinstimmt, was H.J. seiner Übersetzung als »Stelle aus des Herrn Friedländers Vorrede, deren in der meinigen Meldung geschehen« angehängt hatte. Und dann folgt auch noch die gesamte deutsche Übersetzung nebst Anmerkungen, wie wir sie von H. J. kennen. Die Übersetzung ist also gar nicht von Friedländer, sondern von H. J. Mendelssohns Bibliograph Meyer (a.a.O.) und in seinem Gefolge Alexander Altmann (*Mendelssohn*, a.a.O., 788 Anm. 10) haben diesen frommen Betrug nicht bemerkt.

Auch diese Schrift enthält nur den 1. Teil der Friedländerschen Edition: Am Ende der Vorrede heißt es auch hier: »Was hier H. Friedländer in seiner Vorrede sagt, betrifft den angehängten zweyten Theil, welcher nicht übersetzt worden, darum bleibt diese Stelle in der Vorrede unübersetzt.« Das ist der einzige deutsche Satz in dieser Schrift, der vielleicht nicht von H.J. stammt. Daß Rossmann Friedländer als Übersetzer angibt, deutet möglicherweise an, wie unbekannt (und unbedeutend) H. J. war. Der Verlag schmückte sich lieber mit dem berühmten Nachlaßverwalter der Hinterlassenschaft Mendelssohns. Daß H. J. durch Friedländer ersetzt wurde, kann auch meine These bestätigen, daß H. J. ein Christ war: Ein christlicher Übersetzer auf der Titelseite eines hebräischen Buches eines jüdischen Autors war im Jahr 5558 einfach undenkbar und nicht akzeptabel.

Dieses Büchlein vereinigt also einen hebräischen Text für Juden eines jüdischen Aufklärers und einen deutschen Text für Christen von einem christlichen Übersetzer. Und beide Male handelt es sich um den gleichen Text! Dieses Büchlein konnte man einzeln kaufen, aber auch zusammengebunden mit Mendelssohns *Phädon* in der hebräischen Übersetzung von Jesaja Beer-Bing aus Metz, die 1787 in Berlin erschienen und von Rossmann 1798 in Brünn nachgedruckt worden war: *Phedon hu Sefer Hischa'arut HaNefesch.* Brünn 5558.

Noch ein Wort zu David Friedländer. Daß man diesem in seiner Tätigkeit als Nachlaßverwalter Mendelssohns nicht trauen darf, habe ich an anderer Stelle nachgewiesen (Verf.: »Sulamith und Jedidja oder Jeremia Heinemann, David Friedländer und der Erstdruck von Mendelssohns Psalmenkommentar in der ›beliebten Zeitschrift Jedidja‹«. In: *Bild und Selbstbild der Juden Berlins zwischen Aufklärung und Romantik.* Hg. Marianne Awerbuch, Stefi Jersch-Wenzel. Berlin 1992, 179-209, hier: 195: »Friedländers Herausgebertätigkeit ist nicht zu trauen.«). Die Frage ist also berechtigt, wie Friedländer mit dem von ihm im Nachlaß Mendelssohns gefundenen Manuskript (das verschollen ist) umgegangen ist. Ich berichte nur:

David Friedländer hatte einen Neffen (Ritter, a.a.O., 39 Anm. 1), der ein berühmter Arzt und Verfasser des Buches *De l'éducation physique de l'homme* (Paris 1815) war. Michael (Michel) Friedländer D. M. (1769-1824) war auch Mitglied zahlreicher wissenschaftlicher Akademien und Vereinigungen, er war nicht irgendwer. Dieser M. Friedländer hatte für die Pariser *Biographie universelle* den Artikel »Moses Mendelssohn« geschrieben, der auf Deutsch 1821 in Berlin im 5. Band (3. Jg. 5580-81; 1820-1821) von Dr. Jeremias Heinemanns Journal *Jedidja, eine religiöse, moralische und pädagogische Zeitschrift* erschien (226-249). In dieser Biographie Mendelssohns schreibt Friedländers Neffe: »Herr David Friedländer hat eine kleine Abhandlung über die Unsterblichkeit der Seele, zum Gebrauch der oberen jüdischen Klassen, geschrieben, welche alle Beweise aus dem Phädon und andern Werken seines Freundes [Mendelssohn] in summarischer Übersicht enthält« (248). Immanuel Heinrich Ritter sagt hierzu, diese Schrift sei ihm »niemals zu Geschicht gekommen« (70). Dem muß widersprochen werden: Herr Ritter hatte nämlich eine Seite vorher über Mendelssohns Schrift *HaNefesch* gesprochen.

Die These, *HaNefesch* sei ein genuin jüdisches Buch, muß jetzt etwas modifiziert werden. Die philosophische Argumentation basiert vollständig auf der Leibniz/Wolff'schen Philosophie (vgl. die Anmerkungen zum Text in JubA 3,1, 431-433). In der »Vorrede« zum *Phädon* hatte Mendelssohn geschrieben, er habe in dieser Schrift keine Schriftsteller angeführt, denn »dem bloßen Liebhaber ist es gleichgültig ob er einen Beweisgrund diesem oder jenem zu verdanken hat« (JubA 3,1, 9). Um so auffälliger sind in unserem Büchlein die Anspielungen auf die *Mischneh Torah* und den *Führer der Unschlüssigen*, das zweimalige Erwähnen der *Logik* des Maimonides, und das Zitat aus den »Sprüchen der Väter.« Diese Anspielungen und Hinweise sollen den Eindruck erwecken, als handele es sich bei *HaNefesch* um ein jüdisches Buch, doch die Hinweise sind nicht mehr als ein Dekor. Eigentlich sind sie überflüssig. Alexander Altmann hat mit Recht festgestellt: »The biblical and rabbinic quotations are not adduced as theological proof-texts but as stylistic devices that help to give the essay a decidedly Jewish flavor without changing its basic character« (a.a.O., 184). *HaNefesch* ist ein deutscher Aufklärungstext in hebräischem Gewande für Juden geschrieben. Auch wenn Sokrates durch Maimonides ausgetauscht worden ist – unter dem Titel einer ›jüdischen Philosophie‹ darf er nicht subsumiert werden. Nach Erscheinen des *Phädon* war Mendelssohn der Vorwurf gemacht worden, er habe Sokrates Gedanken aussprechen lassen, die »ursprünglich aus dem Christentum geschöpft sind, und nun [...] für wahr erkannt werden, weil man ein Christ ist.«

Mendelssohn habe Sokrates ein christliches »Costume« umgehangen (vgl. JubA 3,1, 415). Im Anhang zur 3. Auflage des *Phädon* (1769) antwortet Mendelssohn auf diese Vorwürfe mit einem zweifachen Argument:

1. »Alle Theile der menschlichen Erkenntnis haben durch eine glückliche Beobachtung der Natur ansehnliche Progressen gemacht.« Mendelssohn spricht von einer »Verbesserung der Philosophie« seit »den Einsichten der Alten« (JubA 3,1, 150).

2. Vernunftwahrheiten kennten weder politische noch religiöse Parteien, kein spezielles Vaterland und keinen speziellen Glauben. »Die Weisheit kennet ein allgemeines Vaterland, eine allgemeine Religion« (JubA 3,1, S. 151-152).

Wenn Mendelssohn seinen Gedanken über die Unsterblichkeit nun ein jüdisches Mäntelchen aus den alten und mittleren Zeiten umhängt, widerspricht er sich dann nicht selbst? Oder steckt eine pädagogische, religionspolitische Absicht hinter dieser Maskerade: Will Mendelssohn seine jüdischen Leser mit der jüdischen ›Aura‹ überreden zu etwas, was sie einem Sokrates, selbst in einer Schrift Mendelssohns, noch nicht abgenommen hätten? Mußte seine jüdische Leserschaft mit Maimonides auf Sokrates vorbereitet werden? Um diese Fragen beantworten zu können, bedarf es noch einer intensiveren Erforschung der Haskala.

Zum Schluß sei das Ende der »Vorrede« von D. Friedländer zu *HaNefesch* in der Übersetzung von H. J. zitiert – sie atmet den echten Optimismus des Aufklärers: »Je mehr man seine Kräfte und Fähigkeiten anstrengt, desto höhere Stufen und Grade erreichen sie. Je mehr man dieselben zu erweitern suchet, desto besser gelingt es einem, vollkommener zu werden. Die Begriffe bekommen mehr Licht, die Erkenntniß wird deutlicher und vollständiger. Denn die Selenkräfte [sic] sind in steter Bemühung, und ein jeder hat es in seiner Gewalt, sich mit der Weißheit zu beschäftigen, und es darin zu einer unermeßlichen Höhe und Stärke zu bringen. Die Seele schwinget sich von einer Stuffe und von einem Grade zu andern in eine unendliche Höhe hinauf, und lässet ihre Fittiche nie sinken.« (Bll. 40, Bogensignatur C3) Läßt die Seele ihre Fittiche wirklich »nie« sinken? Mendelssohn war da ein wenig skeptischer, denn er hatte ausdrücklich darauf hingewiesen, daß der Fortschritt nicht ganz so linear vonstatten gehe: Die vernünftigen Geschöpfe nämlich könnten »auf eine gewisse Zeit [wieder] zurückfallen« (29), bevor sie sich dann wieder emporschwingen.

Doch dieses retardierende Moment läßt Friedländer nicht gelten. Als Aufklärer ist er nicht nur optimistisch, er ist auch ungeduldig.

Friedrich Niewöhner, Wolfenbüttel

Dr. Marcus Elieser Bloch. Ein Jude begründet die moderne Ichthyologie

Marcus Elieser Bloch was a friend of Mendelssohn's as well as his family doctor. He came from humble circumstances, studied medicine, and reached his prosperity in Berlin as a Jewish doctor. He became famous as the respected founder of a modern, scientific ichthyology (study of fishes), who published some standard works in the field. This paper deals with Bloch's biography as well as his achievements as Jewish natural scientist in the Enlightenment. Bloch did not theoretically legitimize Enlightenment as a Jew and for Jews, but he simply practiced it.

Marcus Elieser Bloch était un ami de Mendelssohn et même son médecin attitré. Il était issu d'un milieu modeste, étudia la médecine et put parvenir, en tant que médecin juif à Berlin, à une relative aisance matérielle. C'est en fondant la ichtyologie moderne (étude des poissons) au travers de plusieurs ouvrages de référence qu'il obtint la célébrité. Cet article s'intéresse à la biographie de Bloch ainsi qu'à sa contribution comme scientifique juif dans les Lumières. Il ne légitimait pas la Haskala mais il la pratiquait.

Ein wichtiges Ziel der Haskala, der jüdischen Aufklärungsbewegung im 18. Jahrhundert, war es, im Geiste des Rationalismus der Erlangung weltlicher Kenntnisse ebensoviel oder sogar noch größere Bedeutung zu geben als solchen auf dem Gebiete der ›Gotteslehre‹. Der Gebildetere sollte mehr Allgemeinwissen erwerben, die große Masse der noch traditionell erzogenen jüdischen Bevölkerung sollte aus ihrem geistigen Ghetto herausgeholt werden. Bei den vielen Diskussionen und Veröffentlichungen über Philosophie, Literatur und gesellschaftliche Veränderungen in Zusammenhang mit der Aufklärungsbewegung werden die Naturwissenschaften, wenn überhaupt, nur am Rande erwähnt. Nun ist es aber gerade das Bestreben dieser Wissenschaften, durch Beobachten, Vergleichen, Experimentieren und Ordnen von Tatsachen unsere Kenntnisse des Naturgeschehens zu erweitern, Zusammenhänge zu verstehen, Irrtümer zu beseitigen und Aberglauben zu bekämpfen. Dies sind alles klare Bestrebungen aus der Gedankenwelt der Aufklärung.

In diesem Artikel soll ein Mann vorgestellt werden, Dr. Marcus Elieser Bloch – ein Musterbeispiel einer aufgeklärten jüdischen Persönlichkeit –, dem es trotz widriger äußerer Umstände gelang, aus eigener Kraft vielseitige, geistige Fähigkeiten voll zur Entfaltung zu bringen und als Wissenschaftler noch heute gültigen Ruhm zu erlangen. Er kann als typischer Vertreter der Haskala gelten, doch im Schatten geistvoller, wortgewaltiger Philosophen, Literaten und Schriftgelehrten hat es ein Fischforscher schwer, gebührende allgemeine Beachtung zu finden.

Wer war dieser Mann, dessen Todestag sich in diesem Jahr zum 200. Mal wiederholt und dem zu Ehren auf dem IV. Symposium zur Ökologie, Ethologie und Systematik der Fische sowie der II. Tagung der Gesellschaft für Ichthyologie im September 1999 in Berlin ein besonderer Schwerpunkt im Bereich der Fischsystematik gewidmet war? Leider ist nichts Autobiographisches von ihm bekannt, selbst in seiner umfangreichen wissenschaftlichen Korrespondenz findet man, soweit sie erhalten ist, kaum Privates. Daher muß seine Lebensbeschreibung etwas dürftig ausfallen, doch seine Leistungen als Forscher sind gut dokumentiert.

Als Sohn sehr armer jüdischer Eltern kam Bloch 1723 vermutlich in einer kleinen Gemeinde in der Nähe von Ansbach zur Welt. Sein Vater war ein frommer Thora-Schreiber, seine Mutter ernährte die Familie mühselig mit einem kleinen Kramladen. Über seine ersten Lebensjahre ist nichts bekannt. Mit 19 Jahren ging er nach Hamburg, um die Kinder eines jüdischen Wundarztes zu unterrichten.[1] Er hatte zwar Kenntnisse in hebräischer Sprache und Literatur, doch Deutsch lesen und schreiben lernte er erst dort, Latein bei einem »böhmischen Katholiken«, wie es in einer alten Schrift heißt.[2] Als Helfer des Arztes erwarb er sich auch erste anatomische Kenntnisse.

Irgendwann beschloß er, weiterhin bildungshungrig, nach Berlin zu gehen und betrat die Stadt vermutlich durch das Rosenthaler Tor, wie einige Jahre vor ihm Moses Mendelssohn. Nach Überprüfung seiner Person wurde ihm Einlaß gewährt. Er fand Unterstützung bei Verwandten und besuchte medizinische und andere Vorlesungen. Um jedoch promovieren zu können, mußte Bloch an die Universität in Frankfurt/Oder gehen, wo ihm im Mai 1762 für eine Arbeit über Hautausschläge die medizinische Doktorwürde verliehen wurde.[3]

Nach Berlin zurückgekehrt, durfte er sich 1765 als Ehemann[4] seiner ersten Frau Braunchen (»Breinche«) »ansetzen«. Diese war das erste Kind des verstorbenen Berliner Schutzjuden Ruben Joseph Rintel und hatte das Privileg des ständigen Wohnsitzes geerbt (Abb. 1). Braunchen starb bereits 1769 mit nur 22 Jahren. Aufgrund seiner erfolgreichen Tätigkeit als Arzt und der Heirat mit Cheile (1774), Tochter des Gemeindeobeältesten und reichen Bankiers Joseph Veitel Ephraim, wurde Bloch ein angesehener Arzt und Bürger (Abb. 2). Ein ›Mohr‹ auf dem Bock seiner Kutsche war ein äußeres Zeichen seines Wohlstandes. 1773 findet man im Adreßkalender von Berlin[5] neben Bloch nur Benjamin de Lemos, den Vater der bekannten Henriette Herz, als »approbierte Medici jüdischer Nation«. Leider starb auch seine zweite Ehefrau sehr jung.

Neben der ärztlichen Praxis beschäftigte er sich in seinen wenigen Mußestunden leidenschaftlich mit allerlei naturwissenschaftlichen und medizinischen Problemen und legte eine große Naturaliensammlung an, die bald viel Beachtung fand und Besucher anlockte. 1795 wies z. B. Wilhelm von Humboldt in einem Brief Goethe auf das »Bloch'sche Cabinet« hin.[6] Blochs Arbeiten zeugen von der Vielseitigkeit seiner Interessen. So veröffentlichte er 1774 eine Abhandlung über den Pyrmonter Augenbrunnen[7], untersuchte 1780 mit seinem Freund, dem Konsistorialrat J. E. Silberschlag, den Müggelsee bei Berlin[8], wobei auch bewiesen wurde, daß, im Gegensatz zu den Schutzbehaup-

---

1 Denia, G. M. C.: *La Prusse littéraire sous Fréderic II*. T. 1. Berlin 1790, 263-267.
2 Ersch, J. S., Gruber, J. G.: *Encyclopädie der Wissenschaften und Künste*. Eilfter Theil. Bleiberg, Bonzen 1818, 35.
3 Lewin, Louis: »Die jüdischen Studenten an der Universität Frankfurt a.d.O. (Teil II)«. In: *Jb. jüd.-lit. Ges.* 15 (1923), 73.
4 Jacobson, J.: »Jüdische Trauungen in Berlin 1759-1813. Mit Ergänzungen für die Jahre von 1723 bis 1759«. In: *Veröff. Histor. Kommiss. Berlin* (1968), 149.
5 *Adres-Kalender der Königl. Preuß. Haupt- und Residentz-Städte Berlin*. Berlin 1773.
6 Bratranek, F. T. (Hg.): *Goethes Briefwechsel mit den Gebrüdern von Humboldt (1795-1832)*. Leipzig 1876, 7, Brief vom 22. August 1795.
7 Bloch, M. E.: *Medizinische Bemerkungen. Nebst einer Abhandlung vom Pyrmonter-Augenbrunnen*. Berlin 1774.
8 Silberschlag, J. E., Bloch, M. E. (Anhang): »Beschreibung des Müggel-Sees«. In: *Schriften der Berl. Ges. Nat. Freunde* 1 (Berlin 1780), 36-55.

tungen von Schiffsleuten, gefährliche, tiefe Strudel dort gar nicht existierten. 1782 folgte die in Kopenhagen preisgekrönte *Abhandlung von der Erzeugung der Eingeweidewürmer und der Mittel wider dieselben*«.[9] Bei dieser Arbeit bewies er, daß die angebliche Beeinflussung des Abgangs dieser Parasiten durch den Mond reiner Aberglaube ist.

Bei seinen Studien stellte Bloch fest, daß sich ganze Gesellschaften mit den Bienen beschäftigten, über die für die Ernährung eigentlich viel wichtigeren Fische aber nur sehr wenig bekannt war. Als ihm eines Tages eine Muräne gebracht wurde, zeigte sich, daß diese in bisherigen Veröffentlichungen, z. B. in denen der schwedischen Forscher Carl von Linné und Peter Artesi, gar nicht vermerkt war[10] und diese Werke auch andere Lücken und Fehler aufwiesen. Daraufhin wandte er sich mit großem Eifer der Erforschung und Systematisierung der Fische zu. Er besorgte sich selber Exemplare vieler Arten oder ließ sich die Fische aus aller Welt schicken, was bei den damaligen Verhältnissen keine leichte Aufgabe war. Dann untersuchte er sie mit anatomischer Gründlichkeit, präparierte sie und fügte sie seinem ›Cabinet‹ hinzu. Wesentliche Teile dieser Fischsammlung haben die letzten zwei Jahrhunderte in ursprünglichem Zustand, d. h. als Trockenexemplare oder unter Alkohol aufbewahrt, gut überstanden und werden im Museum für Naturkunde der Humboldt-Universität Berlin fachmännisch betreut und erhalten. Teile der Sammlung wurden im Herbst 1999 im Rahmen einer Ausstellung im Museum gezeigt.[11] Es ist sehr eindrucksvoll an manchem Präparat noch heute erkennen zu können, mit welcher chirurgischen Sorgfalt Bloch den Fisch aufschnitt, um ihn zu untersuchen.

Mit 57 Jahren veröffentlichte er erste Ergebnisse in einem Aufsatz über die »Oeconomische Naturgeschichte der Fische in den Preußischen Staaten besonders der Märkischen und Pommerschen Provinzen«[12] und danach seine berühmt gewordenen Bücher *Oeconomische Naturgeschichte der Fische Deutschlands*, drei Bände mit 108 Kupferstichen (Berlin: Buchhandlung der Realschule 1782-1784; Abb. 3) und *Naturgeschichte der ausländischen Fische*, neun Bände mit 324 Kupferstichen (1785-1795). Ferner beschäftigte sich Bloch mit einem System der Fische und nach seinem Tode veröffentlichte Johann Gottlob Schneider: *M. E. Blochii, Systema Ichthyologiae Iconibus cx Illustratum*.[13]

Ähnlich wie Linné in der Botanik ein Sexualsystem auf die Anzahl der Staubfäden gegründet hat, gründete Bloch seine Systematik der Fische auf das numerische Prinzip,

---

9 Bloch, M. E.: *Abhandlung von der Erzeugung der Eingeweidewürmer und den Mitteln wider dieselben*. Mit 10 Kupfertafeln. Berlin 1782.
10 Bloch, Iwan: »Marcus Elieser Bloch. Zur 100jährigen Wiederkehr seines Todestages«. In: *Allg. Ztg. d. Judentums* 63 (1899), 369-370 (I. Bloch ist mit großer Wahrscheinlichkeit nicht mit M. E. Bloch verwandt).
11 *Dr. Marcus Elieser Bloch und seine berühmte Fischsammlung. Zum 200. Todestag eines großen Berliners*. 3. Aug. bis 30. Okt. 1999, Museum für Naturkunde, Invalidenstr. 43, D – 10115 Berlin.
12 Bloch, M. E.: »Oeconomische Naturgeschichte der Fische in den Preußischen Staaten besonders der Märkischen und Pommerschen Provinzen«. In: *Schriften der Berl. Ges. Nat. Freunde* 1 (Berlin 1780), 231-296.
13 Schneider, Johann Gottlob: *M. E. Blochii, Systema Ichthyologiae Iconibus cx Illustratum*. Berlin (1801)

Abb. 1: Quittung über die Zahlung von 50 Reichsthalern in Friedrichsd'or für die Konzession, daß Ruben Joseph Rintels Tochter Braunchen sich mit ihrem zukünftigen Ehemann Doktor Marcus Eliesar Bloch in Berlin »ansetzen« darf. Original im Stadtmuseum Berlin.

Abb. 2: Dr. M. E. Bloch, Kupferstich von J. C. Krüger nach unbekannter Vorlage, in *Oeconomisch-technologische Encyclopädie* von J. G. Krünitz, Berlin (1792).

nämlich die Anzahl der Flossen, und unterschied die Abteilungen nach den verschiedenen Stellungen der Brust- und Bauchflossen. Ausführlich beschreibt Bloch die Vorkommen und Lebensweisen der einzelnen Fischarten, die Fangmethoden, die Verwertung und wirtschaftliche Bedeutung. Zahlreiche Fische verdanken Bloch ihre lateinischen Bezeichnungen, so der Goldfisch die Stammform (Cyprinus gibelio), oder, wie der so beliebte Aquariumfisch, der punktierte Buntbarsch (Etroplus maculatus), seine Erstbeschreibung (1795).

Als sorgfältiger Naturbetrachter legte Bloch großen Wert auf die genaue zeichnerische Wiedergabe der Fische und die hohe Qualität der Kupferstiche. Alle wurden handkoloriert, einige mit Silber überarbeitet. Die meisten Tafeln wurden von Johann Friedrich August Krüger gezeichnet und von Ludwig Schmidt oder G. Bodenehr gestochen. Die Qualität der Darstellungen ist so hervorragend, daß sie auch heute mit modernen Mitteln kaum zu übertreffen wäre.

Auf ein Schreiben Blochs an den König, in dem er ihm seine Absichten mitteilte, hatte Friedrich II. ihm 1781 geantwortet: »[…] darum ein Buch davon zu machen, würde unnöthig seyn, denn kein Mensch würde solches kauffen [...].«[14] Hier irrte ›der Große‹![15] Im Laufe der Zeit zeigte aber auch er wohlwollendes Interesse an Blochs Arbeit, so z. B. an einem Vorschlag zur Anbauverbesserung des »hiesigen Landtobaks«.

Bloch ließ seine Fischwerke auf eigene Kosten anfertigen. Ihre Herstellung und der Druck der Bücher verschlang einen Großteil seines Vermögens und seiner Einkünfte, so daß er 1788-1789 vorübergehend die weitere Herausgabe einstellen mußte, um, wie er schrieb, »meiner Familie keinen zu großen Schaden zuzufügen«.[16] Offensichtlich zahlten einige erste Subskribenten nur äußerst zögerlich. Doch sein wissenschaftlicher Ruhm verbreitete sich schnell, seine Bücher fanden immer größeres Interesse und besseren Absatz. Könige, Fürsten, Akademien und Universitäten Europas fanden sich bald in der Liste der Subskribenten, u. a. auch die Königin von Preußen und die preußischen Prinzen. Viele Kupferstiche wurden, was auf den Abbildungen vermerkt wurde, auf Kosten von einzelnen Privatpersonen und Institutionen hergestellt. Blochs Werk blieb fast ein halbes Jahrhundert unübertroffen und wurde erst durch die 1828-1849 erschienene, 22 Bände umfassende *Histoire naturelle des poissons* von Georges Cuvier und Achille Valencienne teilweise überholt.

Marcus Elieser Bloch war ferner ein Mitbegründer der Berlinischen Gesellschaft Naturforschender Freunde[17], die 1773 entstand, und zwar als Reaktion auf den Zustand der damals geistig dahindämmernden Preußischen Akademie der Wissenschaften. Diese war für Friedrich II. weniger aus wissenschaftlichen Gründen als der ausländischen Mitglieder wegen von Bedeutung und durfte Juden ohnehin nicht aufnehmen, wie der ›Fall Moses Mendelssohn‹ bewies. In den Schriften der Gesellschaft veröffentlichte Bloch eine Reihe seiner Arbeiten. Daneben war er Mitglied vieler wissenschaftlicher Gesellschaften in ganz Europa und führte eine umfangreiche Korrespondenz. Katharina II. von Rußland und Kaiser Joseph II. von Österreich beschenkten ihn mit großen goldenen Medaillen.

Es ist nicht bekannt, ob Bloch als herausragende jüdische Persönlichkeit wegen seines Glaubens mehr als damals üblich angegriffen wurde. Einzelne Hinweise sprechen eher für das Gegenteil. Sein Schwiegersohn Dr. Wolf Davidson[18] gibt 1798 dafür zwei mögliche Gründe an, die es wert sind, zitiert zu werden: »[...] Ob nun gleich Bloch als Naturforscher wohl ebenso viel Verdienst, als Mendelssohn als Philosoph hat, so ist es doch merkwürdig, daß man bei jenem eher den Juden vergaß, als bei diesem. Entweder sind die Naturforscher mehr Verehrer der natürlichen Religion, als die Philosophen, und daher to-

---

14 Lesser, Richard: »Ein Erforscher der Fischwelt«. In: *Deutsche Lesehalle, Sonntagsbeilage z. Berlin. Tageblatt*, 13. Juni 1880.
15 Blochs größtes Werk, die zwölfbändige *Oeconomische Naturgeschichte der Fische* mit 432 prächtigen Kupferstichen, ist heute eine bibliophile Kostbarkeit. Auf der Antiquariatsmesse in Stuttgart, Angebot der Firma Antiquariat Junk B.V., Amsterdam, konnte man 1979 eine gut erhaltene Ausgabe nur noch für DM 125.000,– erwerben.
16 Bloch, M. E.: Vorrede zu Bd. 3 der *Naturgeschichte der ausländischen Fische*. Berlin 1787.
17 »Verzeichnis der ordentlichen, wie auch der hiesigen und auswärtigen Ehrenmitglieder der Berlinischen Gesellschaft Naturforschender Freunde«. In: *Berichte der Berl. Ges. Nat. Freunde*. Berlin 1773, XLI.
18 Davidson, Wolf: *Über die bürgerliche Verbesserung der Juden*. Berlin 1798, 91-93.

leranter gegen die Juden, als die Philosophen, oder die Aufklärung hat in dem letzteren Jahrzehend mehr zugenommen, als vorher; denn Bloch ist Mitglied von vielen Akademien, eine Ehre, die vor ihm kein Jude genossen hat [...]«.

Bloch gehörte zu Mendelssohns vom Geiste der Aufklärung erfaßten Freundeskreis bekannter Persönlichkeiten. Schon 1760 erwähnt Mendelssohn Doktor Bloch in einem Schreiben an Lessing.[19] Auch mit Friedrich Nicolai war er gut bekannt. Wie bereits erwähnt, war Blochs aufgeklärte Gedankenwelt seinen Neigungen und Talenten entsprechend weniger auf Philosophie ausgerichtet als auf ein besseres Naturverständnis, das er einem möglichst weiten Bevölkerungskreis vermitteln wollte. Adolph Kohut[20] charakterisiert das 1901 wie folgt: »Zu damaliger Zeit, wo noch der Gelehrtenschwulst als Gelehrtenweisheit galt, wo die deutsche Sprache in Schrift und Rede mit Verunstaltungen überwuchert war, wo selbst der große König es vorzog, in französischer Sprache zu schreiben, verdient der Jude Marcus Elieser Bloch in seiner formgewandten Übung der deutschen Sprache und in seinem Streben, auf dem Gebiete der Naturwissenschaften für Bildung und Aufklärung des Volkes zu wirken, in dauernder Erinnerung zu bleiben«.

Abb 3: Titelkupfer des Werks *Oeconomische Naturgeschichte der Fische Deutschlands*, 2. Tl. (1783).

Seinen weltoffenen Ideen folgend, ließ Bloch seine Bücher in Antiqua setzen, denn diese war für Ausländer und wohl auch für seine weniger gebildeten Glaubensbrüder leichter lesbar als die alte deutsche Frakturschrift. Die Fischbezeichnungen auf den Kupferstichen ließ er in Latein, Deutsch, Französisch und Englisch angeben.

Als Arzt hat Bloch einen ausführlichen Bericht über die Behandlungsmethoden bei Mendelssohns schwerer Krankheit im Jahre 1771 verfaßt. Der immer noch großen Aktualität wegen sei hier nur eine der Anweisungen angeführt: »Auch den, von den meisten Menschen bis zum Mißbrauch so sehr beliebten Tobak untersagte ich ihm«![21] Auch als Mendelssohn 15 Jahre später im Todeskampf lag, wurde Bloch neben dem bekannten Arzt Dr. Markus Herz zu Rate gezogen.

---

19 Moses Mendelssohn: *Gesammelte Schriften*. Hg. G. B. Mendelssohn. Bd. 5. Leipzig 1844, 158.
20 Kohut, Adolph: *Berühmte israelitische Männer und Frauen in der Kulturgeschichte der Menschheit*. Bd. 2. Leipzig 1901, 238-241.
21 Bloch: *Medizinische Bemerkungen* (= Anm. 7), 66-69.

Offensichtlich sollte und wollte Bloch nach dem Tode seines Freundes Moses eine Ausgabe dessen gesammelter Werke herausbringen. Von dieser Absicht rückte er dann später auf Wunsch der Witwe ab, die diese Aufgabe den Herausgebern der *Berlinischen Monatsschrift* übergab.[22] Vielleicht war das keine gute Entscheidung, denn die Werke erschienen erst 1843-1845, fast 60 Jahre nach dem Tode Mendelssohns.

Bloch war ein aufgeschlossener, gläubiger Jude, der auch religiöse Texte in Hebräisch verfaßte. Im Vorwort zum Buch *Anfang des Lernens* bedauert Bloch 1788, daß sich seine Glaubensbrüder bisher nicht mit Naturwissenschaft beschäftigt haben.[23] Er vermerkt dann, daß es dem Autor gelungen sei, naturwissenschaftliche Erkenntnisse in hebräischer Sprache klar und verständlich darzustellen. Den 7. Teil der *Naturgeschichte der Ausländischen Fische* widmet Bloch 1793 dem dänischen Kronprinzen aus Dankbarkeit, daß dieser »[...] meine unterdrückten Brüder [...] den übrigen Einwohnern gleichgemacht [...]«.

1784 heiratete er in dritter Ehe die siebzehnjährige Rahel[24], Tochter des Jeremias Bendix, Vorsteher des Jüdischen Armen-Vereins und Nachkomme berühmter Vorfahren, die sich weit bis ins frühe Mittelalter hinein nachweisen lassen. Aufgrund der vielen Querverbindungen zwischen jüdischen Familien ist es nicht verwunderlich, feststellen zu können, daß diese Rahel und Mendelssohn einen gemeinsamen Vorfahren hatten, und zwar den 1682 in Halberstadt verstorbenen Simcha Wolf Wilner. Die ungewöhnliche Verbindung von Rahel mit dem 44 Jahre älteren Bloch kam wohl nur wegen dessen hohen Ansehens zustande. Rahel starb 1833. Bloch hatte aus erster Ehe einen Sohn, der aber bereits mit etwa 21 Jahren auf einer Reise in Paris starb. Der zweiten Ehe entstammte eine Tochter, Rose, die 1799 den Arzt Dr. Wolf Davidson (1772-1800) heiratete. Aus der dritten Ehe stammten ein Sohn, Bendix, der im mittleren Alter kinderlos starb, und zwei Töchter, Rebecca (1786-1819), die einen gewissen August Fabian heiratete[25], und Marianne (1797-1820), verheiratete Goldschmidt. Wie der Vater, konvertierten auch die Kinder nicht zum Christentum.

Im Alter von 74 Jahren reiste Bloch noch nach Paris, wo er ehrenvoll aufgenommen wurde, denn durch die von ihm ebenfalls herausgegebenen französischen Ausgaben seiner Werke[26] und seine Mitgliedschaft in französischen Gesellschaften war er in Frankreich gut bekannt. Er genoß Ehren, die noch keinem Deutschen zuteil geworden waren; im National-Institut verlas man eine wissenschaftliche Abhandlung von ihm[27], die mit großem Beifall aufgenommen wurde.[28] Daneben studierte er die dortigen Sammlungen, um seine eigenen Kenntnisse zu erweitern. Bloch selbst bezeichnete seine Zeit in Paris als eine sehr glückliche, und sein zufriedener Gesichtsausdruck auf dem Ölgemälde von

---

22 *Königlich-privilegirte Berlinische Zeitung von Staats- und gelehrten Sachen*, 69. Stück, Sonnabend, den 10. Juni 1786, »Von gelehrten Sachen«.
23 Linde, B.: *Anfang des Lernens*. Berlin 1788, »Vorwort« von M. E. Bloch.
24 Jacobson: »Jüdische Trauungen in Berlin« (= Anm. 4).
25 Der Verf. dieses Berichts ist ein Nachkomme der Tochter Rosette aus dieser Ehe.
26 Bloch, M. E.: *Ichtyologie, ou histoire naturelle générale et particulière des poissons*. 12 Bde. mit 432 Kupferstichen. Berlin: la Garde 1785-1797.
27 *Acad. Sci. Paris, Proc.-Verb.* 1 (1910): An IV-VII (1795-1799), 213.
28 Bloch: »Marcus Elieser Bloch« (= Anm. 10).

G. Voiriot, das sich im *Musée National d'Histoire Naturelle* in Paris befindet, scheint diese Feststellung zu bestätigen. Danach fuhr er nach Holland, wohl, um zum ersten Mal das Meer zu sehen!

Am 6. August 1799 starb er während eines Kuraufenthalts in Karlsbad an einem Schlaganfall. Da Juden damals zwar als zahlende Gäste willkommen waren, sich aber nicht ansiedeln durften, gab es in Karlsbad keinen jüdischen Friedhof und so wurde er auf dem in Lichtenstadt (heute Hroznetín) beerdigt, das nicht weit entfernt lag. Der Grabstein trug ein wahrscheinlich von Hartwig Wessely verfaßtes Epitaph.[29] Der Friedhof wurde 1939 zerstört.

Die *Berlinischen Nachrichten* schrieben am 17. August 1799 in einem Nachruf: »Sein bekanntes Fischwerk hat seinen Namen im ganzen gelehrten Europa berühmt gemacht, und gereicht seinem deutschen Vaterlande um so mehr zur Ehre, je seltener unter uns Werke zu Stande kommen, die mit deutscher Gelehrsamkeit auch die im Auslande gewöhnlichere Pracht verbinden [...]«. Blochs Erben verkauften das Naturalien-Kabinet an die Königliche Akademie der Wissenschaften. Vorausgegangen waren zähe und langwierige Verhandlungen zwischen Vertretern der Akademie und den Vormündern der Bloch'schen Kinder, dem Assessor, späteren Stadtrat und bekannten Vorkämpfer für die Emanzipation der Juden, David Friedländer, und dessen Bruder Abraham. Die Bezahlung der 4500 Reichstaler in Silbercourant übernahm schließlich König Friedrich Wilhelm III.

Weitere Einzelheiten über Bloch und vor allem über seine Fischsammlung haben Christine Karrer und Hans-Joachim Paepke veröffentlicht.[30,31] Eine Gesamtübersicht über die wissenschaftlichen Arbeiten von Bloch findet sich u. a. im Lexikon von Hamberger/Meusel.[32] Neben dem oben angeführten Ölgemälde von Bloch befindet sich noch eines als Dauerleihgabe des Israel-Museums (Jerusalem) im Jüdischen Museum zu Berlin. Es stammt von einem unbekannten Maler und zeigt ein Portrait Blochs im Alter von etwa 35 Jahren. Ein weiteres, sehr schönes Bild von Bloch, gemalt 1779 von J.C. Frisch, wird im Israel-Museum (Jerusalem) aufbewahrt.

Ein 1779 von Anton Graff gemaltes Bildnis war ursprünglich im Besitz der Familie Bloch. Die Witwe Rahel überließ es der Königlichen Akademie der Wissenschaften unter der Bedingung, daß Blochs Kinder es nach Erreichung der Volljährigkeit zurückfordern könnten. Das ist offensichtlich nicht geschehen und es verblieb bei der Bloch'schen Sammlung in der Akademie. 1810 wurde das Gemälde mit der Sammlung an das Zoologische Museum der neu gegründeten Berliner Universität überwiesen und schmückte dessen Eingangssaal. 1888 zog das Zoologische Museum vom Hauptgebäude der Universität in das Museum für Naturkunde um, 1908 dann wurde das Bild von der National-

---

29 Anonym, in: *Orient* 28, 24. Juni 1840, 214-215.
30 Karrer, Christine, in: *Sitzungsber. Ges. Naturf. Freunde zu Berlin* (N.F.) 18 (1978), 129-149.
31 Paepke, Hans-Joachim, »Zur Erinnerung an M. E. Bloch und sein ichthyologisches Lebenswerk«, in: Deutsche Aquarien- und Terrarienzeitung 52 (1999), 44-49.
32 Hamberger, Georg Christoph, Meusel, Johann Georg: *Das gelehrte Teutschland oder Lexikon der jetzt lebenden teutschen Schriftsteller.* 5. Aufl. Lemgo 1796, 317-319.

galerie übernommen. Auf noch nicht ermittelten Wegen kam es schließlich in ein Museum der schweizerischen Stadt Schaffhausen und wurde dort bei einem versehentlichen Luftangriff der Alliierten am 1. April 1944 zerstört. Ein Ausschnitt des Graff-Bildes diente als Vorlage für einen Kupferstich, der 1794 von B.H. Bendix gestochen wurde. Dieser Stich ist weit verbreitet und findet sich in vielen Kurzbiographien über Bloch.

Der große Sprung, den der 19jährige, traditionell erzogene und praktisch ungebildete Marcus Elieser Bloch zum aufgeklärten, erfolgreichen und international anerkannten Fischforscher machte, ist nur durch seine eiserne Willenskraft, gekoppelt mit großem Bildungshunger, und durch den glücklichen Umstand zu erklären, daß in Berlin die Haskala gerade zur vollen Entfaltung kam und sich entsprechende Persönlichkeiten um Moses Mendelssohn als führenden Repräsentanten scharten. Auf seine Weise konnte auch Bloch seinen Beitrag zur Aufklärung leisten. Abschließend kann man sagen, daß er in die Geschichte eingeht als einer der ersten deutschen Naturwissenschaftler jüdischen Glaubens überhaupt und somit als Vorreiter einer großen Anzahl teilweise sehr berühmter Forscher.

Richard Lesser, Pfinztal

Aus der Forschung

Eine Zwischenbilanz zur Gesamtausgabe von Wielands Briefwechsel

Wielands Briefwechsel. Hg. von der Berlin-Brandenburgischen Akademie der Wissenschaften durch SIEGFRIED SCHEIBE. Berlin: Akademie Verlag; Bd. 7: Januar 1778 – Juni 1782. Teil 2: Anmerkungen. Bearbeitet von WALTRAUD HAGEN. 1997, 559 S.; Bd. 9: Juli 1785 – März 1788. Teil 1: Text. Bearbeitet von UTA MOTSCHMANN. 1996, 433 S.; Bd. 16: Juli 1802 – Dezember 1805. Teil 1: Text. Bearbeitet von SIEGFRIED SCHEIBE. 1997, 587 S.; Bd. 16: Juli 1802 – Dezember 1805. Teil 2: Anmerkungen. Bearbeitet von SIEGFRIED SCHEIBE. 1998, 603 S.

Christoph Martin Wieland war einer der passionierten und großen Briefschreiber der Aufklärungsepoche im deutschsprachigen Raum. Vom Umfang und internationalen Bezugsgefüge her zwar nicht mit den Briefwechseln etwa Voltaires und Rousseaus zu vergleichen, besitzt der seinige doch unzweifelhaft einen eigenständigen hohen Stellenwert in der aufklärerischen Briefkultur. Wieland hat, abgesehen von der Empfindsamkeit, verschiedene Phasen und Ausprägungen dieser so quellenreichen Kultur mitgeprägt: beispielsweise die emphatisch engagierte Briefkommunikation im Zeichen des Literaturstreites zwischen Gottschedianern und Schweizern, Wandlungen des ›Geschäfts‹-Briefes im Zusammenhang mit neuartigen Zeitschriften-Großunternehmen nach der Jahrhundertmitte (*Allgemeine Deutsche Bibliothek*, *Teutscher Merkur* etc.) und Perspektiverweiterungen von Privat- und Freundschaftsbriefen unter dem Eindruck der sozialreformerisch politisierten Spätaufklärung sowie der Französischen Revolution.

Deshalb war es von unzweifelhafter Relevanz, daß 1963 begonnen wurde, Wielands Briefwechsel in einer kritischen Gesamtausgabe zu edieren. Unter der Herausgeberschaft von Hans Werner Seiffert erschienen, zu Zeiten der DDR, insgesamt fünf Bände.[1] 1982 übernahm Siegfried Scheibe die leitende Herausgeberschaft und brachte einige Veränderungen ein; darunter die äußerlich sinnfälligste, jeden Band – vom siebenten[2] an – in separate Text- und Kommentarteile zu untergliedern. Von den geplanten 26 Doppelbänden (7-19 der Zählung) plus Gesamtregister (Bd. 20) sind inzwischen 11 erschienen, zusammen mit dem dreiteiligen sechsten Band 14, mithin schon etwas mehr als die Hälfte. Grund genug, eine Zwischenbilanz zu ziehen, bei der auf die zuletzt herausgekommenen vier Bände mit eingegangen werden soll.

Die Ausgabe zielt auf Vollständigkeit ab und hat sie bisher, soweit überschaubar, auch stets erreicht. Man geht dabei gar so weit, Rechnungen einzubeziehen und ihnen genuinen Briefcharakter zuzusprechen; zudem werden anhangsweise (aber kommentarlos) Stammbucheinträge verzeichnet. Nicht wenig neue Brieffunde sind gemacht und diverse Neudatierungen vorgenommen worden. Deshalb gibt es in jedem Textband nunmehr ein »Verzeichnis der gegenüber anderen Drucken umdatierten Briefe« und ein »Verzeichnis der Briefe, die gegenüber den Briefverzeichnissen von Seuffert (Prolegomena VIII und IX)[3] und Seiffert (Ergänzungen und Berichtigungen zu den Prolegomena)[4] nicht im Zeitraum dieses Bandes erscheinen«. Dem Streben nach Vollständigkeit gemäß

---

1 *Wielands Briefwechsel.* Hg. von der Deutschen Akademie der Wissenschaften zu Berlin [ab Bd. 3: Akademie der Wissenschaften der DDR] durch Hans Werner Seiffert. Bd. 1-5. Berlin 1963-83.
2 Band 6, bestehend aus drei Teilbänden, vorgelegt von Siegfried Scheibe 1995, enthält den Kommentar zu den Bänden 3-5 und Nachträge zu den Bänden 1-5.
3 Bernhard Seuffert: *Prolegomena zu einer Wieland-Ausgabe.* Teil VIII und IX. Berlin 1937 und 1941.
4 Hans Werner Seiffert: *Ergänzungen und Berichtigungen zu den Prolegomena VIII und IX zu einer Wieland-Ausgabe.* Berlin 1953.

werden in die Textteile alle erschlossenen Briefe regestartig integriert. Für die Anordnung des überlieferten Briefwechsels gilt das Prinzip strikter Chronologie und nach Maßgabe neuerer editionswissenschaftlicher Praxis im einzelnen folgendes: »Nicht datierte Briefe stehen jeweils am Anfang des möglichen Entstehungszeitraums. – Briefe Wielands sind in der Regel vor Briefen an ihn vom gleichen Tage wiedergegeben. Mehrere Briefe Wielands vom selben Tag sind möglichst nach der Abfolge der Niederschrift eingereiht, andernfalls alphabetisch nach dem Namen der Empfänger; Briefe an Wieland vom selben Tag alphabetisch nach dem Namen der Absender.« (Einheitliche »Vorbemerkung« zu jedem Anmerkungsband.) Die an Wieland gerichteten Briefe sind zudem in kleinerem Druck gesetzt, wodurch nicht nur Raum gespart, sondern überdies eine deutliche Unterscheidung geschaffen wird.

Das Unternehmen zielt ferner, wie es seinem Charakter als einem kritischen Editionswerk entspricht, auf Textgenauigkeit ab. Sie wird bestwillig erstrebt und erreicht – so weit sie mit den zur Verfügung stehenden Textvorlagen nur möglich ist. Denn bei diesen handelt es sich vorwiegend um Ablichtungen (Foto-, Xerokopien). Daß dies kaum anders sein kann, leuchtet angesichts der Überlieferungssituation (Verstreutheit) des Briefwechsels und angesichts der bekannten prekären Finanzsituation der öffentlichen Hand notgedrungen ein. Derart freilich sind der Handschriftenbeschreibung sowie der Verzeichnung von Varianten (ohnehin nur für Briefe Wielands geboten), vor allem der Unterscheidung von Korrektur und Sofortkorrektur, bestimmte Grenzen gesteckt und allemal engere als gemeinhin bei historisch-kritischen Ausgaben.

Ansonsten sollen, zum dritten, die gattungsgerecht briefweise gegebenen Einzelerläuterungen ebenfalls umfassend und exakt sein. Und dieser Anspruch der – berechtigterweise von Interpretationen absehenden – *Sach*kommentare wird insgesamt sehr gut eingelöst. Zuwider laufen ihm hauptsächlich drei Defizite der Wielandforschung: zur Biberacher Zeit, zur Autorfrage zahlreicher anonymer Beiträge im *Teutschen Merkur*[5] und zu Wielands – oft ungenau paraphrasierendem – Zitatverfahren, besonders bei antiken Autoren. Desto bedauerlicher bleibt es, daß fremdsprachige Zitate und Passagen nicht, oder genauer: ab Band 6 nicht mehr, übersetzt werden. Freilich kann man argumentieren, daß dies in einer historisch-kritischen Edition, die sich primär an fachwissenschaftlichen Benutzern orientiert, nicht zwingend nötig sei.[6] Jedenfalls wird – gerade wieder in den beiden jüngst erschienenen Kommentarbänden – an Sacherläuterungen das geboten, was man von diesem Editionstyp erwarten darf, also bis hin zur Klärung verdeckter und größerer Zusammenhänge. Einem neueren Trend folgend, wird zudem umsichtig dokumentiert: durch den Abdruck von Briefen Zweiter an Dritte und sonstiger Zeugnisse, innerhalb der Erläuterungen.

Analog zum fremdsprachigen Text bleiben, auch im Register, fremdsprachige Titel unübersetzt. Überhaupt verbindet sich mit den Titelangaben im dreifachen Register (Personen und ihre Werke, Anonyma und Periodika, Werke und Pläne Wielands) ein Problem. Die Titelnachweise sind verkürzt, während die genaue Angabe sich, bei der Ersterwähnung, in den Erläuterungen findet. Wäre es umgekehrt nicht günstiger und zudem eine Entlastung für den Kommentar? Hiervon abgesehen stellen die Register, zu denen man sich nur noch ein Ortsregister hinzuwünschen könnte, bislang stets eine sehr zu würdigende Leistung dar. Sie erfassen und kennzeichnen durch unterschiedlichen Druck alle direkten sowie indirekten Nennungen oder Erwähnungen mitsamt den darauf bezüglichen Stellen in den Erläuterungen. Das Personenregister umfaßt vier Verzeichnungsebenen: 1) Angaben zu Leben und Profession, 2) Werke und Übersetzungen, 3) Einzelbände und Werkteile, 4) Rezensionen

---

5   Fortschritte hierbei erbrachte Thomas C. Starnes: *Der Teutsche Merkur. Ein Repertorium*. Sigmaringen 1994.
6   Übersetzt wird aber beispielsweise nach wie vor in der grundlegenden Schiller-Edition: *Schillers Werke. Nationalausgabe*. Weimar 1943 ff.

und Begleittexte zum Werk, und zwar vor allem im *Teutschen / Neuen Teutschen Merkur*. Ähnlich sind die beiden anderen Register aufgebaut. Ihre exakt differenzierende Strukturierung geht allerdings, das läßt sich nicht übersehen, zu Lasten der – sonst recht ansprechenden – Typographie. Da gibt es beispielsweise unterstrichene Ziffern (die Briefnummern bezeichnend) und Spiegelstriche (wo bloße Einrückungen genügen würden), die das Druckbild unruhig und ausgesprochen unschön machen.

Daß die Einzelbände einer so voluminösen Edition wie der des Briefwechsels von Wieland nicht streng chronologisch herauskommen, gehört zur Natur der Sache. Für den fortlaufend mitgehenden Leser oder Benutzer erwächst daraus der zusätzliche Reiz, Briefe aus unterschiedlichen Phasen und zu verschiedenartigen Problemkomplexen lesen zu können. Und zwar nicht wenige Briefe erstmalig in dieser Ausgabe, wobei manch interessante und neue Details aus Wielands Leben zu entdecken sind. Das alles trifft auch für die hier kurz noch gesondert vorzustellenden Bände 7, 9 und 16 zu. Sie zeigen Wieland in Perioden relativer Ausgeglichenheit. Um 1780 hatte der *Teutsche Merkur* auf dem expandierenden Zeitschriftenmarkt bereits einen festen Platz gewonnen, und entsprechend souverän führte der Herausgeber seinen einschlägigen umfangreichen Briefwechsel. Während der zweiten Hälfte der achtziger Jahre reflektierte Wieland verstärkt den Werdegang der Aufklärungsbewegung zu einer – keineswegs unproblematischen – gesamtgesellschaftlichen Reformbewegung; nicht nur brieflich-intern, sondern auch öffentlich durch das Medium des *Teutschen Merkurs* beteiligte er sich engagiert an der Aufklärungsdebatte, d. h. an dem anhaltenden Streit um Wesen, Ziele und Möglichkeiten der Aufklärung.[7] Anfang des 19. Jahrhunderts, nachdem Wieland, verwitwet und etwas vereinsamt, sein Gut in Oßmannstedt trotz einiger Schwierigkeiten zufriedenstellend verkauft hatte und wieder fest in Weimar seßhaft geworden war, beschäftigte ihn vorwiegend seine Zeitschrift *Attisches Museum* (während die Redaktionstätigkeit für den *Neuen Teutschen Merkur* schon seit einigen Jahren vorwiegend Karl August Böttiger oblag); und er bereitete seinen letzten großen Beitrag zur Kultur- und Literaturvermittlung vor, die Cicero-Übersetzung.

Zum ersten Mal sind nunmehr, mit Band 16, Text- und Kommentarteil dicht zusammen erschienen, wohingegen früherhin öfter Jahre vergingen, bevor der Kommentar dem Text folgte. Die Ursache dafür erfährt man aus einer Rezension[8]: Verzögerungen durch den Verlag. Da der Akademie-Verlag neuerdings den Besitzer gewechselt hat und zum Haus R. Oldenbourg (München) gehört, läßt sich vielleicht eine Veränderung erhoffen. Sie wäre unbedingt zum Vorteil dieser schätzbaren, für die weitere Wielandforschung grundlegenden Ausgabe, der eine rasche Nutzung immer zu wünschen ist.

Wolfgang Albrecht, Weimar

Spanische Literatur und Ästhetik des 18. Jahrhunderts. Zwei Beiträge zur Theorie und Institutionalisierung der Künste und Wissenschaften

HELMUT C. JACOBS: *Schönheit und Geschmack. Die Theorie der Künste in der spanischen Literatur des 18. Jahrhunderts.* Frankfurt am Main: Vervuert 1996, 418 S.

HELMUT C. JACOBS: *Organisation und Institutionalisierung der Künste und Wissenschaften. Die Akademiegründungen der spanischen Aufklärung in der Tradition der europäischen Akademiebewegung.* Frankfurt am Main: Vervuert 1996 (= *Editionen der Iberoamericana*. Serie A: Literaturgeschichte und -kritik, Bd. 11), 115 S.

---

7 Vgl. dazu *Um Menschenwohl und Staatsentwicklung. Textdokumentation zur deutschen Aufklärungsdebatte zwischen 1770 und 1850, mit drei zeitgenössischen Kupfern.* Hg. Wolfgang Albrecht. Stuttgart 1995.
8 Von Hansjörg Schelle, in: *Zeitschrift für deutsche Philologie* 117 (1998), 286-294, hier: 286 f.

Mit seiner umfassenden und differenzierten Untersuchung eines bislang nur wenig erforschten Gebiets der spanischen Literatur und Ästhetik des 18. Jahrhunderts gelingt es Helmut C. Jacobs in seiner Habilitationsschrift, die vielschichtige und vor allem grundlegende Auseinandersetzung spanischer Literaten und Künstler mit der Theorie der Künste herauszuarbeiten und in ihrem jeweiligen Bedeutungszusammenhang zu verankern. So betont der Autor zu Recht, daß die »Kenntnis der ästhetischen Reflexion der spanischen Aufklärung […] in Anbetracht ihrer Relevanz und ihrer spezifischen Charakteristika ein wichtiger Schlüssel zum Verständnis dieser Zeit« (10) ist. Zugleich ermöglicht die Analyse der Ästhetik-Debatte, diese in ihrer spezifischen Ausprägung zu bewerten und sie im europäischen Kontext zu situieren. Der gewählte Ansatz ist ein »interdisziplinärer, komparatistischer« (10), wobei kulturgeschichtliche Perspektiven ebenfalls Berücksichtigung finden. Ausgehend von der terminologischen Abgrenzung der Begriffe »Theorie der Künste«, »Kunsttheorie«, »Ästhetik der Künste« und »Kunstästhetik« veranschaulicht Jacobs, daß die Komplexität der ästhetischen Reflexion nur durch ein Textkorpus sichtbar gemacht werden kann, das »prinzipiell alle Textsorten« (11) einbezieht. Die Untersuchung von »Schönheit und Geschmack« erfolgt aus vier Blickwinkeln, denen jeweils ein Teil der Studie gewidmet ist. Die überaus umfangreiche Textgrundlage umschließt Traktate, Poetiken, literarische Werke, ferner zahlreiche Lexikonartikel, kunstästhetische Schriften sowie musiktheoretische und theaterästhetische Überlegungen von einer Fülle bekannter und weniger bekannter Autoren.

Der erste Teil der Untersuchung behandelt das »System der Künste und Wissenschaften« im 18. Jahrhundert. Ausgehend von der Betrachtung der in der Antike und im Mittelalter entstandenen Klassifikation von »artes liberales« und »artes mechanicae« sowie deren Rezeption im spanischen Mittelalter und im Siglo de Oro, analysiert Jacobs, inwiefern in der Auseinandersetzung mit dieser Tradition und unter Einbeziehung der in Frankreich im 18. Jahrhundert vollzogenen Trennung zwischen »beaux arts« und »sciences« sich in Spanien ein überaus vielschichtiger ästhetischer Diskurs entwickelte. Besonders aufschlußreich sind dabei auch die literarische Utopie *Sinapia* und das in Sarmientos Plan zum Wiederaufbau des niedergebrannten Königspalastes enthaltene Wissenschaftsprogramm. Des weiteren finden der Stellenwert der Musik, die Diskussion über die Aufwertung der »artes mechanicae« und ihre Bedeutung im Zusammenhang mit ökonomischen Überlegungen sowie die Abgrenzung von Künstler und Handwerker ebenfalls gebührende Aufmerksamkeit und erhellen die intensive Beschäftigung der Zeitgenossen mit der Thematik. Überaus interessant ist die differenzierte und auf breiter Materialbasis angelegte Herausarbeitung des Prozesses der Trennung der schönen Künste und der Wissenschaften in Spanien und die sich anschließende Entstehung einer neuen Systematik der Künste und Wissenschaften; dabei wird sichtbar, daß Spanien sich zwar von Frankreich und der *Encyclopédie* inspirieren ließ, aber gleichzeitig doch eigene Wege ging. Mit der Untersuchung des »Zusammenwirken[s] verschiedener Künste« (96) illustriert der Verfasser anschaulich, inwiefern die zahlreichen theoretischen Überlegungen neue ästhetische Konzepte in der Malerei, der fiktionalen Literatur, im Theater und in den bildenden Künsten hervorbrachten.

Der zweite Teil ist der »Theorie der Schönheit« gewidmet. Vor dem Hintergrund der in der Antike, im Mittelalter und im Italien der Renaissance geführten Debatte analysiert der Autor die spanischen Theorien über das Wesen der Schönheit im 18. Jahrhundert. Die Untersuchung parallel verwendeter Begriffe für Schönheit (z. B. »belleza«, »dulzura«, »hermosura«) macht deutlich, wie verschieden die Schönheit und ihre Wirkung charakterisiert wurden und schließlich in der »belleza ideal« ihren Höhepunkt fanden. Insgesamt kommt Jacobs zu dem Ergebnis, daß sich in Spanien, anders als in Frankreich, der Schönheitsbegriff auf dem Primat des Verstandes gründet.

Wesentlicher Bestandteil der Debatte um das Wesen der Schönheit ist das im dritten Teil behandelte ästhetische Konzept des »nescio quid«, das in Spanien als »no sé qué« in Zusammenhang mit der »gracia« in zahlreichen Abhandlungen diskutiert und definiert wurde, wobei sich auch hier die Vorherrschaft des Verstandes erweist.

Der letzte Teil ist der »Theorie des Geschmacks« gewidmet. Auch hier spannt der Autor einen großangelegten Bogen von der Antike zum 18. Jahrhundert, indem er u. a. profane, theologische und mystische Texte anführt. Diese historische Darstellung der Physiologie der Sinne ermöglicht es dem Leser, die progressive Aufwertung des Geschmacks als wichtigste ästhetische Kategorie nachzuvollziehen. Dabei ist besonders die im Siglo de Oro geführte Diskussion über »gusto« und »buen gusto« ausschlaggebend für eine Definition des Geschmacksbegriffs im 18. Jahrhundert, die jedoch zu einer Distanzierung von den Konzepten des Siglo de Oro und einer Anlehnung an die französischen Aufklärer führte, ohne aber deren gefühlsorientierte Geschmacksdefinition zu übernehmen. Auch die Geschmacksdiskussion stand somit unter dem Primat der Vernunft. Der Geschmack avancierte schließlich zum Beurteilungskriterium nicht nur der schönen Künste, sondern auch der Naturwissenschaften und erwies sich letztlich in seiner Funktion als Erkenntnis- und Urteilsinstanz des »hombre de buen gusto« als Ausdruck aufklärerischen Denkens.

Die gute Leserführung durch diese materialreiche Studie ermöglicht es, die vom Autor differenziert herausgearbeiteten Konzepte, Begriffsbestimmungen und Wandlungen der Theorie der Künste im 18. Jahrhundert in Spanien nachzuvollziehen und in ihrer Vielschichtigkeit umfassend zu erkennen. Die Auswertung der breitgefächerten Quellen läßt ein überaus lebendiges Bild der in Spanien intensiv geführten Diskussion entstehen und vermittelt zudem profunde Kenntnisse des vom Geist der Aufklärung geprägten Denkens der spanischen Literaten und Künstler. Aufschlußreich ist auch der stets gewährte Ausblick auf die Weiterentwicklung der ästhetischen Konzepte im 19. Jahrhundert, der den besonderen Stellenwert und den innovativen Impuls der im 18. Jahrhundert entwickelten Kunsttheorie betont und zugleich verdeutlicht. Daneben dokumentiert auch die umfangreiche Bibliographie, die Primärliteratur vor und nach 1700 sowie die benutzte Sekundärliteratur verzeichnet, die breitangelegte und für die wissenschaftliche Beschäftigung mit der spanischen Literatur und Ästhetik des 18. Jahrhunderts überaus gewinnbringende Forschungsarbeit. Als besonders hilfreich erweist sich angesichts der Materialfülle auch das Namensverzeichnis, das alle Autoren der Primär- und Sekundärliteratur auflistet.

Der zweite hier zu besprechende Band, der sich mit der *Organisation und Institutionalisierung der Künste und Wissenschaften* sowie den *Akademiegründungen der spanischen Aufklärung in der Tradition der europäischen Akademiebewegung* beschäftigt, thematisiert einen Bereich, der in der zuvor besprochenen Studie ausgeklammert ist, jedoch als dessen Ergänzung und freilich auch als eigenständiges Buch wertvolle Informationen vermittelt. Helmut C. Jacobs beginnt seine Darstellung der europäischen Akademiebewegung mit der italienischen Renaissance (1. Kap.) und verfolgt die Akademiegründungen in England, Frankreich, Deutschland, Spanien und Italien im 16. und 17. Jahrhundert (2. Kap.), um so die Basis für die Betrachtung der spanischen Akademiebewegung im 18. Jahrhundert zu schaffen (3. Kap.). Dabei präsentiert der Autor die Reformbestrebungen im universitären Bereich insbesondere unter Karl III., beleuchtet die Mehrdeutigkeit des Begriffs »academia« und dessen Implikationen und stellt die wichtigsten Akademiegründungen im Bereich der Medizin, der Naturwissenschaften, Geisteswissenschaften, bildenden Künste, Jurisprudenz und Ökonomie vor. Im letzten Kapitel untersucht der Verfasser die Akademieprojekte in Spanien im 18. Jahrhundert, wobei es vornehmlich um die vielen Entwürfe und Pläne der »proyectistas« geht. Ausdruck der intensiven Bemühungen um die Realisierung solcher Vorhaben sind etwa der Plan Luzáns für eine alle Disziplinen umfassende Akademie oder Iriartes Projekt zur Gründung einer Akademie der Wissenschaften und schönen Künste sowie einer Musikakademie, die jedoch – wie viele andere Pläne auch – scheiterten. In ihrer wechselseitigen Erhellung zeigen die beiden Bücher, daß die Diskussionen über die Theorie von Schönheit und Geschmack zugleich die Einrichtung von speziellen Akademien und damit ihre eigene institutionelle Verankerung beförderten. Eine Bibliographie und ein Personenverzeichnis stellen auch hier die o.g. benutzerfreundlichen Informationen bereit.

Beide Bücher sind überaus lesenswert und äußerst informativ; sie belegen eindrucksvoll – nicht zuletzt wegen ihrer klaren Strukturierung und Vermittlung komplexer Sachverhalte –, inwiefern die spanische Aufklärung an europäische Traditionen anknüpfte und zugleich einen wesentlichen eigenen Beitrag zur Theorie der Künste leistete.

Cerstin Bauer-Funke, Münster

Neologie – zwei Neuerscheinungen zu Johann Joachim Spalding

JOHANN JOACHIM SPALDING: *Die Bestimmung des Menschen*. Die Erstausgabe von 1748 und die letzte Auflage von 1794. Hg. WOLFGANG ERICH MÜLLER. Waltrop: Spenner 1997 (= *Theologische Studien-Texte*, Bd. 1), XIX, 125 S.
JOHANN JOACHIM SPALDING: *Religion, eine Angelegenheit des Menschen*. Neudr. der 3. Aufl. der Orig.-Ausg., Berlin 1799. Hg. *Wolfgang Erich Müller*. Darmstadt: Wissenschaftliche Buchgesellschaft 1997, XXVII, 132 S.

In der gegenwärtigen theologiegeschichtlichen Forschung ist die Erforschung der theologischen Aufklärung weitgehend zum Stillstand gekommen. Um so dankbarer darf man W.E. Müller für die Edition der beiden vorliegenden Schriften Johann Joachim Spaldings sein. *Die Bestimmung des Menschen* eröffnet zudem die von Müller u. a. initiierte Reihe *Theologische Studien-Texte* (*ThSt*), die sich als Antwort auf den Mißstand versteht, daß sich in den theologischen Wissenschaften seit längerer Zeit ein eklatanter Mangel an Textausgaben bemerkbar macht. Historisch wichtige Schriften sind entweder nicht mehr greifbar, nur unter erschwerten Bedingungen der Fernleihe in der Bibliothek einsehbar oder oftmals nur zu horrenden Preisen als Reprint verfügbar. Dies bedeutet eine Einschränkung für die Forschung und besonders für die akademische Lehre, wie auch für die Vermittlung der wissenschaftsgeschichtlich relevanten Stationen der Theologie überhaupt. An dieser Stelle setzt die Reihe ein, wichtige Textausgaben aller theologischen Disziplinen wieder vorzulegen – und dies zu erschwinglichen Preisen, so daß gerade für die Lehre relevante Texte wieder zur Verfügung stehen.

J.J. Spalding (1714-1804) war Vertreter der Neologie, also jener Ausprägung der Aufklärungstheologie, die sich eklektizistisch der Philosophien von Leibniz und Wolff sowie des englischen Deismus bediente, um die Ausrichtung der Kirche und der Lehre auf Orthodoxie und Pietismus zu korrigieren, damit sie zur Auseinandersetzung mit der modernen Zeit und ihren Denkmitteln befähigt wurde.

In der Schrift *Betrachtung über die Bestimmung des Menschen* wird der Imperativ, rechtschaffen zu sein, dem Indikativ, glücklich zu sein, vorgeordnet. Durch die Erfüllung des Sittengesetzes erlangt der Mensch die moralische Gottebenbildlichkeit, seine Bestimmung, »rechtschaffen und in der Rechtschaffenheit glücklich zu sein«, jedoch erst in der Ewigkeit. Damit ist die Unsterblichkeit der Seele theologisch garantiert.

Spalding reduziert die Religion auf Lehren, durch die der Mensch Glückseligkeit, Besserung und Tröstung erfahren kann. Er verleiht der ethischen Position vor der Forderung nach der Biblizität religiöser Lehren Priorität. So streicht er die Rechtfertigungslehre, da sie dazu führen könnte, überhaupt keine Werke mehr zu tun. Er streicht die Erbsündenlehre, da sie weder tröstet noch Reue oder Besserung bewirkt. Trinitäts- und Zweinaturenlehre gelten ihm nur als Spekulationen, die zur moralischen Aufgabe der Religion nichts beitragen. Konsequent verzichtet er auf die Pneumatologie. Er hält zwar an der Menschwerdung Jesu und an der Jungfrauengeburt fest, untersucht aber nicht die Tatsächlichkeit des Geschehensablaufs, da dies dem mit Tröstung und Besserung definierten Ziel des Christentums widerspricht. Taufe und Abendmahl sind lediglich hinsichtlich ihres gesprochenen Wortes wichtig, nicht aber als eigentliche sakramentale Handlungen. Die orthodoxen Unterscheidungslehren streicht er sämtlich als unchristlich und wendet sich gegen den Pietismus, da er im ordo salutis eine bestimmte Reihenfolge religiöser Gefühle fordert und es ihm nicht um die Tugend als Mittel zur Vergewisserung der Begnadigung geht.

Kirche und Predigt nehmen in Spaldings Verständnis eine wichtige Rolle ein, da die Kirche wesentliches Mittel zur Vervollkommnung des Glaubens ist, während sich die Predigt aus der Notwendigkeit ableitet, daß der Christ um seine Lehre Bescheid wissen muß und der Erbauung bedarf. Auch wenn er die Auffassung von der Trennung von Kirche und Staat vertritt, so kommt dem Staat doch der Nutzen der Predigt aufgrund der Vermittlung der Tugend zugute, womit ihm das Christentum von Nutzen ist. Damit dieser Nutzen erhalten bleibt, muß das Christentum selbst immer wieder von den es verderbenden Zusätzen gereinigt werden. Es geht Spalding also um die Vermittlung einer Religion, die dem Menschen durch die Tugend seine ihm eigene Bestimmung vermittelt und er so zum Wohl der Gesellschaft beitragen kann.

Die maßgebliche Ausrichtung der Neologie auf die gelebte Religion des Alltags, nicht aber auf ein von ihm entferntes theoretisches System der Theologie, spiegelt sich auch im Titel der ›Altersschrift‹ Spaldings *Religion, eine Angelegenheit des Menschen*. Müller präsentiert die dritte Auflage von 1799, bei der es sich um die letzte Auflage zu Lebzeiten Spaldings handelt. Da Spalding die Texte der vorhergehenden Ausgaben von 1797 und 1798 jeweils stark überarbeitet hat, liegt auf diese Weise die zu seiner Zeit gebräuchliche Edition letzter Hand wieder vor.

Spalding richtet sich an die Gebildeten seiner Zeit, um ihnen die Bedeutung von Religion aufzuzeigen, indem er überlegt, wie sie der konkreten Lebensgestaltung dienen kann. Die Religion ermöglicht ein Leben in Übereinstimmung mit dem von Gott in der Natur angelegten Willen. Von dieser Basis aus setzt sich Spalding mit verschiedenen Einwänden gegen die Religion auseinander: mit ihrer Herabwürdigung auf die Ebene des Lächerlichen oder mit der These von der Erfindung der Religion durch die Priester zu ihrem eigenen finanziellen Vorteil. Er bestreitet dabei nicht die Möglichkeit der Depravation von Religion, wehrt sich aber gegen die Vorwürfe, Religion sei schädlich, entfremde den Menschen von der Welt, so daß er für die Aufgaben auf der Welt untauglich werde. Weiterhin wird der Vorwurf der Intoleranz infolge der Religion zurückgewiesen, da die Intoleranz auf »gewissenlose geistliche Tyrannen« zurückzuführen sei, die sich einer falschen Religion bedient hätten. Auch der »Unglauben« hat keine eigentliche Basis, denn: »Das Bewußtsein einer Denkkraft dringet uns so natürlich die Vorstellung von einem Wesen ganz anderer Art auf«, womit Gott für Spalding auf vernünftige Weise durch das Denken allgemein erweisbar ist.

Der Mensch hat, durch Anwendung seiner Vernunft, eine direkte Beziehung zu Gott, ohne dazu eine Zwischeninstanz oder eine Wissenschaft zu benötigen. Womit aber nicht die Wissenschaft als solche abgewiesen wird, denn sie dient zur kritischen Würdigung der theologischen Lehrgestalt und würde, bei Betonung des »einfachen Wesentlichen«, sicherlich umfassender rezipiert werden.

Spalding warnt vor einer unglaubwürdigen, öffentlich demonstrierten Religiosität, wie sie besonders bei Menschen anzutreffen ist, die die Religion zu ihrem Beruf gemacht haben.

Neuen Ausdrucksformen der Religion durchaus aufgeschlossen, empfiehlt er dennoch keine zu rasche Änderung durch den »unbefugten voreiligen Aufklärer«, sondern will durch die Beachtung von Wahrheit, Gemeinnützlichkeit und Bescheidenheit der Religion eine Gestalt geben, durch die sie wirklich zur intendierten Vermehrung des Guten führen kann. Die Konsequenz ist also weniger spekulative Theologie und mehr praktische Religion.

Da man häufig »seine eigene Empfindungsart zum Richtmaße für alle annimmt«, gelangt man in Sachen der Religion leicht zu Verurteilungen. Statt dessen plädiert Spalding für »gegenseitige Duldsamkeit bei außerwesentlichen und die großen Zwecke des Glaubens an Gott nicht berührenden Verschiedenheiten«. Wenn Religion auf fortdauerndes Interesse stoßen soll, so muß sie den eigenen »Bedürfnissen, Anlagen und Trieben« entsprechen und dem Menschen nicht aufgezwungen erscheinen.

Rolf Becker, Osnabrück

Quellen und Forschungen zur Aufklärung im baltischen und russischen Raum

Briefe an den livländischen Historiographen Friedrich Konrad Gadebusch (1719-1788). Regesten. Bearb. FRIEDRICH VON KREUSSLER (†). Hg. CHRISTINA KUPFFER, PETER WÖRSTER. Marburg: Herder-Institut 1998 (= Sammlungen des Herder-Instituts zur Ostmitteleuropa-Forschung, Bd. 5), 322 S.
MICHAEL SCHIPPAN: *Die Einrichtung der Kollegien in Rußland zur Zeit Peters I.* Wiesbaden: Harrassowitz 1996 (= Forschungen zur osteuropäischen Geschichte. Historische Veröffentlichungen des Osteuropa-Instituts der Freien Universität Berlin, Bd. 51), 384 S.

Für die Geschichte der Aufklärung im baltischen Raum kommt dem Schaffen des seit 1748 in Livland wirkenden Juristen und Historikers Friedrich Konrad Gadebusch besondere Bedeutung zu. In der knapp gehaltenen Einleitung der Herausgeber Christina Kupffer und Peter Wörster wird auf die Biographie Gadebuschs (1-3), auf den Charakter der von ihm selbst zusammengestellten Briefsammlung (3-4), auf die wenigen über den Bearbeiter Friedrich von Kreußler (1856-1924) bekannten Angaben (4-5) sowie auf Überlieferung (6-9) und Editionsprinzipien verwiesen. Man vermißt allgemein-orientierende Hinweise auf Charakter und Grenzen der veröffentlichten Regesten.

Insgesamt werden Regesten zu 1.485 Briefen an Gadebusch veröffentlicht und durch Namenregister mit Kommentar erschlossen. Die Regesten bieten in der Regel nur erste Hinweise in der Art »Persönliches«, »Geschäftliches«, »Buchhändlerisches«. Für das vorige Jahrhundert finden sich Hinweise auf bisherige Veröffentlichungen. Eine Aktualisierung dieser Angaben wäre wünschenswert gewesen. Beispielsweise hat Annelies Lauch in ihrer Monographie *Wissenschaft und kulturelle Beziehungen in der russischen Aufklärung. Zum Wirken H. L. Chr. Bacmeisters* (Berlin 1969) mehrere in den Regesten angeführte Briefe Bacmeisters an Gadebusch ausführlich zitiert. Auch die weitergehende Frage, in welchem Umfange Antwortbriefe Gadebuschs an die Briefpartner zu ermitteln sind, bleibt offen. Wünschenswert wären Hinweise auf den Umfang der einzelnen Briefe gewesen, denn es ist doch ein Unterschied, ob es sich um eine wenige Zeilen umfassende Notiz oder um eine mehrseitige detaillierte Darlegung handelt. Da auf die Originale im Staatsarchiv in Riga und die Kopien im Herder-Institut in Marburg verwiesen wird, ist für eine Einsicht in die Vorlagen der Weg gewiesen.

Der Verfasser der Regesten ist schon 1924 verstorben. Sein Manuskript liegt in einer wohl 1916 abgeschlossenen Fassung vor. Mit der vorliegenden Edition ist eine wichtige, wohl unverzichtbare Vorarbeit für eine umfassendere Erschließung dieser Quelle geleistet.

Die Zeit Peters I., des großen russischen Reformzaren, fordert immer wieder unter verschiedenen Aspekten zur Erforschung und Darstellung heraus. Einen Aspekt der Behörden- und Verwaltungsgeschichte hat Michael Schippan in seiner Publikation über *Die Einrichtung der Kollegien in Rußland zur Zeit Peters I.* – eine überarbeitete Fassung einer 1986 an der Humboldt-Universität verteidigten Dissertation – herausgegriffen. Die Einleitung »Forschungsprobleme und Ziele der Darstellung« wurde zur Drucklegung im wesentlichen neu erarbeitet.

In drei inhaltlich untergliederten Kapiteln werden zuerst Vorgeschichte und Gründung der Kollegien, dann das Funktionieren der ersten neun Kollegien und schließlich die Weiterführung der Verwaltungsreform nach 1720 behandelt. Ein kürzeres viertes Kapitel behandelt das für Rußland beim Fehlen eines »Berufsbeamtentums« besonders diffizile Problem der Ausbildung des Nachwuchses. Damit sind aus der bisher ausführlichsten Darstellung dieser Problematik von Claes Peterson (*Peter the Great's Administrative and Judical Reforms. Swedish Antecedents and the Process of Reception.* Stockholm 1979) Teilbereiche herausgegriffen, die in einem jeweils erweiterten Kontext analysiert werden. Die Monographie wertet neben der einschlägigen Literatur ein umfangreiches Quellenmaterial sowohl russischer als auch deutscher Archive aus und zeigt sowohl Vergleichbarkeit als auch wesentliche Unterschiede in der Entwicklung der Staatsverwaltung in Rußland und in anderen europäischen Staaten auf. Die von Peterson deklarierte unmittelbare Abhängigkeit der russischen von der schwedischen Verwaltungspraxis wird bei Schippan stark relativiert.

Als eine Fundgrube biographischer Angaben über sonst kaum zu ermittelnde Personen erweist sich Anhang II: »Die Ausländer in den Kollegien« (303-332). Das Buch ist durch Bibliographie und Register gut erschlossen.

Peter Hoffmann, Nassenheide

Ungarn und die habsburgische Aufklärung – zwei Neuerscheinungen

Miscellanea Fontium Historiae Europaeae. Emlékkönyv H. Balázs Éva Történészprofesszor 80. Születésnapjára. Hg. JÁNOS KALMÁR. Budapest: ELTE Bölcsészettudományi Kar 1997, 445 S.

ÉVA H. BALÁZS: *Hungary and the Habsburgs 1765-1800. An Experiment in Enlightened Absolutism.* Budapest: Central European University Press 1997, VIII und 429 S.

Die ›Grand Old Lady‹ der ungarischen Aufklärungsforschung, Éva H. Balázs, erhielt zu ihrem 80. Geburtstag eine Festschrift mit 37 naturgemäß meist von ungarischen Forschern und Forscherinnen verfaßten Beiträgen; zehn davon sind in einer westlichen Sprache abgefaßt. Der zeitliche Bogen spannt sich von der Renaissance bis ins 20. Jahrhundert, hier seien jene Beiträge erwähnt, die in den Umkreis der Aufklärung gehören. A. Szántay ediert die Korrespondenz dreier Angehöriger der Familie Teleki zwischen 1759-69 mit Professoren der Universität Basel, wo sie ihre Studien absolviert hatten – als Calvinisten hatten sie wenig Auswahl an Hochschulen ihrer Konfession. F.A.J. Szabo diskutiert anhand zweier kontrastierender Dokumente die auch in seiner Kaunitzbiographie angesprochene, für die Habsburger Monarchie zentrale Frage, ob der Staat durch äußere militärische Expansion oder durch innere Entwicklung gestärkt werden solle. Joseph II. war mehr für jenes, Kaunitz für dieses – beides gleichzeitig zu tun war aus finanziellen Gründen ausgeschlossen. Aus dem französischen Kulturkreis ediert J.A. Ferrer Benimeli Quellen zu dem 1781 begründeten Musée scientifique des Pilatre de Rozier in Paris; E.H. Lemay bringt Auszüge aus *L'Esprit des usages* « des J.-N. Démeunier, ein Werk aus den Anfängen der Ethnologie (1776). Einen Einblick in die Wiener Gesellschaft und Kultur im Herbst 1781 erhalten wir aus dem Reisetagebuch des Marquis de Poterat, herausgegeben von Cl. Michaud. Wie meist finden sich neben farbigen Charakteristiken (etwa Kaunitz) auch viele Gerüchte. D. Beales publiziert zwei schon von dell'Orto entdeckte Depeschen des damaligen Wiener Nuntius Garampi, aus dem Jahr 1781, in denen dieser vorschlug, den regierenden Kaiser Joseph II. wegen seiner Kirchenreform und seines Widerstands gegen die aus dem Jansenistenstreit bekannte Bulle *Unigenitus* zu exkommunizieren. Der Papst lehnte dies ab, entschloß sich dann aber zu seiner bekannten Reise nach Wien. E. Wangermann ediert und kommentiert eine der vielen josephinischen Broschüren, die *Unwahrscheinlichkeiten* (insgesamt sind es 50) des Joseph Grossing, in denen die Reformpolitik des Kaisers von einem radikal aufgeklärten Standpunkt aus kritisiert wird, mit Argumenten, die z.T. auch bei anderen Broschüreschreibern auftauchen.

Leider wurde darauf verzichtet, die vielen ungarischen Beiträge mit einer Zusammenfassung in einer westlichen Sprache zu versehen. Trotzdem sollten sie auch von den der magyarischen Sprache unkundigen Lesern – wohl sehr viele – wenigstens durchgeblättert werden. Wie der Titel der Festschrift besagt, handelt es sich bei den Beiträgen ja fast ausschließlich um Quelleneditionen. Da diese vielfach im Original, etwa lateinisch, deutsch oder französisch wiedergegeben sind, fällt meist auch für denjenigen etwas ab, der vom begleitenden Text nichts versteht.

Als Geburtstagsgeschenk für die verdiente Forscherin darf man wohl auch die nun vorliegende englische Übersetzung ihres 1987 erstmals ungarisch erschienenen zusammenfassenden Werks über *Ungarn und die Habsburger* (die Jahreszahlangabe im Titel ist etwas mißverständlich, denn im wesentlichen endet das Buch mit 1790) betrachten. Weshalb das Werk nicht in der für Ungarn eigentlich naheliegenderen Wissenschaftssprache deutsch erschien, darüber kann spekuliert werden: Sicher ist das Faktum keine verspätete Rache an dem auch im vorliegenden Buch behandelten berühmt-berüchtigten, Widerstand erregenden Erlaß Josephs II., mit dem er auch für Ungarn Deutsch als Amtssprache vorschrieb. Vermutlich waren einfach die in der Josephinismusforschung stark engagierten Engländer mit ihrer Anregung einer Übersetzung schneller und vielleicht auch generöser als die Österreicher. Das Werk bietet insgesamt eine abgerundete, gut lesbare Darstellung der Beziehungen Ungarns zum habsburgischen Österreich in diesen kritischen Jahren, verfaßt mit weitem Blick und eingeordnet in die größeren europäischen Zusammenhänge, selbstverständlich unter Benutzung der den allermeisten Lesern unzugänglichen ungarischen Fachliteratur. Insofern handelt es sich um ein sog. Standardwerk. Balázs beginnt mit den theoretischen Grundlagen des Josephinismus und der Stellungnahme von vier führenden Persönlichkeiten zur Ungarnpolitik: Maria Theresia, Kaunitz (mit Edition seiner Grundsätze von 1761, 59 ff.), Karl von Zinzendorf und Sonnenfels. Demgegenüber wird auf das gerade für Ungarn wichtige Staatsratsmitglied Ignaz von Borié erstaunlicherweise kaum eingegangen. Den Hauptteil des Buches nimmt selbstverständlich Joseph II. ein. Seine bereits in den *Rêveries* von 1761 niedergelegten Grundsätze der Ungarnpolitik, die er als Kaiser dann in die Tat umzusetzen versuchte, gipfeln in einer Bemerkung (93), Ungarn würde das Peru der Monarchie, könnte man es mit denselben Steuerquoten wie die übrigen Teile der Monarchie belasten: Unverblümter kann sich neokoloniales Denken kaum äußern. Balázs' Buch wird dort spannend, wo es scheinbar nebensächliche konkrete Details der Folgeerscheinungen josephinischer Politik beschreibt: Der Alltag der Administration und Justiz, die Probleme der konkreten Umsetzung des Sprachendekrets in den Schulen, die Exportschwierigkeiten des auf die Agrarwirtschaft reduzierten Königreichs usw.; es wird dort eher uninteressant, wo die Autorin nicht mehr von Ungarn spricht und eher allgemein Bekanntes über das josephinische Zeitalter referiert. Die Rolle der Freimaurerei schätzt Balázs hoch ein, weniger breit diskutiert wird die Rolle von Religion und Kirche. Insgesamt ist ihr Urteil über den Reformkaiser bei aller notwendigen und berechtigten Kritik ausgewogen – nicht selbstverständlich für eine Angehörige der gebeutelten Nation. Es gab aber eben auch in Ungarn überzeugte Josephiner, die Reformen im Königreich für unabdingbar hielten und sich deshalb mehr oder weniger dem kaiserlichen Kurs anschlossen. Vier Beispiele werden am Schluß vorgestellt: Der Piarist K. Koppi mit seinem interessanten Projekt einer Handelsakademie, der in Göttingen ausgebildete, mit dem Westen wohlvertraute und zeitweise politisch sehr aktive G. Berzeviczy, weiter zwei Aristokraten, der später als Museums- und Bibliotheksgründer bekannte F. Széchényi, sowie der ebenfalls im Bannkreis Göttingens stehende Protestant J. Podmaniczky. Bei allen vieren zeigt sich die schwierige Position des »opponierenden Reformers«, die dann nach 1790, worauf Balázs nur noch kurz eingeht, noch deutlicher werden sollte.

Das Werk bietet dem westlichen Leser eine ausgezeichnete Orientierung über ein bisher vielfach zu wenig beachtetes wichtiges Kapitel aufgeklärter Politik.

Peter Hersche, Ursellen/Bern

Schauplätze im Zeitalter der Aufklärung – zwei Überblickswerke

WERNER SCHNEIDERS: *Das Zeitalter der Aufklärung*. München: Beck 1997 (= *Beck'sche Reihe Wissen*), 140 S.
ENGELHARD WEIGL: *Schauplätze der deutschen Aufklärung. Ein Städterundgang*. Reinbek: Rowohlt 1997 (= *rowohlts enzyklopädie* 55583), 256 S.

Ungeachtet oder vielleicht gerade wegen des ständigen Fortschreitens der Aufklärungsforschung werden in relativ kurzen Abschnitten Summen des erreichten Erkenntnisstandes vorgelegt. Beschränkt man sich dabei auf eine Fachdisziplin, so ist ein umfassender Überblick auf begrenztem

Raum durchaus zu gewinnen, wie erst kürzlich für die Germanistik auf sehr überzeugende Weise demonstriert wurde (Peter-André Alt: *Aufklärung*. Stuttgart, Weimar 1996 [= *Lehrbuch Germanistik*]; siehe dazu die Rez. in *DAJ* 23.1, 1999, 121-124). Wer dagegen das gesamte Phänomen der Aufklärung, womöglich noch in seinen europäischen Dimensionen, darzustellen versucht, sieht sich vor der Entscheidung zwischen einer rigiden Disziplinierung, die an Selbstzensur grenzt, und einer essayistischen Nonchalance, die dann allerdings einen originellen Zugriff fordert. Beide Wege sind in jüngster Zeit beschritten worden, und die Ergebnisse sind lesenswert.

Gemäß dem Konzept der Reihe *Wissen* im Beck-Verlag, die laut Verlagsprospekt »gesichertes Wissen und konzentrierte Information« zu vermitteln verspricht, bereitet Werner Schneiders in sechs konzisen Kapiteln die wichtigsten Fakten und Zusammenhänge zum Thema ›Aufklärung‹ auf. Neben Einleitung, Ausblick (auf die Peripherie Europas und Amerika) und einem problematisierenden Schlußwort stehen drei analoge Hauptteile, in denen die unterschiedlichen Voraussetzungen und Realisationsformen der Aufklärung in England, Frankreich und dem protestantischen Deutschland analysiert werden. Dabei folgen einander jeweils eine prägnante Skizze der historischen Konstellation (Beispiel Deutschland: »Aufklärung und Absolutismus«), ein Aufriß der philosophischen (»Philosophie der Schule und Philosophie für die Welt«) und literarischen (»Gottes Reich und menschliche Moral«) Entwicklung sowie eine sehr knappe, auch die jeweilige Begriffsgeschichte einbeziehende Analyse des Befundes (»Aufklärung – Deutung und Selbstdeutung«).

Schneiders ist dabei auf Schritt und Tritt der Lexikograph anzumerken (sehr ergiebig das von ihm herausgegebene *Lexikon der Aufklärung. Deutschland und Europa*. München 1995), etwa bei der peinlich genau beachteten Parität der Hauptkapitel oder bei der zeilenmäßigen Abgrenzung der ›kanonischen‹ Autoren (ca. eine Seite oder mehr erhielten: Locke, Shaftesbury, Hume, Pope, Swift, Richardson; Bayle, Fontenelle, Montesquieu, Voltaire, Diderot, Rousseau; Leibniz, Thomasius, Wolff, Kant, Gottsched, Lessing). Trotz der äußersten Verknappung des Epochenaufrisses ist der Autor um Ausgewogenheit bemüht, was zu einer sehr vorsichtigen Argumentation, zu Relativierungen und Zurücknahmen führt. So wird häufig ein Extrakt geboten, der alle Aspekte des Sachverhaltes berücksichtigt, aber gelegentlich den Eindruck erweckt, als erwachse eine so weit gefaßte ›Aufklärung‹ fast zwingend aus der allgemeinen Disposition des Menschen. Beispielhaft sind etwa die Ausführungen über die empfindsame Ethik Richardsons: »Die von ihm dargestellte Tugend entspricht zwar der Vernunft und verlangt Kontrolle der Leidenschaften, aber sie ist zugleich Gegenstand eines geradezu tränenseligen Gefühls (›Tugendempfindsamkeit‹); gesunder Menschenverstand in allen praktischen Fragen bis hin zu einer geradezu naiven moralischen Berechnung von Tugend und Lohn verbinden sich mit äußerster Empfindsamkeit und genauer Selbstbeobachtung«, 44 f.).

Eine im Rahmen des Möglichen individuelle Note erhält das Buch, der disziplinären Herkunft des Autors entsprechend, durch die starke Gewichtung der philosophischen Aspekte. Gerade hier wird jedoch die Ambivalenz des ganzen Unternehmens deutlich: Es ist schon bestechend, wie scheinbar mühelos Schneiders auf knapp anderthalb Seiten die Philosophie Kants in ihren historischen Kontext stellt, dabei zeittypische von gegenläufigen Ansätzen unterscheidet und im Vorbeigehen die drei bekanntesten Schriften des Philosophen mit einprägsamen Paraphrasen gleichsam im Gedächtnis des Lesers festnagelt (99 f.). Kritik an diesem Vorgehen – dann aber wohl an der ganzen Reihe – wird der üben, der die Reduktion des Komplexen auf das jedem Verständliche nicht mitmachen will. Alles in allem nötigt der schmale Band gewiß auch dem Kenner Respekt ab. Er ist – cum grano salis – als Einführung für Lernende auf fast jedem Niveau ergiebig und hält, von kleineren Ungenauigkeiten abgesehen[1], was die Reihenherausgeber versprechen.

---

1 Die von Nicolai, Mendelssohn und Lessing herausgegebenen *Litteraturbriefe* erschienen nicht 1761-1767 (111), sondern 1759-1765. Der Wiener Aufklärer Joseph von Sonnenfels war nicht

Aus einer völlig anderen Perspektive nähert sich Engelhard Weigl, der jahrelang als Lektor in fernen Ländern weilte, dem Thema der Aufklärung, das er auf das deutschsprachige Kulturgebiet, und zwar auf einzelne städtische Zentren, beschränkt.² Der Untertitel *Ein Städterundgang* suggeriert zu Unrecht, daß es sich um einen literarischen Reiseführer handle. Tatsächlich wird eine Reihe von Essays vorgelegt, die zuerst in einer japanischen Philosophiezeitschrift erschienen waren, aufgrund des eigenwilligen Zugriffs jedoch nach Meinung des Autors »auch dem deutschen Leser Neues unter dem Vertrauten bieten« (9) könnten. So ist es auch. Daß Residenz-, Universitäts- und Handelsstädte im 18. Jahrhundert eine jeweils eigene, von Herrschafts-, Konfessions- und Wirtschaftsverhältnissen abhängige Entwicklung nahmen, daß die Kultur der Aufklärung mit der Herausbildung eines differenzierten Lesepublikums und eines expandierenden Buchmarktes eng verknüpft war, daß die »Geselligkeit« des städtischen Lebens für das Entstehen einer kritischen bürgerlichen Öffentlichkeit grundlegend war – das alles ist hinreichend bekannt (Einleitung). Auch in der Auswahl der Zentren – Leipzig, Halle, Hamburg, Zürich, Königsberg, Berlin, Göttingen, Wien – liegt keine Neubewertung der Epoche begründet. Originell ist jedoch der Ansatz, die kultur- und geistesgeschichtliche Entwicklung dieses Jahrhunderts zwischen der ersten deutschsprachigen Vorlesung von Christian Thomasius in Leipzig (1687) und dem Tod Josephs II. (1790) anhand von Momentaufnahmen aus der jeweils bedeutendsten Epoche der großen Aufklärungszentren aufzuzeigen. Der Anspruch auf allgemeinverständliche, dialogisch aufbereitete Vermittlung zeigt sich in ausformulierten Fragen (z. B. »Warum greift Thomasius für seine umfassende Reform der Universität auf das politisch-galante Menschenideal des Hofes zurück?« 37), doch werden die sozialhistorischen Funktionszusammenhänge keineswegs schulmäßig deduktiv entwickelt. Bisweilen sind die Deutungsansätze recht komplex, wenn etwa erläutert wird, inwiefern die Proteste Bodmers und Breitingers gegen Gottscheds Regelpoetik auf einer latenten Ablehnung der Phantasiefeindlichkeit im Einflußbereich des reformierten Bekenntnisses gründen (»Die Religion wird zuerst ästhetisiert und dann die Literatur sakralisiert«, 117). Gelegentlich sind der Erklärungen zu viele, so daß man sich beispielsweise im Falle Königsbergs, dieser wortreich charakterisierten Stadt »im Schnittpunkt von Weltoffenheit und nach innen gerichteter Selbstbezogenheit« (151), in der Tat kaum vorzustellen vermag, daß Gestalten wie Kant und Hamann anderswo hätten gedeihen können.

Trotz der eher lockeren Fügung der Kapitel sind Grundlinien der Argumentation klar zu erkennen: Von der neugierigen Handelsmetropole Hamburg und dem englisch geprägten Göttingen über Berlin mit seiner Integration der Juden und Leipzig, der Pflanzschule eines ›galanten‹ Gelehrtentyps, bis zum multikulturellen Wien der Josephinischen Ära trugen alle diese privilegierten Gemeinwesen dazu bei, das gegenüber Frankreich und England bestehende Defizit an nicht-pedantischer Bildung und (potentiell) ständeübergreifender Geselligkeit auszugleichen und so die Knoten- und Verteilerpunkte im allmählich flächendeckenden Netzwerk einer praxisbezogenen intellektuellen Kommunikation zu bilden. Weigl suggeriert schon durch die Anlage seines Buches, daß

»aus Darmstadt eingewandert« (118). Unverständlich ist, inwiefern die bildenden Künste im 18. Jahrhundert »im Dienste der Reformation [!] und des Absolutismus« (89) verbleiben oder »die starken und produktiven Neigungen zur Musik wie zur Philosophie auch als zusammengehöriger Ausdruck einer Kultur der Innerlichkeit betrachtet werden« (ebd.) können. Am Schluß des Bandes wird die alte Pendeltheorie des Epochenwechsels aufgegriffen, wenn der Autor undifferenziert von »offen irrationalistischen Gegenbewegungen« der »junge[n] Generation« (128) spricht.

2 Vgl. dazu den Sammelband: *Stätten deutscher Literatur. Studien zur literarischen Zentrenbildung 1750-1815.* Hg. Wolfgang Stellmacher. Frankfurt am Main u. a. 1998 (= *Literatur – Sprache – Region*, 1).

in der zeitgenössischen Diskussion über Nutzen und Nachteil der »Zersplitterung« Deutschlands die Vertreter einer »Kultur ohne Zentrum« (99) die besseren Argumente hatten.

In der äußeren Anlage des Bandes wechseln Vorzüge und Nachteile: Die Abbildungen, Karten und Skizzen sind gut ausgesucht, jedoch viel zu kleinformatig reproduziert. Die Quellentexte sind durchweg – bei aller Subjektivität der Auswahl – von zentraler Bedeutung und hohem Illustrationswert, nur fallen in den Einleitungsabschnitten der Hauptkapitel alle Quellennachweise aus. Das Fehlen einer Gesamtbibliographie ist bei der Anlage des Bandes zu vertreten, doch hätte man in den Anmerkungen wenigstens die Standardwerke und wichtigsten Sammelbände zum Thema angeben sollen.[3] Insgesamt jedoch überwiegt – wie bei Schneiders – auch hier das Positive. Am besten liest man beide Bücher nebeneinander.

Robert Seidel, Heidelberg

Strasbourg, Schoeplin et l'Europe au XVIIIe siècle. Actes du colloque organisé en coopération avec l'Université des Sciences Humaines de Strasbourg (Strasbourg, 15-17 septembre 1994). Dir. BERNHARD VOGLER, JÜRGEN VOSS. Bonn: Bouvier 1996 (= *Pariser historische Studien*, Bd. 42), x, 341 S.

Aus Anlaß des 300. Geburtstages von Johann Daniel Schoepflin (1694-1771) wurde im September 1994 von der Université des Sciences Humaines de Strasbourg und dem Deutschen Historischen Institut Paris ein Kolloquium durchgeführt, um die Konturen einer Persönlichkeit auszuleuchten, die unter dem Zeichen der Nationalgeschichtsschreibung in Vergessenheit geriet und die nun Züge von erstaunlicher Aktualität aufweist, einer Aktualität allerdings, die die Fremdheit des Ancien Régime zu unserer Welt nicht unterschlagen darf. Mit Recht erinnert Goethe den Todestag Schoepflins im Dritten Buch von *Dichtung und Wahrheit*: »Meine Promotion war am 6ten August 1771 geschehen; den Tag darauf starb Schöpflin im fünf und siebenzigsten Jahre.« Der Todestag markiert das Ende einer Epoche, das Ende einer europäischen Gelehrtenkultur, die wie bei Thomasius die Kultur des Bürgertums mit der des europäischen Adels innerhalb der Universität zu verbinden verstand. Redegewandt, tolerant und selbstsicher die höfischen Formen beherrschend, zeigt sein Beispiel, welche Aufstiegsmöglichkeiten ein Sohn eines kleinen badischen Beamten unter den gesellschaftlichen Bedingungen des aufgeklärten Absolutismus haben konnte. Schoepflin hatte Zugang zu den Höfen sowohl des Alten Reiches wie zu dem Frankreichs, er fand Aufnahme in den Akademien von Paris, London, Cortona, Petersburg und half bei der Gründung der Akademie in Mannheim und Brüssel. Seine Fähigkeiten als Historiker und politisch wacher Zeitgenosse wurden für mehrere diplomatische Missionen in Anspruch genommen, so wurde er 1727/28 im Auftrage des Versailler Hofes nach England gesandt, um zu sondieren, welche politischen Machtgruppen nach dem Tode König Georg I. zur Geltung kommen würden. Während des polnischen Erbfolgekrieges wurde Schoepflins Rat, der sich in mehreren Gutachten und Traktaten niederschlug, von Kardinal Fleury und dem französischen Außenminister Chauvelin eingeholt. Doch auch in lokalen politischen Konflikten war seine Sachkenntnis und sein ausgleichendes Wesen gefragt. Seine politischen Erfahrungen wurden später von Schoepflin bei der Gründung einer Diplomatenschule

---

3 *Aufklärung in Berlin*. Hg. Wolfgang Förster. Berlin 1989; *Halle. Aufklärung und Pietismus*. Hg. Norbert Hinske. Heidelberg 1989 (= *Wolfenbütteler Studien zur Aufklärung*, 15); Franklin Kopitzsch: *Aufklärung in Hamburg. Grundzüge einer Sozialgeschichte der Aufklärung in Hamburg und Altona*. Hamburg ²1990 (= *Beiträge zur Geschichte Hamburgs*, 21); *Leipzig. Aufklärung und Bürgerlichkeit*. Hg. Wolfgang Martens. Heidelberg 1990 (= *Wolfenbütteler Studien zur Aufklärung*, 17); *Zürich im 18. Jahrhundert*. Hg. Hans Wysling. Zürich 1983.

genutzt, »die einzige im Frankreich des 18. Jahrhunderts über einen längeren Zeitraum bestehende Institution zur Ausbildung von Berufsdiplomaten.« (Voss) Bei aller Internationalität bleibt Schoepflins historisches Werk gebunden an seine Region, der er mit tiefer Loyalität verbunden bleibt und der er sein erstes großes Meisterwerk, die *Alsatia illustrata*, widmet. Aus dieser Position heraus wird Schoepflin zu einer wichtigen Figur, die Straßburg zu einem Ort der Vermittlung zwischen Frankreich und dem Reich macht.

Die Aufsätze des Sammelbandes gliedern sich nach den verschiedenen Handlungsfeldern Schoepflins. Die erste Sektion »Schoepflin et l'Alsace« widmet sich zuerst der demographischen und politischen Entwicklung Straßburgs, einer Stadt, die seit der französischen Besetzung 1681 kulturell von zwei Konfessionen und Sprachen bestimmt wurde (Jean-Pierre Kintz). Neben der Kirche ging die konfessionelle Spaltung durch die Institutionen der Ausbildung, so gab es zwei Universitäten und neben dem protestanischen Gymnasium eine Jesuitenschule. Ausführlicher geht Kintz auf das Verhältnis der deutschen und französischen Sprache im Alltag, Kirche, Schule und in Druckerzeugnissen ein. Berhard Vogler »L'université de Strasbourg au milieu du XVIIIe siècle« behandelt die lutherische Gemeindeuniversität, deren Bedeutung vor allem in der Medizin, Jurisprudenz und der Geschichtswissenschaft lag, die von Schoepflin ein halbes Jahrhundert lang geprägt wurde. Die Attraktivität der Universität lag an der ungewöhnlichen Lage der Stadt, die konfessionelle Vielfalt im Kontext der Doppelkultur ihrer Elite bot. Die Beiträge von Georges Livet und Erich Pelzer untersuchen das Verhältnis Schoepflins zum Elsäßischen Adel.

Unter der Überschrift »Le savant strasbourgeois et la République des Lettres« werden die beiden Schüler Schoepflins Christoph Wilhelm Koch (Heinz Sproll) und Philippe-André Grandidier behandelt. In dem Beitrag von Andreas Kraus »Schöpflin und die gelehrten Gesellschaften« wird auf knappem Raum das weite und dichte Netzwerk der europäischen Akademien, in dem sich Schoepflin so sicher bewegte, in seinem politischen und wissenschaftsgeschichtlichen Kontext sichtbar. Ergossen die Anhänger des Sturm und Drang in ihrem Geniekult nur Hohn auf die Kärrnerarbeit der Historiker der Aufklärung, so wird in dem interessanten Beitrag von Chantal Vogler »J.-D. Schoepflin, archéologue et épigraphe« die Bedeutung der Pionierarbeit, die Schoepflin mit seiner ersten Geschichte der Elsäßischen Provinz *Alsatia illustrata* (1751) als Archäologe leistete, gut greifbar. Die Beiträge der Tagung konzentrieren sich in erster Linie auf die Beziehungen Schoepflins zur Stadt Straßburg und zum rheinischen Raum, dann den Höfen von Versailles, Wien und Karlsruhe unter dem Titel »Schoepflin, les princes, les cours« und zuletzt seinem Einfluß auf die Politik »Schoepflin et la Politique«. Bei der Darstellung der vielfältigen Felder seiner Aktivität tritt die Analyse seines historischen Werkes etwas zurück. Gegenüber der Studie von Jürgen Voss »Universität, Geschichtswissenschaft und Diplomatie im Zeitalter der Aufklärung. Johann Daniel Schöpflin (1694-1771)«, von der jede Beschäftigung mit Schoepflin auszugehen hat, wird in diesem Band das gesellschaftliche Umfeld in Straßburg deutlicher herausgearbeitet. Hervorzuheben ist hier besonders der Beitrag von Gonthier-Louis Fink »Strasbourg, carrefour des Lumières? La mosaique culturelle de l'Alsace a l'époque de Schoepflin«, der sich mit der kulturellen Entwicklung in Straßburg von der Frühaufklärung bis zur schwierigen Identitätssuche der »neuen Generation«, die zusammen den *Bürgerfreund* (1776-77) herausgab, beschäftigt.

Engelhard Weigl, Adelaide

Staat und Bürgertum im 18. und frühen 19. Jahrhundert. Studien zu Frankreich, Deutschland und Österreich. Ingrid Mittenzwei zum 65. Geburtstag. Hg. HELMUT REINALTER, KARLHEINZ GERLACH. Frankfurt am Main, Berlin, Bern, New York, Paris, Wien: Lang 1996 (= *Schriftenreihe der Internationalen Forschungsstelle »Demokratische Bewegungen in Mitteleuropa 1770-1850«*, Bd. 17), 249. S.

Die hier vereinigten Aufsätze gehen auf ein von der Akademie der Wissenschaften der DDR veranstaltetes Festkolloquium zum 60. Geburtstag Ingrid Mittenzweis (1989) zurück, der angesehenen Expertin der preußischen Geschichte des späten 18. Jahrhunderts. Daß die Jubilarin selbst mit einem Beitrag in dem ihr gewidmeten Band vertreten ist, macht einen eher ungewöhnlichen Akzent dieser Hommage aus. Als ungewöhnlich mag es auch erscheinen, daß zwischen dem Berliner Kolloquium und der Publikation stolze sieben Jahre vergingen, als erwähnenswert, daß es mit der redaktionellen Sorgfalt nicht gar so gut bestellt ist. Die Beiträge – sieht man einmal von Helmut Reinalters nicht zufällig auch fußnotenlosem Überblick über »Staat und Bürgertum im aufgeklärten Absolutismus Österreichs« ab – sind durchweg aus laufenden Forschungen geschöpft und zeichnen sich durch eine entsprechende Quellennähe aus. Die enge Orientierung der aus einer von Ingrid Mittenzwei geleiteten Arbeitsgruppe hervorgegangenen Fallstudien an einer Stadt oder einer Region läßt freilich – im Sinn eines komparatistischen Zugriffs – den Blick über den ›Gartenzaun‹ nicht oder allenfalls ausnahmsweise einmal zu.

Wolfgang Mager (»Das Aufkommen des französischen Notabeln-Bürgertums im 18. Jahrhundert und die Krise der absoluten Monarchie«) untersucht die Binnendifferenzierung des französischen Adels in die drei Gruppen des Hofadels, des Provinzadels und des sog. neuen Adels, die Zahlenrelationen und das Sozialprestige, um dann aus der Schilderung der Spannungen zwischen ihnen – insbesondere über dem Problem ihrer Besteuerung – zu der Frage vorzustoßen, ob und inwieweit der französische Adel bereits vor der Revolution klassenmäßige Züge angenommen und eine Metamorphose zu einer »Notabeln-Klasse« durchgemacht habe; Mager spitzt seine These bis zu dem Schlußsatz zu, daß die Französische Revolution primär eine des Adels »auf seinem Weg von der Noblesse zur Notabilité« gewesen sei (40). Helmut Reinalters oben schon kurz angesprochenem Überblick folgt Ingrid Mittenzweis Fallstudie über die Wiener Seidenfabrikanten im frühen 19. Jahrhundert, die sich zu einem beachtlichen Teil aus der Handwerkerschaft rekrutierten; sie entwickelten dann auch sehr rasch eine ganz spezifische, nicht mehr in die Kategorie genossenschaftlichen Denkens einzuordnende Mentalität. Auch Matthias Hahn (»Zur sozialen Herkunft der Chemnitzer Manufakturbourgeoisie von 1763 bis 1803«) weist dem Handwerkerstand eine Schlüsselrolle beim Übergang zum Manufakturwesen zu, keineswegs dem kapitalkräftigen Handelsunternehmertum. Rolf Straubel (»Verlage und Manufakturen im exportorientierten Gewerbe der Kurmark, 1763-1804«) ermittelt ein gewaltiges ökonomisches Gefälle zwischen der Haupt- und Residenzstadt Berlin und dem flachen Land, wo eine großgewerbliche Entwicklung die große Ausnahme blieb. Helga Eichler gibt einen knappen Überblick über das Sozialprofil der Berliner Buchdrucker, Buchhändler und Verleger, und den Band beschließt dann eine Studie des Mitherausgebers Karlheinz Gerlach über die Berliner Freimaurerei, ihre Organisation, ihre Mitgliederzahlen, ihr Sozialprofil und ihre Richtungskämpfe; diese Studie verdient auch deswegen besondere Beachtung, weil sie Mitgliederlisten der Berliner Freimaurer des Jahres 1783 zum Abdruck bringt.

Der Band vermittelt manche neuen Einsichten in die Sozialgeschichte des ausgehenden Ancien Régime und der Revolutionszeit, manches wird an anderen Fallstudien aber auch noch weiter zu erhärten sein. Daß im Abstand von wenigen Seiten (182, 195) die Herausgeberschaft der *Berlinischen Monatsschrift* ganz unterschiedlichen Personen beigelegt wird, sei immerhin im Vorbeigehen erwähnt.

Heinz Duchhardt, Mainz

JULIA MAURER: *Der »Lahrer Prozeß« 1773-1806. Ein Untertanenprozeß vor dem Reichskammergericht.* Köln, Weimar, Wien: Böhlau 1996 (= *Quellen und Forschungen zur höchsten Gerichtsbarkeit im Alten Reich*, Bd. 30), XXXVIII, 413 S.

Die rechtshistorische Dissertation von Julia Maurer, die von Karl Kroeschell betreut wurde, untersucht einen der in letzter Zeit verstärkt ins Interesse der Reichskammergerichtsforschung gerückten ›Untertanenprozesse‹. Dieser Bereich der Höchstgerichtsbarkeit des Alten Reichs wurde und wird vor allem auch im Hinblick auf seine Quellenfunktion für Fragen gesellschaftlicher, wirtschaftlicher Probleme und ihrer Umsetzung in rechtliche ›Wirklichkeit‹ untersucht. Der »Lahrer Prozeß«, der zwischen der Bürgerschaft der Stadt und ihrem Landesherrn an der Wende vom 18. zum 19. Jahrhundert geführt wurde, knüpfte an die Auslegung eines Freiheitsbriefs von 1377 an. Vordergründig entzündete sich der Konflikt an der Annullierung einer Ratswahl durch den Fürsten von Nassau-Usingen. Es ging dabei jedoch um eine generelle Problematik: Ausübung von Hoheitsrechten, auf die der Fürst in der Behauptung seiner ›Souveränität‹ Anspruch erhob, versus Selbstverwaltung und Autonomie einer Stadt, die sie auf traditionale Privilegien stützte. Es war dies ein für diese Endzeit des Alten Reichs keineswegs ungewöhnlicher Konflikt, der durch eine reichliche Überlieferung gut dokumentiert ist. Unter den zahlreichen Gutachten und ›Species Facti‹ etc., die der Prozeßverlauf hervorbrachte, ist u. a. auch ein Gutachten von 1806 über die Lahrer Privilegien des badischen Verwaltungsfachmanns und Redaktors des Badischen Landrechts Johann Nikolaus Friedrich Brauer zu nennen.

Maurer geht dem Verlauf, den Begründungen, den Windungen des Prozesses in allen Einzelheiten nach, wobei sie auch die ›Nebenkriegsschauplätze‹ einbezieht, mehrere nebeneinander laufende Verfahren, teils vor dem Reichskammergericht, teils innerhalb der landesherrlichen Jurisdiktion auffächert. Der Fall wird einerseits in den zeitgenössischen juristischen Diskussionszusammenhang gestellt und andererseits wird versucht, die Rechtswirklichkeit anhand der tatsächlichen Durchsetzung der Ansprüche zu erfassen. Die Verf.in zeichnet dabei ein sehr detailreiches und differenziertes Bild von dem Funktionieren und der Arbeitsweise des Höchstgerichts. Verfahrensfragen, Prozeßführung und Prozeßstrategien der Parteien werden im einzelnen aufgezeigt. Dabei liegt vielleicht der Akzent gelegentlich zu sehr auf den juristisch-organisatorischen und prozeßtechnischen Details, wodurch die gesellschaftlichen Fragestellungen in den Hintergrund treten. Grundsätzliche verfassungsrechtliche Probleme der Möglichkeiten und Grenzen eines ›Untertanenprozesses‹ hätten evtl. im Rahmen eines Vergleichs anderer derartiger Prozesse deutlicher herausgearbeitet werden können.

Überzeugend ist Maurers Argumentation, daß das Reichskammergericht hier in erster Linie auf einen Vergleich abzielte, wie sie auch generell sehr gut die extrajudizialen Möglichkeiten einer Konfliktbeilegung herausarbeitet. ›Frieden durch Recht‹ ist offenbar auch in Konflikten zwischen Landesherrn und Untertanen in dieser Zeit ein vorrangiges Ziel gewesen, was die Verf.in durch diese detaillierte, gut dokumentierte Fallstudie belegt hat.

Barbara Dölemeyer, Frankfurt am Main

ANNE-CHARLOTT TREPP: *Sanfte Männlichkeit und selbständige Weiblichkeit. Frauen und Männer im Hamburger Bürgertum zwischen 1770 und 1840.* Göttingen: Vandenhoeck & Ruprecht 1996 (= *Veröffentlichungen des Max-Planck-Instituts für Geschichte*, Bd. 123), 444 S.

Als Ziel dieser Studie (eine von Hartmut Lehmann betreute Kieler historische Dissertation von 1993) wird benannt: »eine undogmatische, weitgefaßte Geschlechtergeschichte, die die Beziehungen von Männern und Frauen in ihrer Komplexität ausleuchten möchte« (9). »Patriarchat«, »Hierarchie« und »Unterdrückung« erscheinen der Verfasserin als zu überwindende Kategorien einer nicht mehr auf Geschlecht, sondern auf Geschlechterbeziehungen orientierten historischen Forschung in der Phase einer »anthropologischen Neuorientierung«, zu der auch die vorgelegte Arbeit einen Beitrag leisten soll. In der herkömmlichen Geschichtsschreibung sei das Private geringgeschätzt, als ahistorisch klassifiziert und mithin naturalisiert worden. Damit sei ebenso Schluß zu machen wie mit der Fixierung auf einige »Galionsfiguren« der Frauenforschung. Die Vorstellung einer »Dissoziation von Erwerbs- und Familienleben« habe das Konstrukt einer »Polarisierung der Geschlechtscharaktere« nach sich gezogen, das kritischer Überprüfung bedürfe.

Die Untersuchung bezieht sich auf die Phase von der Gründung der ersten Lesegesellschaft in Hamburg (1770) bis zum großen Brand der Stadt (1842), auf eine Übergangsphase von drei Generationen, die nach dem Zeitpunkt der Heirat (Lebensmitte) in folgender Weise historisch verortet werden: »die 1. Generation zwischen 1770 und 1790/95 (vor dem Hintergrund der Aufklärung, der Empfindsamkeit und der Französischen Revolution), die 2. zwischen den 1790er Jahren und 1815/20 (Spätaufklärung, Ausklang der Empfindsamkeit, (Früh-) Romantik, religiöse Erneuerung, französische Invasion und Befreiungskriege), die 3. Generation zwischen 1815/20 und 1840/45 (Spätromantik, religiöse Erneuerung, Befreiungskriege, Restauration und Vormärz)« (32).

Die Besonderheit Hamburgs bestand darin, daß Bildungs- und Wirtschaftsbürgertum eine relativ homogene Führungschicht bildeten und daß der Gegensatz zwischen Bürgertum und Adel weitgehend gegenstandslos war. Quellen der Arbeit sind die größtenteils unpublizierten (im hamburgischen Staatsarchiv erhaltenen) Familienpapiere einer eng verwobenen sozialen Gruppe, wobei Selbstzeugnisse im Zentrum stehen, namentlich Briefe (von 16 Frauen und 18 Männern), Autobiographien (fünf Männer, zwei Frauen), Biographien (mehrere Erinnerungsschriften von Männern über ihre verstorbenen Frauen) und Tagebücher (sechs Männer, neun Frauen).

Der erste Teil der Arbeit beschäftigt sich mit dem neuen Ideal der Liebesehe, der zweite mit dem Verhältnis der Geschlechter im ehelich-familialen Lebenszusammenhang. »Daß sich das Ideal der auf Liebe gegründeten Ehe im Bürgertum verwirklichen ließ, wird in der Forschung fast durchgängig negiert. In dieser Untersuchung wird das Gegenteil behauptet. Es wird zu zeigen sein, daß Liebe, Freundschaft, Introspektion und Gefühlstiefe überhaupt für die in der zweiten Hälfte des 18. Jahrhunderts heranwachsenden Generationen existentielle Werte wurden, daß die Liebesehe fest zum Lebensplan der Jugendlichen gehörte und ihre Realisierung erste Priorität gewann. Die Ehe aus Liebe wurde geradezu zum Sinnbild eines selbstgestalteten und erfüllten Lebens« (40). Drei Phasen lassen sich unterscheiden: 1. die »vernünftige Liebe« der Aufklärer, gegründet auf moralisch-menschliche Tugenden, die man am Geliebten zu erkennen glaubte, woraus sich eine besondere Akzentuierung weiblicher Erziehung und Verbesserung notwendig ergab; 2. die Seelengemeinschaft, verstanden als Einheit von Freundschaft und Liebe, die aus dem Pietismus stammte und von der Empfindsamkeit weiterentwickelt wurde; 3. die romantische Konzeption der Liebe als physischer und psychischer Verschmelzung zweier Individuen – damit verbunden eine Aufwertung der Sexualität (41-43). Unter Betonung der Tatsache, daß »Jugend« weniger eine anthropologische Konstante als vielmehr kulturell geformte historische Wirklichkeit sei, wird sie für den vorliegenden Zusammenhang definiert als Lebensphase bis zur Heirat, aber auch als Entwicklung der autonomen Persönlichkeit. Insofern hat die Bezugnahme auf das Bürgertum hier prototypische Bedeutung: In keiner anderen sozialen Schicht äußerte sich »das Streben nach individueller Autonomie, nach persönlicher Leistung, der Wunsch nach gesteigerter Introspektion, nach individueller Glückserfüllung wie letztlich auch der Anspruch nach Ausbildung einer unverwechselbaren Persönlichkeit« so explizit wie im Bürgertum; deshalb sind auch Selbstzeugnisse von zentraler Bedeutung für diese Fragestellung (51).

Im Kapitel über »Das Verhältnis der Geschlechter in der Jugend« geht es Anne-Charlott Trepp vor allem darum zu zeigen, daß die »Handlungsspielräume von Kindern und Jugendlichen sowie der Geschlechter untereinander« »tatsächlich wesentlich größer« waren, »als die Moralisten der Zeit uns glauben machen wollen« (61). Die Lebensgeschichte der Margarethe Milow und das gemeinsame Tagebuch der Schwestern Benedicta und Elisabeth Klünder scheinen das zu bestätigen. »Die Jugendlichen wurden in ihrer Geschlechtlichkeit weit weniger diszipliniert, als bisher infolge der wenig kritischen Rezeption der Aufklärungspädagogik als Spiegel der Realität vermutet wurde. [...] Beiden Geschlechtern war es in allen drei Generationen möglich, Sinnlichkeit und Erotik zu erleben und auch zu genießen. Dazu paßt, daß die sogenannten ›Geschlechtscharaktere‹ nur bedingt realisiert wurden. Die Mädchen waren keineswegs nur passiv und emotional und die Jungen dagegen nur aktiv und rational. Frauen waren ebenso Objekte und Opfer, wie sie die Männer zum Gegenstand ihrer Wünsche und abhängig von ihrem Willen machten« (71). Diese Stelle ist für die Einschätzung des Werkes insgesamt sehr charakteristisch: Man erkennt, daß die Autorin in einer gewissen Anti-Haltung zur *fable convenue* steht und auch die normativen Quellen (etwa der Aufklärungspädagogik) stets mit ihrem empirischen, deskriptiven Material konfrontiert. Aus dieser Stelle läßt sich jedoch auch schon die Problematik des Werkes ablesen: Es ist nicht einfach abzuschätzen, wie weit die gewonnenen Urteile tragen; die eigenen Reflexionen der Autorin über die Vergleichbarkeit, Verallgemeinerbarkeit und Repräsentativität ihrer Quellen (29 f.) vermögen nicht restlos zu überzeugen.

Trotzdem bleibt bestehen, daß hier ein erfrischend zu lesendes, aus reichen und größtenteils unbekannten Quellen geschöpftes Werk vorliegt, dessen Reiz zum Teil in der (zuweilen provozierend und *con gusto* vorgetragenen) Kritik vorliegender Denkschemata herkömmlicher Geschlechtergeschichte liegt. Ob es nun um das Ideal des »keuschen Mannes« (79-82) geht oder um »arrangierte Ehen«, die als verwirklichte Optionen der dem Anschein nach Verkuppelten erwiesen werden (88-103), um den Mann, der unter der Herrschaft des neuen Ideals der Liebesehe zum »Opfer seiner Gefühle« wird und den Ausweg aus seinen Gefühlswirren im Projekt einer »Ehe zu dritt« sucht (103-124), um die Liebesehe als »gelebte Realität«, keineswegs nur (normativ geforderten, aber im Leben) »seltenen Luxus« (125-131), um leidenschaftlich liebende Frauen, die auch gesellschaftlich anerkannt wurden (135 u. ö.), um die Interpretation des Altersunterschieds zwischen Mann und Frau, die angebliche Neigung gebildeter Männer zu Kindfrauen und Dummerchen (138-160), um die Zurückweisung der Vorstellung von (vor der Ehe) sexuell unwissenden Frauen (166), um die Privatisierung der Eheschließung (168-171): Immer liest man die Ausführungen mit Spannung und Genuß.

Die angesprochenen Tendenzen werden im zweiten Teil über das Verhältnis der Geschlechter im ehelich-familialen Lebenszusammenhang vertieft. Hier wird die familiäre Intimität genauer untersucht wie auch das Verhältnis von außerhäuslicher Berufsarbeit und Hausarbeit, die Beziehung der Ehegatten zueinander und ihr Verhältnis zu den Kindern. Der Vorstellung von der Einsamkeit des bürgerlichen Individuums und der Abschottung der Kleinfamilie begegnet die Verfasserin mit der Gegenthese der »familienzentrierten Geselligkeit« des Bürgertums (370-398). »Entgegen der gängigen Meinung von der *zunehmenden* geistigen und räumlichen Beschränkung der Frau hatte die Aufklärung im Gegenteil auch für sie eine enorme Horizonterweiterung zur Folge, die sie am gesellschaftlichen Geschehen teilhaben und auch aktiv werden ließ. Durch die Französische Revolution, besonders aber durch die Invasion und die Befreiungskriege erfuhren auch sie einen regelrechten ›Politisierungsschub‹, der ihre Handlungsbereitschaft langfristig und effektiv verstärkte« (282). Die gemeinsame Annahme der neuen Vorstellungen von Ehe durch Männer und Frauen und die Konsequenzen für das Handeln von Angehörigen beider Geschlechter wurde möglich durch eine gemeinsame Bildungswelt, welche die verstärkten Anstrengungen der Aufklärung um Mädchenerziehung und Mädchenbildung zur Voraussetzung hatte, aber auch eine grundlegende Neuorientierung im Bereich der emotionalen Werte – sowohl auf seiten der Männer als auch auf seiten der Frauen.

Michael Maurer, Jena

Von »Obscuranten« und »Eudämonisten«: Gegenaufklärerische, konservative und antirevolutionäre Publizisten im späten 18. Jahrhundert. Herausgegeben von CHRISTOPH WEISS in Zusammenarbeit mit WOLFGANG ALBRECHT. St. Ingbert: Röhrig 1997 (= *Literatur im historischen Kontext*, Bd. 1), 645 S.

This is the initial volume of a new series, *Literatur im historischen Kontext: Studien und Quellen zur deutschen Literatur- und Kulturgeschichte vom 18. Jahrhundert bis zur Gegenwart*, edited by Christoph Weiß and Reiner Wild. It is to be hoped that subsequent volumes will be as substantial as this one, although one may also hope they won't all be collections of essays like this volume, for inevitably the quality and interest of both the writers treated and the essays about them are somewhat uneven.

For many years after World War II scholars both East and West left no stone unturned in the search for genuine eighteenth-century German revolutionaries and sympathizers with the French Revolution, in short, German »Jakobiner«. They found them everywhere: in the Rhineland, in North Germany, in South Germany, and in Austria-Hungary. No matter that there was no ideological correspondence whatsoever between these German »Jakobiner« and the French Jacobins who overthrew the Gironde and presided over the Terror of 1793–1794. The stone-turners called them all »Jakobiner,« even though for the most part the German revolutionary sympathizers identified with the Gironde and were as horrified by the Terror as any German moderate or conservative. Even the Mainz »Jakobiner« who collaborated with the French occupiers and established the first German republic in March of 1793 were the tools of Girondist expansionist policy, not of the Jacobin Mountain. Failing to perform any comparative ideological analysis on their subjects, the scholars who unearthed all these »Jakobiner« were only following in the footsteps of conservative and antirevolutionary publicists like Leopold Alois Hoffmann, who, beginning around 1792, began to tar all active revolutionary sympathizers with the same brush, calling them all »Jakobiner«. Thus the antirevolutionaries of the 1790s continued to define the terms of the twentieth-century search for model German revolutionaries while, paradoxically enough, hardly anyone bothered to turn over the stones covering the model antirevolutionaries themselves. This neglect has now been more than compensated.

More than compensated, for the present volume casts a wider net in that it deals not only with the publicists who so gallantly polemicized against the French Revolution and its sympathizers, but also with conservative opponents of Enlightenment before the beginning of the French Revolution and serious reform-conservative thinkers of the revolutionary period. The introduction by Weiß and Albrecht, titled »Einleitende Bemerkungen zur Beantwortung der Frage: Was heißt Gegenaufklärung?«, reviews the scholarship on the formation of political parties and the divergence between liberal and conservative views of Enlightenment, principally the work of Valjavec, Epstein, and Kondylis, and locates the beginnings of anti-Enlightenment sentiment in the 1770s. A major motive for conservative attacks on Enlightenment was of course the Enlightenment's apparent threat to traditional Christianity on the one hand, and to the traditional absolutist state on the other. Protestant Enlightenment thinkers criticized the orthodox dogmas of Protestant Christianity, denounced Roman Catholicism as rank superstition and its hierarchy as living proof of the dominating ambitions of priestcraft, while thundering against tyrants and tyrannical government wherever they might be found and praising enlightened rulers like Frederick II of Prussia and Joseph II of Austria, whose policies were of course resented and opposed by all the benighted. Enlighteners in the Catholic territories (South Germany, the Rhenish bishoprics, Austria) were for the most part a tamer lot, but still suspect, and enlightened Catholic rulers like Archbishop-Elector Emmerich Joseph of Mainz who tried to reform and modernize their states met with strong resistance. Certain events and trends during the 1770s and 1780s gave considerable occasion for public controversy, denunciations, and party-formation: the disestablishment of the Jesuit Order in 1773, the disarray among Freemasons caused by the proliferation of systems of »strict observance«, the spread of the Illuminati and the Rosicrucians, who competed for influence and for the opportunity to displace and succeed the Freemasons, the outlawing of the Illuminati in Bavaria in 1785 after the discovery of secret documents and membership lists (which were published on behalf of the Bavarian government), the Rosicrucian ascension to real political influence in Berlin under Frederick William II., and the Prussian Religious Edict of 1788. Much of the controversy over the Jesuits and the secret societies can be regarded as childish, the product of grown men doing, thinking, and saying silly things in their roles as Freemasons, Rosicrucians, Illuminati, and publicly attacking each other's political, religious, and fraternal systems of belief. When the French Revolution began in 1789 the reading public had already endured innumerable assaults on its intelligence, but of course even worse was yet to come. Even before the Revolution the parties had been speaking past each other without ever attaining real dialogue. In the course of the 1790s they became ever more shrill, especially the contributors to the infamous *Eudämonia*, who – although, or perhaps because, the French revolutionary armies had already practically won the war between the Revolution and the German states – insisted on seeing a German »Jakobiner« behind every bush.

The volume contains seventeen essays of varying length and substance, and it is impossible to do justice to them in such a restricted space. Because so many of the writers treated in the volume are relatively unknown, even to the biographical reference works, the essays all begin with biographical information and seek to set the subject's career as a writer into the context of the life and times (the only non-writer treated in the volume is Johann Christoph von Wöllner, instigator of the Prussian Religious Edict). Each essay is illustrated with a portrait of the writer and a facsimile title page of his most important work. Franz Dumont, who has written extensively on the history of Mainz in the late eighteenth century, opens the volume with a study of Hermann Goldhagen, a Mainz ex-Jesuit, and his *Religions-Journal*, which ran from 1776 to 1792. Michael Schaich treats the religious and anti-Enlightenment publishing ventures of an ex-Jesuit circle in Augsburg dating from well before the French Revolution, taking the Swiss-born Joseph Anton Weissenbach as a prime example with his *Kritik über gewisse Kritiker, Recensenten und Brochürenmacher*, which ran from 1787 well into the revolutionary period, long enough to participate in the spread of the Illuminati-conspiracy theory of the Revolution. A third ex-Jesuit, Felix Franz Hofstätter (treated by Wynfrid Kriegleder), put out a *Magazin für Kunst und Litteratur* in Vienna, beginning in 1793, which can be regarded as a successor to Leopold Alois Hoffmann's *Wiener Zeitschrift* of 1791–1793. Hoffmann himself and his *Wiener Zeitschrift* are the subject of the essay by Helmut Reinalter. Yet another South German Catholic writer, the Bavarian theosophist Karl von Eckartshausen, is discussed in one of the two essays contributed by co-editor Wolfgang Albrecht. Albrecht's other essay deals with the career of the North German Protestant anti-Enlightener Ernst August Anton von Göchhausen, one of the collaborators in the founding of the *Eudämonia*. Dirk Kemper's essay on Wöllner deals with the Rosicrucian manipulation of Frederick William II before his accession to the Prussian throne and early in his reign up to the promulgation of the Religious Edict of 1788. Unfortunately Kemper, the foremost authority on the Religious Edict and the controversies relating to it, does not go significantly beyond the results first published by Paul Schwartz in 1925.

The most substantial essays in the volume, which have benefited from new finds in the archives, deal with three of the writers most involved in the dissemination of the counterrevolutionary conspiracy theory according to which the Illuminati had brought about the French Revolution (first propagated in the *Wiener Zeitschrift*) and in the development of the leading counterrevolutionary journals, the *Wiener Zeitschrift* and the *Eudämonia*. Wilhelm Kreutz deals with Johann August Starck, the Darmstadt crypto-Catholic. Rolf Haaser delves into the covert intelligence activities of Ludwig Adolf Christian von Grolman, a Gießen government official, renegade ex-Illuminati, and informer. Christoph Weiß examines the complex antirevolutionary role of Johann Georg Zimmermann, once an Enlightenment idol, who had made himself appear ridiculous with pompous and self-serving publications about his ministrations to the dying Frederick II, and after the outbreak of the Revolution published anti-Enlightenment articles in the *Wiener Zeitschrift*, recruited other antirevolutionary writers for Hoffmann's journal, and was involved in the planning of the *Eudämonia*. Heinrich August Ottokar Reichard, the Gotha librarian and theater adept who was responsible for the long-running *Revolutions-Almanach*, is the subject of an essay by Franz-Ulrich Jestädt. The *Wiener Zeitschrift* is passably readable and often interesting; the *Revolutions-Almanach* is also interesting, at least in the early years, and neither of these journals is so rabidly antirevolutionary in tone as to be totally beyond the pale. The *Eudämonia* is another matter altogether: it is altogether unreadable and in fact often unintelligible, and aside from the racket it raised it is difficult to imagine that it can have influenced many readers. Two other publicists of the time, Gottlob Benedict von Schirach (*Politisches Journal*) and Christoph Girtanner (*Historische Nachrichten und politische Betrachtungen über die französische Revolution*), are dealt with by Holger Böning and Christoph Wingertszahn respectively. Neither Schirach nor Girtanner, though conservative enough, can be classed among the rabid antirevolutionaries, and their journals in fact transmitted important information (and in the case of Girtanner also French revolutionary and government documents) to the German reading public and served as sources for other contemporary journals. Two of the last four essays in the volume deal with reform-conservative writers. August Wilhelm Rehberg (treated by Gerhard Dongowski) and Ernst Brandes (Anke Bethmann), were Hanoverian officials whose political thinking was quite understandably oriented on England. Both had already published before 1789 and participated fully in public debate on the Revolution (Rehberg reviewed numerous publications on the Revolution in the Jena *Allgemeine Litteratur-Zeitung*). Both generally approved of Edmund Burke's *Reflections on the Revolution in France* and disapproved of Thomas Paine's *The Rights of Man*, the seminal works that served as foci for the differentiation of conservative and liberal positions among German thinkers during the early years of the Revolution. Friedrich Gentz, the subject of Günther Kronenbitter's contribution, made his reputation as the translator and commentator of Burke's *Reflections*, but continued to publish on political theory and civil rights, strongly criticizing the end results of Enlightenment rationalism. The volume closes with Harro Zimmermann's piece on Matthias Claudius, a somewhat unlikely subject for such an essay collection, since Claudius's opposition to the French Revolution stemmed primarily from his religious views and his attachment to traditional patriarchalism rather than from any particular political persuasion.

This volume will prove useful as a source of information for scholars investigating the intellectual and cultural history of the period 1780-1800 in Germany. Unfortunately, however, the great amount of information presented on the individual writers covered in the volume will not be enough to make many of them, particularly the ex-Jesuits and the *Eudämonisten*, any more interesting or digestible than they were before.

Thomas P. Saine, University of California, Irvine

Matthias Claudius 1740-1815. Leben – Zeit – Werk. Hg. Jörg-Ulrich Fechner. Tübingen: Max Niemeyer 1996 (= *Wolfenbütteler Studien zur Aufklärung*, Bd. 21), xxviii, 342 S.

Dieser Sammelband vereinigt die Beiträge zum internationalen interdisziplinären Symposion im Claudius-Jubiläumsjahr 1990 in Bad Segeberg. Sehr bedauerlich ist es, daß die Ergebnisse dieses anregenden Symposions erst sechs Jahre später erscheinen. In der Einführung bittet der Herausgeber um Verständnis für die »mißlichen äußerlichen Umstände«, die das Erscheinen verzögerten und äußert die Hoffnung, daß die Beiträge dennoch nichts an Wert werden eingebüßt haben. Da seit dem Claudius-Jahr aber doch einige neue Untersuchungen erschienen sind, ist es schade, daß nicht mindestens die Einführung aktualisiert werden konnte. Trotzdem bildet der Band mit insgesamt 17 Beiträgen von Literaturwissenschaftlern, Historikern, Theologen, Hymnologen und Philosophen aus verschiedenen Ländern einen facettenreichen und interdisziplinären Beitrag zur Claudius-Forschung.

Wie bei Sammelbänden so häufig, ist es auch hier wegen der Fülle, Heterogenität und des unterschiedlichen Erkenntniswerts schwierig, auf jeden Beitrag würdigend einzugehen und eine allgemeine Bilanz zu ziehen. Einige speziellere Anmerkungen sollen aber einen allgemeinen Eindruck dieses insgesamt anregenden Bandes vermitteln.

Nach der Einführung ist der Band in drei große Abschnitte unterteilt: 1.) »Claudius in der Zeit« (Franz Georg Friemel, »Christliche Simplicität«; Christian Degn, »Claudius und die Obrigkeit«; Wolfgang Freund, »Claudius' theologiegeschichtliche Stellung aus heutiger evangelischer Sicht«; Wolfgang Martens, »Claudius und die Französische Revolution«); 2.) »Claudius' Verhältnis zu Zeitgenossen« (Barbara Becker-Cantarino, »Rebecca Claudius. Zur sozialgeschichtlichen Realität des ›Bauernmädchen[s]‹«; Annette Lüchow, »Claudius und Klopstock«; Klaus Bohnen, »Lessing und Claudius. Vom ›Doppelgesicht‹ der Aufklärung«; Jörg-Ulrich Fechner, »Claudius und Herder. Eine Skizze«; Klaus Hammacher, »Jacobi und Claudius«; Horst Weigelt, »Lavater und Claudius«); 3.) »Zu Claudius' Werk« (Annelen Kranefuss, »›Es gibt was bessers in der Welt‹. Zum poetischen ›Unterricht von göttlichen Dingen‹ bei Matthias Claudius«; Ada Kadelbach, »Matthias Claudius und die Gesangbücher im Dänischen Gesamtstaat«; Leif Ludwig Albertsen, »Claudius als Verfasser von Kirchenliedern«; Herbert Rowland, »Satirische Formen in den Feuilletons und Rezensionen von Matthias Claudius«; Dieter Andresen, »Matthias Claudius' Schrift ›An den Naber mit Rat‹ sprach- und theologiegeschichtlich«; Antoinette Fink-Langlois, »Matthias Claudius als Übersetzer von Fénelons religiösen Schriften«; Wolfgang Kehn, »Garten und Landschaft bei Matthias Claudius«).

In der umfangreichen und sonst informativen Einführung des Herausgebers wäre eine kurze Inhaltsangabe und Einordnung wünschenswert gewesen. Stattdessen werden die Desiderata der Ausgaben von Claudius' Werken und Briefen sehr minutiös geschildert und einige bisher unbekannte Lebenszeugnisse (mit Abbildungen) vorgestellt. Dies ist zwar alles hochinteressant, sprengt aber den Rahmen einer Einführung in einen Tagungsband. Der Herausgeber hebt hervor, daß die neuere Claudius-Forschung bemüht ist, die Stereotypen des naiven Claudius zurückzuweisen und stattdessen die Heterogenität, Komplexität und Modernität dieses Schriftstellers zu beleuchten. Diesem Anspruch wird der Band im großen und ganzen gerecht. Schade ist es aber, daß der Eröffnungsbeitrag über die christliche Simplizität bei Claudius – auch wenn er den intendierten Überblickscharakter hat – an vielen Stellen das sentimentale Bild des naiven Claudius unreflektiert weitertradiert. Eher enttäuschend ist auch Degns Aufsatz über Claudius und die Obrigkeit. Im Mittelpunkt steht nicht das Verhältnis Claudius' zu seiner Obrigkeit, wie der Verfasser eingangs ankündigt, sondern vielmehr der Charakter des Wandsbecker Gutsherrn Schimmelmann bzw. dessen humanitäre Politik, wie Degn sie ausführlicher bereits in einem früheren Werk darstellte (*Die Schimmelmanns im atlantischen Dreieckshandel. Gewinn und Gewissen*. Neumünster: Wachholtz 1974). In Freunds fundiertem Artikel über Claudius' theologiegeschichtliche Stellung steht Claudius zwar im Mittelpunkt, doch da Freund, wie er selbst vorausschickt, von den Ergebnissen seiner 1988 abgeschlossenen und sehr beachtenswerten Dissertation (*Matthias Claudius. Eine Untersuchung zur Frömmigkeit des Wandsbecker Boten und dessen Stellung in der Zeit*. Phil. Diss. Jena 1988 [masch.]) Gebrauch macht, wirkt sein anthropologisch ausgerichteter Symposionsbeitrag leider etwas gedrängt und setzt zu viel voraus. Ähnliches gilt für den sonst sehr informativen Aufsatz über Claudius' poetischen Unterricht von göttlichen Dingen. Kranefuss, Spezialistin für die Claudiussche Lyrik (*Die Gedichte des Wandsbecker Boten*. Göttingen: Vandenhoeck & Ruprecht 1973), geht es um Claudius' theologisch-geistige Grundhaltung in einigen ausgewählten Gedichten. Die Gedichtanalysen sind gewinnbringend, aber durch den benötigten Hintergrund etwas zu umfangreich für einen Sammelbeitrag. (Ergänzend zu dem von Kranefuss behandelten Thema »Claudius und Mystik« sei hier noch auf den 1993 erschienenen Artikel von Helmut Glagla verwiesen: »Ein Weihnachtsgeschenk für Anna Rebecca Claudius 1781. Über eine bisher unbekannte Quelle für das Denken des Wandsbecker Boten«. In: *Festschrift für Horst Gronemeyer zum 60. Geburtstag.* Hg. Harald Weigel. Herzberg: Traugott Bautz 1993, 381-420.)

Interessant an den Beiträgen zu Claudius' Freundschaftskreis ist die unterschiedliche Gewichtung und Perspektivierung, wie sie in der mit Bedacht ausgewählten Reihenfolge der Namen in den Titeln bereits sichtbar wird. Aus guten Gründen gehen einige Beiträge von der Perspektive Claudius' aus (Lüchow, Fechner), andere von der des Gesprächspartners (Bohnen, Hammacher, Weigelt). Je nach dem überlieferten Quellenmaterial und dem Grad der Vertrautheit zwischen den Befreundeten sind erwartungsgemäß einige Freundschaften als Forschungsgegenstand ergiebiger als andere. Alle außer Hammacher geben ihrer Beurteilung einen biographischen Rahmen. Hammachers Ansatz ist erwartungsgemäß mehr philosophisch ausgerichtet. Allen gemeinsam ist die interessante und für Claudius nicht sehr schmeichelhafte Schlußfolgerung, daß die Freundschaften eher auf Hochachtung als auf gegenseitigem geistigen Austausch beruht haben, und daß in der Regel Claudius mehr als der Nehmende, der um das Aufrechterhalten der Freundschaften Bemühte, hervortritt. Becker-Cantarinos Aufsatz über Rebecca Claudius und Lüchows über Claudius und Klopstock korrigieren das herkömmliche Claudius-Bild und sind hier besonders willkommen.

Bekanntlich war Claudius ein Kritiker der Französischen Revolution. Martens' feinfühliger Beitrag geht den Gründen für Claudius' Ablehnung der Französischen Revolution nach, die er vorwiegend in Claudius' christlicher obrigkeitsgläubiger Anschauung ortet. Insgesamt ist in diesem Band die Einflechtung und zugleich Neubewertung des Religiösen bei Claudius zu begrüßen. Kehns Beitrag über Claudius' wirkungsästhetische Auffassung des Naturschönen – leider etwas theoretisch überladen – kommt zu dem Schluß, daß Naturschönheit und religiöse Transzendenz nicht »in eins« zusammenfallen. Kadelbachs höchst interessanter Aufsatz zu Claudius und Gesangbüchern behandelt das Religiöse aus hymnologischer Sicht und ist durch schöne Abbildungen von Titelblättern und Notenbeispielen vervollständigt. Albertsens Aufsatz fällt dagegen mit seinen teilweise höchst spekulativen Bemerkungen über Claudius' Kirchenlieder aus dem Rahmen, zumal sie nachlässig formuliert werden und darüber hinaus die Verweisungen in den Fußnoten unstimmig sind. Der Beitrag von Fink-Langlois über Claudius als Fénelon-Übersetzer ist hingegen ein Musterbeispiel an Wissenschaftlichkeit. Mit philologischer Genauigkeit wird Claudius' dreibändige Fénelon-Übersetzung überprüft und das von Claudius vermittelte Fénelon-Bild kritisch evaluiert.

Schließlich kommt auch Claudius' eigene Sprachfertigkeit nicht zu kurz: Rowland richtet das Augenmerk auf die versöhnliche, aber nicht stachellose Satire bei Claudius mit Bezug auf das Frühwerk. (In seiner 1997 erschienenen Monographie findet sich zu diesem Thema eine lesenswerte Vertiefung: Matthias Claudius. Language as the ›Infamous Funnel‹ and Its Imperatives. London. Andresens Studie über Claudius' plattdeutsche Abhandlung entblößt diese als gekünstelt und behauptet, sie habe wahrscheinlich keinen Adressatenkreis gehabt.

Einen Adressatenkreis wünscht man jedoch diesem Tagungsband. Denn trotz einiger Bedenken verdient er sowohl ein Fach- wie auch ein breites Laienpublikum zu erreichen.

Siobhán Donovan, University College Dublin

Eingegangene Bücher

Aufklärung und Esoterik. Hg. Monika Neugebauer-Wölk. Mitarbeit: Holger Zaunstöck. Hamburg: Meiner 1999 (= Studien zum achtzehnten Jahrhundert, 24).

François Bessire: La Bible dans la correspondance de Voltaire. Oxford: Voltaire Foundation 1999 (= Studies on Voltaire and the Eighteenth Century, 367).

Matthias Bickenbach: Von den Möglichkeiten einer ›inneren‹ Geschichte des Lesens. Tübingen: Niemeyer 1999 (= Communicatio, 20).

Anke Bosse: Meine Schatzkammer füllt sich täglich ... Die Nachlaßstücke zu Goethes ›West-östlichem Divan‹. Dokumentation – Kommentar. 2 Bde. Göttingen: Wallstein1999.

Hermann Bühlbäcker: Konstruktive Zerstörungen. Ruinendarstellungen in der Literatur zwischen 1774 und 1832. Bielefeld: Aisthesis 1999.

Ein rechtes Sonntagskind in Einfällen. Georg Christoph Lichtenberg zum 200. Geburtstag. Düsseldorf: Bahnhof Eller 1999.

Frau und Musik im Zeitalter der Aufklärung. Zur 100Jahrfeier des Instituts für Musikwissenschaft der Universität Wien 1898-1998. Hg. Siegrid Düll, Walter Pass. Sankt Augustin: Academia-Verlag 1998 (= Zwischen Nähkästchen und Pianoforte, 3).

Gelehrsamkeit in Deutschland und Italien im 18. Jahrhundert. Letterati, erudizione e società scientifiche negli spazi italiani e tedeschi del '700. Hg. Giorgio Cusatelli, Maria Lieber, Heinz Thoma, Edoardo Tortarolo. Tübingen: Niemeyer 1999 (= Hallesche Beiträge zur Europäischen Aufklärung, 8).

Dionysios Hatzopoulos: La dernière guerre entre la république de Venise et l'empire Ottoman (1714-1718). Deuxième édition. Montréal: Centre d'étude helléniques Collège Dawson 1999.

Christine Haug: Das Verlagsunternehmen Krieger 1725-1825. Die Bedeutung des Buchhändlers, Verlegers und Leihbibliothekars Johann Christian Konrad Krieger für die Entstehung einer Lesekultur in Hessen um 1800. Frankfurt am Main: Buchhändler-Vereinigung 1998 (= Sonderdruck aus dem ›Archiv für Geschichte des Buchwesens‹ 49, 1998).

Sabine Kleine: Zur Ästhetik des Häßlichen. Von Sade bis Pasolini. Stuttgart, Weimar: Metzler 1998.

Leonie Koch-Schwarzer: Populare Moralphilosophie und Volkskunde. Christian Garve (1742-1798) – Reflexionen zur Fachgeschichte. Marburg: Elwert 1998 (= Schriftenreihe der Kommission für deutsche und osteuropäische Volkskunde in der Deutschen Gesellschaft für Volkskunde, 77).

Susanne Knoche: Der Publizist Karl Philipp Moritz. Eine intertextuelle Studie über die ›Vossische Zeitung‹ und die ›Denkwürdigkeiten‹. Frankfurt am Main, Berlin, Bern, New York, Paris, Wien: Lang 1999 (= Bochumer Schriften zur deutschen Literatur, 52).

Lessing und die Literaturrevolten nach 1770. Hg. Dieter Fratzke, Wolfgang Albrecht. Kamenz: Lessing-Museum 1999 (= Erbepflege in Kamenz, 18).

Thomas O. McLoughlin: Contesting Ireland. Irish Voices against England in the Eighteenth Century. Dublin: Four Courts Press 1999.

Heinz-Joachim Müllenbrock: The Culture of Contention. A Rhetorical Analysis of the Public Controversy about the Ending of the War of the Spanish Succession, 1710-1713. München: Fink 1997 (= Monographs on Eighteenth-Century English Literature and Culture).

Reimar Müller: Anthropologie und Geschichte. Rousseaus frühe Schriften und die antike Tradition. Berlin: Akademie-Verlag 1997 (= Aufklärung und Europa. Beiträge zum 18. Jahrhundert).

Stefan Pautler: Jakob Michael Reinhold Lenz. Pietistische Weltdeutung und bürgerliche Sozialreform im Sturm und Drang. Gütersloh: Gütersloher Verlagshaus 1999 (= Religiöse Kulturen der Moderne, 8).

Smail Rapic: Erkenntnis und Sprachgebrauch. Lichtenberg und der Englische Empirismus. Göttingen: Wallstein 1999 (= Lichtenberg-Studien, 8).

La Recherche dix-huitiémiste. Raison universelle et culture nationale au siècle des Lumières / Eighteenth-Century Research. Universal reason and national culture during the Enlightenment. Hg. David A. Bell, Ludmila Pimenova, Stéphane Pujol. Paris: Champion 1999 (= Études internationales sur le dix-huitième siècle / International Eighteenth-Century Studies, 2).

Les Salons des ›Mémoires secrets‹. 1767-1787. Édition établie et présentée par Bernadette Fort. Paris: École nationale supérieure des beaux-arts 1999 (= Collection Beaux-arts histoire).

Sabine M. Schneider: Die schwierige Sprache des Schönen. Moritz' und Schillers Semiotik der Sinnlichkeit. Würzburg: Königshausen und Neumann 1998 (= Epistemata: Reihe Literaturwissenschaft, 231).

Dirk Syndram: Die Ägyptenrezeption unter August dem Starken. Der ›Apis-Altar‹ Johann Melchior Dinglingers. Mainz: Philipp von Zabern 1999 (= Zaberns Bildbände der Archäologie. Sonderbände der Antike).

Theater im Kulturwandel des 18. Jahrhunderts. Inszenierung und Wahrnehmung von Körper, Musik, Sprache. Hg. Erika Fischer-Lichte, Jörg Schönert. Göttingen: Wallstein 1999 (Das achtzehnte Jahrhundert. Supplementa, 5).

Tragödientheorie. Texte und Kommentare. Vom Barock bis zur Gegenwart. Hg. Ulrich Profitlich. In Zusammenarbeit mit Peter André Alt, Karl-Heinz Hartmann, Michael Schulte, Marie-Christin Wilm. Reinbek bei Hamburg 1999 (= rowohlts enzyklopädie).

Das Volk im Visier der Aufklärung. Studien zur Popularisierung der Aufklärung im späten 18. Jahrhundert. Hg. Anne Conrad, Arno Herzig, Franklin Kopitzsch. Hamburg: Lit 1998 (= Veröffentlichungen des Hamburger Arbeitskreises für Regionalgeschichte, 1).

Voltaire: Œuvres complètes. Dir. Haydn T. Mason. Vol. 66: Œuvres de 1768 (II). Oxford: Voltaire Foundation 1999.

W. Daniel Wilson: Das Goethe-Tabu. Protest und Menschenrechte im klassischen Weimar. München: Deutscher Taschenbuch Verlag 1999.

W. Daniel Wilson: Unterirdische Gänge. Goethe, Freimaurerei und Politik. Göttingen: Wallstein 1999.

Wirkungen und Wertungen. Adolph Freiherr Knigge im Urteil der Nachwelt (1796-1994). Eine Dokumentensammlung. Eingeleitet, erläutert und herausgegeben von Michael Schlott. Mitarbeit: Carsten Behle. Göttingen: Wallstein 1998 (= Das Knigge-Archiv. Schriftenreihe zur Knigge-Forschung, 1).

Holger Zaunstöck: Sozietätslandschaft und Mitgliederstrukturen. Die mitteldeutschen Aufklärungsgesellschaften im 18. Jahrhundert. Tübingen: Niemeyer 1999 (= Hallesche Beiträge zur europäischen Aufklärung, 9).

Zwischen Weltklugheit und Moral. Der Aufklärer Adolph Freiherr Knigge. Hg. Martin Rector. Göttingen: Wallstein 1999 (= Das Knigge-Archiv. Schriftenreihe zur Knigge-Forschung, 2).

Periodica

Aufklärung – Vormärz – Revolution. Jahrbuch der ›Internationalen Forschungsstelle Demokratische Bewegungen in Mitteleuropa von 1770-1850‹ an der Universität Innsbruck. Hg. Helmut Reinalter. Bd. 16/17 (1996/97), Frankfurt am Main, Berlin, Bern, New York, Paris, Wien: Lang 1999.

Berliner Aufklärung. Kulturwissenschaftliche Studien. Hg. Ursula Goldenbaum, Alexander Košenina. Bd. 1. Hannover: Wehrhahn 1999.

The East-Central Intelligencer. The Newsletter of the EC/ASECS 13.2 (DuBois, PA, May 1999).

Jahrbuch für Internationale Germanistik 30 (1998), H. 2 (= Abhandlungen zum Rahmenthema XXXII: ›Literaturgeschichte, interkulturelle Literaturwissenschaft und lateinische Tradition‹, 3. Folge).

Lessing Yearbook / Jahrbuch 30 (1998) (Göttingen: Wallstein 1999) (»Neue Lessing Lektüren« Dokumentation eines Symposions in Wolfenbüttel, 6. und 7. Juni 1997, aus Anlaß des 60. Geburtstages von Wilfried Barner. Hg. Georg Braungart).

W. Mitteilungen der Winckelmann-Gesellschaft. Hg. Marianne Gross, Markus Käfer. 60-61/1997-1998.